国家社科基金
后期资助项目
GUOJIA SHEKE JIJIN HOUQI ZIZHU XIANGMU

近代以来大学生就业制度探索

Institutional Exploration of College Graduates' Employment Since Modern Times

戚务念　著

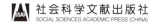

社会科学文献出版社
SOCIAL SCIENCES ACADEMIC PRESS (CHINA)

国家社科基金后期资助项目
出版说明

后期资助项目是国家社科基金设立的一类重要项目，旨在鼓励广大社科研究者潜心治学，支持基础研究多出优秀成果。它是经过严格评审，从接近完成的科研成果中遴选立项的。为扩大后期资助项目的影响，更好地推动学术发展，促进成果转化，全国哲学社会科学工作办公室按照"统一设计、统一标识、统一版式、形成系列"的总体要求，组织出版国家社科基金后期资助项目成果。

全国哲学社会科学工作办公室

目　录

第一章　导论

第一节　问题提出

世纪之交，高等教育扩张成为中国新的经济增长点。教育部公布的历年统计数据显示：2003 年高校毕业生规模比 2000 年的 107 万人净增 105 万人，达 212 万人，当年的初次就业率骤降。从 2006 年起，当年毕业生离校时点未就业人数逾百万之众。毕业生数达 600 多万人的年份仅维持 5 年（2009～2013 年），2014 年后超过 700 万人，此规模仅维持到 2017 年。[①] 高校毕业生规模一直创造历史新高，在媒体的渲染中，几乎年年都是"史上最难就业年"，年年都迎"史上最难就业季"。在教育领域，"就业"甚至取代了人们对"高考指挥棒"的关注（顾明远，2010）。大学生就业紧张成为中国当前最紧迫的社会问题之一，受到中央高层、社会各界的热切关注。工作是人们生活的核心，人们不仅赖此为生，还依此融入社会、实现自我发展以及为下一代带来期望。"社会学的想象力"（Mills，1959/2000）要求：在具体情境中的个人烦恼和社会结构的公共议题之间建立联系，在结构和个人、历史和传记、微观的经验材料和宏观的社会历史之间进行穿梭。就业是个体的生命事件，但所关乎的不仅仅是个人和家庭的私事，一国的就业状况更关乎国计民生、经济社会结构、制度设计，以及社会稳定与政权巩固等公共问题。

[①] 2003～2018 年，全国普通高校毕业生人数为：2003 年 212 万人，2004 年 280 万人，2005 年 338 万人，2006 年 413 万人，2007 年 495 万人，2008 年 559 万人，2009 年 611 万人，2010 年 631 万人，2011 年 660 万人，2012 年 680 万人，2013 年 699 万人，2014 年 727 万人，2015 年 749 万人，2016 年 756 万人，2017 年 795 万人，2018 年 820 万人（参阅《2018 年中国大学生毕业人数、就业率最高的十大专业及毕业生就业形势分析》，http://www.chyxx.com/industry/201804/629134.html；https://baijiahao.baidu.com/s? id = 16293 11661563805600&wfr = spider&for = pc，最后访问日期：2019 年 6 月 23 日）。

"现代性"或"从传统到现代"一直是社会学的主题。经典社会学本质上就是历史社会学。近代以来，中国经济和社会各领域不可避免地卷入现代性浪潮。大学生就业问题并不是今天特有的现象，就业制度变革一直是中国现代化进程中的重要议题。然而，与西方国家现代化之路不同，中国现代化历史潮流中，国家承担着更繁重的任务。新中国的改革与转型，其核心问题在于处理政府与市场的关系，其轨迹和方向是从政府主导的计划经济体制向政府主导的市场经济体制转变（鲍盛刚，2011）。据此，本书旨在探究国家（制度变革）在大学生就业市场转型中的中心作用，考察国家就业制度变迁与大学生就业市场转型之间的关系，试图通过洞察中国社会现代性转型的具体机制，及其所受到的掣肘和推动力，为寻找更有效的现代性转型之路提供思路。因此，本书的核心问题在于，为了中国大学生就业制度的历次变革可以顺利实施，国家如何完成自身角色的转换及相应的制度设计、政策调整，也即试图从市场变革与国家角色转换的关系中，揭示各阶段大学生就业制度过程（建立、运行、改革）中的动力与机制。

第二节　研究回顾与理论检视

一　研究回顾

随着社会经济的转型、高校毕业生就业制度的改革以及高等教育事业的发展，学术界对大学生就业的研究逐渐深入（武毅英，2009）。计划经济体制下，不存在毕业生"待业"或"失业"问题，尚无对此专门研究的必要和可能。"文革"结束后，关于大学生就业问题的探讨零星见诸报章，学术界对这一问题的密集关注始于 20 世纪 90 年代后期。[①] 高等

---

① "文革"后第一篇讨论高校毕业生分配问题的文章（张远达，1980）出现在全国统考的首届大学生毕业的前一年（1980 年）。1983 年，国务院组织的一次对当时专门人才状况的全面调研中涉及毕业生"所学"与"所用"的匹配问题。1984 年，也即《中共中央关于教育体制改革的决定》（1985 年）颁布的前一年，出现了零星探讨的文章，这与改革开放国策下国家和民众商品意识的萌芽有关。从 1985 年至 1992 年邓小平南方谈话、1993 年《中国教育改革和发展纲要》正式颁布，相关文章近 50 篇，这与我国经济体制改革的深入有关。此后，伴随着高校毕业生就业体制改革的正式提出及试点、推行，研究论文数量呈几何级数增长。

教育大规模扩招后，大学生就业问题真正成为热点问题。[①]　就这一主题而言，目前主要有供求分析视角和社会分层与流动视角两种。

（一）供求分析视角

功能主义代表人物塔尔科特·帕森斯（Parsons，1959）考察了学校在发挥社会化功能和选择功能中的作用。所谓社会化功能，是指将成人社会中胜任工作的能力内化于学生；而选择功能则在于依据成人社会的角色框架对人力资源进行分配。功能主义理论和各种经济理论都假定学校与就业市场之间的相互响应。甚至冲突论社会学家鲍尔斯和金蒂斯（Bowles & Gintis，1976）也提倡功能主义，认为学校就是要为雇主服务，美国每一重要时期的教育改革都是对资本积累过程中经济生活结构变化的反映。

大学生就业难现象并非中国独有。在发达的市场经济国家，总体而言，大学毕业生是劳动力市场上的优势群体，但也不时经历就业的巨大波动。国外的研究大多从需求、供给及供求匹配三个角度来展开（Ophiggins，2003）。在中国，大多数学者从功能匹配视角来把握高校毕业生就业问题形成的原因（曾湘泉，2004a：6）。总体而言，国内研究主要是从总量失业、摩擦性失业、结构性失业三个方面来解释我国近年来出现的大学生就业难/紧张现象（王霆、曾湘泉，2009）。在三个原因中，首先，供给总量上的压力在转型时期相对存在（赖德胜，2001），是高校扩招行为短期造成的（杨伟国，2007a；张翼，2008），甚至由于统计指标的局限而存在一定的夸大成分（曾湘泉，2004b）；其次，摩擦性失业对大学生就业的影响是间接的，通过完善就业中介、强化就业指导是可以得到有效缓解的（姚裕群，2004）。只有第三个原因——结构性失业才是核心原因（汪怿，2005；张进，2007；谢作诗、杨克瑞，2007；王霆、曾湘泉，2009），毕业生较大的就业能力缺口导致"职位空缺和失业共存的结构性失业状态"（辜胜阻等，2013）。

[①]　以《人民日报》为例，1982～2002 年，关于大学生就业的报道共 117 篇，年均 5.6 篇，有的年份仅 1 篇；从 2003 年开始，报道数量猛增，当年达 59 篇，为 2002 年 7 倍之多，2009 年有 100 多篇（罗珊，2010）。

（二）社会分层与流动视角

在现代社会，教育成为社会分层过程的"分类机"（Spring，1976）。大学毕业生就业属于其从学校到工作的初职地位获得。在现代社会，职业活动往往是人们最重要的活动，人们为之付出主要精力，职业通常是首要地位。随着我国社会、经济改革步伐的加快，计划经济模式向市场经济模式的转变引起了社会结构的深刻变化，职业地位成为社会分层的指示器（仇立平，2001）。虽然目前的社会学研究中专门针对大学毕业生职业获得的文献较少，但是在社会分层与流动研究中频繁涉及大学生群体，主要探讨大学毕业生的职业获得机制。

地位获得模型即在劳－邓肯模型最早是由布劳和邓肯（Blau & Duncan，1967）提出的，其假设为：现代工业化社会中，对于个人来说，社会地位中最重要的是职业地位，而个人职业地位的获得则受到在个人生命周期中顺序出现的诸多因素的影响，亦即个人的职业地位是其父亲的职业地位和受教育程度、本人的初职和受教育程度等先赋因素和后致因素共同作用的结果。他们利用美国1962年实施的"一代内的职业变迁"调查数据对假设进行了检验，结果表明，父亲的职业地位和受教育程度等先赋性因素与个人初职和受教育程度等获致性因素相比，对个人当前职业地位变化的影响不大；前者的解释水平约占影响强度的20%，后者约占46%，剩余部分是模型未涉及因素的影响。可见，个人的职业成就有80%不受父亲的职业地位和受教育程度等先赋性因素的影响，由此作者得出美国社会是一个相当开放的社会的结论。此后，布劳－邓肯模型受到广泛关注。郝大海（2010）通过中国综合社会调查（Chinese General Social Survey，CGSS）2003数据分析中国的工作获得影响因素时，发现受教育程度和父亲单位是两个最重要的影响因素。就教育而言，在"文革"前和"文革"期间，进入党政机关时，受教育程度的影响并不十分突出；相反，进入国有企事业单位时，受教育程度的影响十分明显。改革开放后，就业中父亲单位的影响逐渐衰退，受教育程度对于获得管理和技术职位的影响增强，反映出中国劳动就业体制正逐渐由计划模式转向市场配置模式。这印证了倪志伟（Nee，1989）的论点：市场转型将降低对政治权力的经济回报，提高对人力资本的经济回报。但是，需要进一步回答的是：哪些群体受市场化机制的影响更大？

在不少人关注教育与初职地位获得之间关系的同时，网络理论认为，学校与就业市场之间的相互反应不是自动做出的，就业市场需要社会关系对必要的信息给予传达。美国学者马克·格兰诺维特（Granovetter，1974）认为，弱关系比强关系更可能充当跨越社会边界的桥梁，它作为两个独立社会边界的桥梁，"为人们提供了超越其所属社会圈子借以摄取信息和资源的通道"（Granovetter，1983：114），这种异质的资源和信息更可能使个人得到工作机会。林南（Lin，1982，1990）证实了格兰诺维特的"弱关系假设"。而度边深（Watanabe，1987）指出，日本人更善于利用强关系获得拥有较丰厚报酬的工作。边燕杰（1998）及边燕杰、张文宏（2001）提出"强关系假设"，认为在华人社会文化背景下，社会网络是人情网而不再是信息桥，人情关系越强，个人得到照顾的可能性越大，获得工作的可能性也越大，彰显了中国劳动力市场独有的特点，社会关系可以单独发挥作用，也可以与其他正式求职渠道结合发挥作用。还有一些研究将社会资本与人力资本进行对比，考察何者对大学毕业生就业更为重要，或者考察二者的联合作用机制（赖德胜等，2012）。徐晓军（2003）从社会资本运作空间的角度提出，随着人力资本存量的逐渐增加，社会资本的作用逐渐递减，其中社会资本在本科以下的作用增长迅速，超过本科后增长逐渐减缓。康小明（2006）认为只有当人力资本达到底线要求后，社会资本才能更好地发挥其在职业发展中的作用。丁小浩（2004a）利用2003年全国高校毕业生就业调查数据，考察了大学生感知到的人力资本和社会关系网络的相对重要性。马莉萍、丁小浩（2010）以2003年、2005年、2007年和2009年即将离校的高校毕业生为研究对象，通过测量他们在工作找寻中所感受到的人力资本和社会资本的作用，发现毕业生将工作能力视为影响求职的最重要的因素，而学历和专业的传统地位则有所动摇。求职竞争越激烈，社会关系的重要性越凸显，且人力资本存量较低的毕业生将社会关系视为对较低人力资本的补充。另一些研究分别探讨了专业区隔（文东茅，2005a）、性别差异（文东茅，2005b）、大学分层与学历层次（丁小浩，2004b）等因素对大学生就业质量的影响。

　　与倪志伟的市场转型理论①不同，有研究认为，在我国，人力资本在大学生就业中的"作用受到限制"。魏昂德（Walder，1995a）指出，市场本身不是问题，其影响是通过资产配置、新兴市场的特性及市场经济赖以建立的政治进程起作用的。基于中国社会主义社会的背景，林南和边燕杰（Lin & Bian，1991）提出单位地位模型，该模型以布劳－邓肯模型为基础，在父亲的社会经济地位中加入了父亲的单位类型，在中介变量中加入了首个工作单位和中共党员身份。在我国改革开放前或改革开放初期，教育对个人地位获得的作用并不明显。以工作搜寻模型为分析框架，赖德胜（2005）认为"知识失业"在很大程度上是由劳动力市场的制度性分割引起的。骆思典（Rosen，2004）认为，教育市场化以及高等教育扩招政策的实施不利于贫困子弟的社会流动，教育的不公平体现在教育机会和职业机会的获得等方面。在布劳－邓肯模型中，影响地位获得的因素基本局限在个体层次，其隐含地设定市场经济制度处于一种完全竞争的状态，即市场机会完全均等。这一模型的方法论取向反映的是近代以来西方社会研究的认识传统，其实，西方社会中普遍存在的市场经济制度并非人类社会唯一的制度类型，与此相联系的社会分层和流动模式也是此种制度环境下的产物（郝大海，2010）。此种认识随着社会主义国家改革中的制度变迁而逐渐清晰。

二　理论检视

　　现有主要成果丰富了人们对当前高等教育与人才市场的匹配、人力资本与市场需求、高校毕业生职业获得的影响因素与机制等方面的认识（风笑天，2014）。然而，检视现有研究视角，仍然有以下问题值得反思。

　　第一，大多关注现状。中国社会学在 20 世纪 70 年代末 80 年代初恢复，一个重要原因就是"文革"之后各种社会问题层出不穷，因此其注意力聚焦于现实的各种社会问题（肖瑛，2014）。如今，在学校与工作

---

① 市场转型研究并不仅仅就是对资本回报的研究，这个看法的不妥之处在于混同了"市场转型理论"和"市场转型研究"。"市场转型理论"是一个专有名词，指的是倪志伟等在 1989 年及其后多篇论文中所提出的理论观点，政治资本和人力资本的回报率变化是这类研究的主要内容。该理论是市场转型研究中很重要的一块，但并非其全部。所谓"市场转型研究"，主要包括对资本回报、市场转型理论的普适性、产权改革以及转型结局四个问题的回答（张欢华，2007）。

的沟通、社会资本、社会分层视角下的大学生就业研究中，大多也侧重于对 20 世纪 90 年代市场化改革尤其是 21 世纪以来大学生就业状况的探讨，而对大学生就业何以成为今天这样的形态这一问题则缺乏历史纵深的研究，表现出非历史主义倾向。教育学传统更多地关注学校教育，对教育"出口"则不甚关注。从 2002 年起，"高等学校招生与就业研究"一直成为《中国高等教育研究新进展》这样一本高等教育研究界"系统、全面、实用的工具书"的梳理主题（谢安邦等，2004）。在这本书中，出于大学生就业问题的现实紧迫性，大多数文献偏向思辨性、对策性探讨，基础性研究并不多。高等教育的封闭滞后常被学者诟病，他们呼吁构建"能力导向"的人才培养模式，但由于对高等教育封闭滞后的机制缺乏追问与探究，对策建议往往流于口号而不能付诸实践。

第二，结合中国制度变迁背景的考察不足。功能主义视角以及供求匹配分析框架（经济学意义上的"劳动力市场供求"框架同样暗含着社会学中的功能主义视角）的研究，基本上仍运用西方经济学范式。他们从学校教育与人才市场的匹配、人力资本与市场需要这一横向联系维度考察大学生群体的劳动力市场供求。然而，西方发达国家的主流分析范式的形成有其特定的社会背景，它们有着较长的市场经济发展历史，国家和市场乃至国家与社会的关系与中国不一样。尽管中国自改革开放以来经历了种种巨变，也不可否认，在正式制度上，中国的就业已经走向市场化了，但在转型期的制度环境下，经济领域的"去政治化"并不意味着大学生就业问题就完全交给市场来解决了。我国的大学生就业问题是与市场转型和教育体制、人事体制改革等相伴而生的，就业所关乎的就不仅仅是个人和家庭的私事，就业状况更关乎经济社会结构、社会秩序稳定等。

第三，对市场转型的根源、机制的探讨不深入。通过文献梳理可以看到，目前多数研究将大学生就业中的种种现象当作市场转型的后果来考察。市场转型研究（不同于市场转型理论）主要包括资本回报、产权改革与市场渗透（转型的最终结局）等主题，其共同点是都探讨市场转型的后果（张欢华，2007），更多地考虑市场力量的作用。如在社会分层与流动视角中，大多研究从先赋因素和后致因素以及文化资本、人力资本和社会资本等视角考察市场化改革后大学毕业生的职业获得，这些研究有利于人们认识大学毕业生的职业获得机制。也有从大学分层、专业区隔、教学因素等视角来研究大学生就业的文章，其主要探讨就业中的不公平问题。其实，市场转型转变的不是市场，而是界定市场的各种制度条件，包括资源配置、新兴的市场特性和相应的政治过程（Stark，1996；Walder，1996）。市场转型是一场全社会范围的制度变迁，如果缺少对国家角色及制度变迁因素的考察，就很难理解当今的大学生就业市场秩序是如何生成的。

　　当然，也有研究考虑到制度性因素对大学生就业的影响。如杨伟国（2007b）、赖德胜等（2010）探讨了新中国成立以来就业政策的转变。这里需要说明的是，就业政策与就业制度不是同一个概念。政府为解决具体的就业问题而出台的法令法规被称为就业政策，是在特定时期出台的，具有明确目的性，一旦问题得到解决，政策也随之发生改变。而就业制度则是有关就业的权力、资源配置和管理的一套思路、方法和模式，具有稳定性，在短时期内很难发生改变。在特定的就业制度框架下，就业政策可能会经常调整。当然，这些不多的研究也可以启发人们从国家的视角系统地考察大学生就业制度历次变革的逻辑。

第三节　大学生就业研究：把"国家"带回分析的中心

　　20 世纪五六十年代，西方社会科学主流的研究视角仍是多元主义和结构功能主义，在解释政治和政府的行为时采用社会中心论。在这些视角中，学者们集中研究社会对政府的"输入"及将政府视为竞争社会对社会分配结果的"输出"。至于政府自身，则权当"黑箱"搁置。然而，随着 20 世纪 30～50 年代"凯恩斯革命"（Keynesian Revolution）的国家宏观调控成为标准做法、殖民主义帝国体系的解体、数十个"新兴民族国家"簇生等社会事实的出现，以国家作为行为主体和有社会影响力的制度结构的观点变得时髦起来。国家中心主义的解释不仅仅被运用于亚非拉世界，还应用于英国和美国自身，如对大型公共部门的争论。斯考切波（Skocpol，1979，1985）在研究社会革命时强调"国家回归"，倡导关注国家的自主性和国家能力，甚至把另一本著作直接定名为《把国家带回分析的中心》（*Bring the State Back In*）。"国家回归"迅速成为政治社会学的视角。"政府主导型社会"是中国社会的一个最重要的特征，也是理解中国的一条主要脉络（李强，2007，2008）。构成大学生就业市场的主体不仅仅包括大学生、高校和用人单位，国家也是一个不可忽视的主体。在中国，这种情况更加明显。基于现实与理论的共同需要，笔者在大学生就业研究中，呼吁"把国家带回分析的中心"。当然，这里必须将国家视作比政府体系（government system）还要宽广的范畴，包含政党、立法、行政系统，其掌握着国家政策的制定权和实施权，不仅尝试构造某个政体中的社会与公共权力之间的关系，还力图构造社会内部的诸多重大关系纽带。

一　社会变迁的根源：市场转型还是路径依赖

改革开放使中国成为社会科学的极佳实验场。我国大学生就业制度经历了从"去市场化"到"市场化"的漫长历程。从宏观层面来看，我们可以把大学生就业问题置于社会变迁主题中来讨论。谁"主导"变迁是社会变迁的核心话题，实际上反映的是对秩序组成及来源的分歧性假定：对于人类生活秩序的组成和变动，究竟是国家还是社会因素的解释度更高？如何理解包括国家在内的社会秩序的形成？（张静，1997）改革开放以来，国内外社会学家关于中国研究的中心议题是：社会变迁中制度的角色、国家社会主义转型过程中社会变迁的根源，以及这种社会变迁的实现路径。魏昂德（Walder，1996）持新传统主义论，认为社会变迁本质上仍是国家自上而下的管制。许惠文（Shue，1988）则持地方主义论，认为自上而下的控制关系只存在这个结构的表面层次。持前一观点者占多数，认为中国的"国家权力与政策推动了社会转型，而不是社会转型推动了国家政策"（阎云翔，2012）。倪志伟的市场转型理论强调新兴市场所扮演的角色，市场经济的发展促发了新的资源分配机制，通过竞争来削弱国家社会主义再分配经济的作用。这给人留下的印象是，制度变迁的全部后果可归因于市场经济的推动。而其他学者强调政治经济转型的多面性，分别强调日渐重要的地方政府的角色（Walder，1995a）、政治权力的持续性（Bian & Logan，1996）、政治权力向经济资源的转换（Rona-Tas，1994）、"政治市场"的变化（Parish & Michelson，1996）以及工作单位的制度化安排（Zhou et al.，1997）等。尽管各有侧重，但这些观点的主要倾向是一致的，即转型过程和新兴的经济制度受限于现有的政治、经济和社会制度。这提醒人们对转型根源和方向进行解释时必须认真考虑现有制度安排的作用。总的来说，这两派争论反映了社会学者对经济活动中社会、政治制度的角色以及社会制度如何维系和变迁的兴趣。

制度是社会秩序得以维系和良好运转的基础。在按照常规运作、制度稳定的国家，政策变量对于社会制度、社会结构的影响十分有限；相反，稳定的制度、结构是长期社会变迁的结果。就中国的大学生就业而言，自1949年以来，大致经历了三个较长的由政府主导的制度变革阶段。中国的市场改革以及新中国成立之初的"去市场化"改革均是由国家发起的，国家是以主导者或积极干预者的身份出现的，这就需要我们考虑国家的政策这一变量。

社会主义国家经济体制的市场化改革是否意味着市场转型？从市场转型视角来看，是从"分配"向"市场"转变，最终建立市场经济体制。但从路径依赖的视角来看，经济现象深刻地嵌入原来的社会之中，它并不是脱离于社会而独立运行的，而是与其所在的社会结构、历史背景与文化传统紧紧纠缠在一起。格兰诺维特（Granovetter，1985）反对将经济制度与社会结构分开理解，认为包括市场经济在内的经济制度无不与其所在的社会结构密切关联。黄友琴（Huang，2003，2004）认为中国政府的市场化改革是通过中央政府发布改革框架、地方政府具体操作完成的，改革进程体现了"去中心化"的方式。市场转型理论与路径依赖理论对中国就业制度的理解，并不完全符合中国现实，它们预设了两种极端的制度形态，二者相互排斥与对立。市场转型理论假设了一个经济自由主义的纯粹市场机制，将计划经济看作对立面；而路径依赖理论同样预设了一个纯粹的计划经济，认为市场经济与计划经济不相容。因此，它们只能是相互排斥、非此即彼的，只能在"变"与"不变"之间做选择。市场转型理论将"双轨"并存等现象看作转型过程中的暂时现象，并没有超出市场转型的范畴，最终会随着不断深化的市场而消失，最后形成市场机制。尽管路径依赖理论关注市场化改革过程中计划经济延续的现象，然而似乎有意识地忽略经济体制的巨变，无法将市场化变迁的现实纳入解释的框架中，所以也不符合中国市场化变革的现实。

本研究发现，新中国成立之初，国家试图把政治和市场对立起来，随着改革开放的推进，政治和市场不再是对立的，国家在制定市场赖以运作的制度规则中扮演着重要角色，即市场扩张不是一个自生过程，国家是一个积极的行动者，具有其自身的利益和偏好。如果要进一步探讨大学生就业市场现状如何生成，就要更清晰地认识国家在大学生就业市场转型中的中心作用，考察国家在主导就业制度变迁中的实施路径及其与大学生就业市场转型之间的关系，这样才能更好地为解决现实问题提供参考。

二　制度变迁：设计还是演化

制度变迁是理解历史变迁的关键。在理论界，制度变迁沿着两条思路展开：哈耶克的演化生成论和康芒斯的"制度是集体行动控制个人行动"的制度设计传统，或者说新制度的形成有两条途径，即自发演化和人为设计。依据政府在制度变迁中发挥作用的大小，诺斯（2014：7）将制度变迁的模式划分为两类：一类是强制性制度变迁，即政府发挥主导作用的制度变迁；另一类是诱致性制度变迁，即制度变迁中政府仅发挥辅助作用的制度变迁。类似地，国内有关制度变迁的研究主要遵循政府主导论和互利论两条思路。政府主导论认为，改革是政府供给新的制度安排。早期学者多采用此说。卢现祥（2000）认为，20世纪80年代以来中国的渐进式改革是一种"先试点、后推广"的双轨制改革方案的倾斜性的强制性制度变迁，存在制度供给过剩，中国作为一个幅员辽阔的大国，自上而下的强制性制度变迁很难奏效，建议应扩大诱致性制度变迁的范围，并注意建立与市场经济相适应的非正式的约束。互利论认为，制度变迁是经济活动中的当事人面临获利的机会而自发从事的制度创新。这种创新既可能是由政府发起的，也可能是由经济运行过程中内生因素引起的。刘守英的中国农村集体所有制变迁个案、张军的温州民间金融机构案例及张曙光的山东惠民小市场案例等，都从不同侧面论述了这一道理，即一旦政府从市场领域退出，其他社会成员就有能力通过自发的制度创新来捕捉潜在的获利机会，而如果政府试图获得优先权，通过行政手段强行占有这些机会，就可能伤害自发的制度本身，因而提倡政府和社会成员的互惠性制度变迁（张曙光，1996）。由此，将自发演化和人为设计完全区分开来是不实际的。虽然对制度形成的两条途径进行了区分，但在实际的制度形成过程中，纯粹自发演化的制度和完全人为设计的制度并不存在，许多制度的形成往往是自发演化过程与人为设计过程相互交织的结果。诱致性制度变迁必须由某种在原有制度安排下无法得到的机会引起；然而，强制性制度变迁可以纯粹因在不同选民之间对现有收入进行再分配而发生。在自发的制度安排尤其是正式的制度安排变迁中，往往也需要政府的行动来促进变迁过程（科斯、阿尔钦、诺斯，1994：384）。

在大多数情况下，制度变迁仅仅指某个特定制度安排的变迁（结构中的其他制度安排不变），而不是指整个结构中的每个制度安排的变迁。制度安排嵌在制度结构中，所以它的效率还取决于其他制度安排实现它们功能的完善程度。研究制度安排需要具有对历史时间及地区的专门知识，并需要专门了解该制度安排在制度结构中所处的地位（科斯、阿尔钦、诺斯，1994：383）。分析制度变迁，比较有益的做法是研究一种新制度安排为什么被创新以及如何被采用。大学生就业制度的形成与变革一直与国家的经济体制改革相伴随，因此，我们不能不关注国家在大学生就业制度变革与市场转型中的角色与作用。国家正是通过制度变革与自身角色的调整而使大学生就业市场转型得以发生与推进，从而导致市场中各主体的地位与行为发生变化。目前，大学生就业研究对象主要集中在大学生、高校或用人单位等行动主体。一些人持权力维系观点，认为单位、权力与制度因素依然影响着就业。没有一个国家理论对制度的讨论是完整的。在中国的政治结构中，政府拥有绝对的政治力量对比优势，而且拥有很大的资源配置权力，能通过行政、经济和法律等手段在不同程度上约束其他社会行动主体的行为。因而，无论是新中国初期计划经济体制的确立还是 20 世纪 80 年代以来市场化制度的变迁，改革方向、速度、形式、广度、深度和时间路径在很大程度上取决于政府的偏好及其效用最大化。同时，国家是将民间或社会的制度需求转换为制度供给，将组织或群体自发形成的制度转换成正式制度的决定力量。

三　"国家－市场"：就业理论的一个经典视角

自市场经济诞生以来，"国家－市场"这一分析框架便体现到就业理论中来。经典的就业研究文献中，从不缺少国家和市场的论述。概括地说，就国家/政府在就业市场体系中的角色这一论争，可以划分为以下三大流派。

（一）古典就业理论：市场调节平衡就业

古典就业理论起于亚当·斯密（Adam Smith）的"经济自由主义"信仰，萨伊定律是西方传统就业理论的基石。这一派学者主张自由的市场竞争，认为"供给总能产生需求"，推崇市场机制这只"看不见的手"，资本主义经济借助市场供求力量能够自动地达到充分就业的均衡状态。因此，这派学者提出政府干预只能使情况变得更糟糕，解决失业问题的根本途径在于政府和工会不应干预经济秩序和劳动力市场的运行，即使要干预经济，也仅限于"鼓励生产"。解决失业问题，首先要解决劳动力市场竞争不充分的问题，"只要有完全自由竞争 …… 就会有一股强烈的倾向将工资率与需求相联，使每个人都能顺利就业"（厉以宁，1998）。一个均衡的市场，资源没有被闲置或被浪费，同时也是"充分就业"的市场。

（二）马克思的就业思想：计划分配劳动力

相对过剩人口理论是马克思就业理论的核心。从制度层面分析，马克思（1975）认为，造成失业的根本原因在于生产资料的资本主义私有制，相对过剩人口是资本主义生产方式所特有的人口规律。私有制条件下，生产者与生产资料分离，生产者在创造先进技术装备的同时却让自己成了过剩人口。在资本主义经济运行中，价值规律的自发作用导致劳动力资源的无序配置，导致大量显性或隐性失业。因此，马克思设想了一个排除商品、货币和价值的生产资料公有制社会：不存在任何劳动者失业，劳动者享有天然的就业权，劳动力资源得到有计划地调配（马克思、恩格斯，1979：120）。如此，资本主义的社会化大生产和生产资料私人占有制之间的矛盾得以消除，国家可以按照社会经济发展规律的客观要求，在国民经济各部门、产业间有计划、按比例地合理分配劳动力

（刘启生，2008）。正如后人所见，马克思的就业思想深刻地影响了社会主义国家的就业实践。如苏联在革命胜利后，就急不可待地去构建"普遍就业"的社会主义大厦。斯大林甚至在1934年联共（布）代表大会上宣布"在我们这里却再也没有找不到工作和领不着工资的工人了"（冯兰瑞，1982）。新中国成立后，"全部就业"也长期成为计划经济体制下的就业指导思想。1958年，经过约十年的战后恢复，政府宣布"旧社会的失业现象已经消失了"。

（三）凯恩斯的充分就业理论：政府实施需求管理

凯恩斯（Keynes，1936）提出的积极干预主义的政府职能论，强化了政府的政治统治职能。在经济领域，强调政府对社会经济的调节和干预，垄断代替了自由竞争。传记作家罗伯特·斯基德尔斯基（Skidelsky，2006）认为"凯恩斯本人留下的凯恩斯主义在本质上是一种短期的就业理论"。因为凯恩斯把一个社会的经济结构设为"已知条件"，仅仅寻求保证对该社会的工业产品的足够有效需求。经济发展要对传统经济结构做大规模的改造。凯恩斯本受业于古典经济学派。第一次世界大战后，英国遭遇长期的经济失调以及相伴随的严重失业，凯恩斯认为这是经济紧缩导致的。20年代如此严重的失业让他反省：自由经济并非完全能够自我调节，自由放任也未必就能够带动经济复兴，于是开始偏离传统学派路线，主张政府采取通货管理政策。1929～1933年，资本主义世界爆发了史上最严重、最持久、最广泛的经济危机，带来空前规模的失业，主要资本主义国家总失业人数达4000万人，失业率高达1/4，生产力普遍倒退了20年。凯恩斯把经济危机归咎于自由市场制度，为了实现充分就业，他认为必须摒弃自由放任的经济政策，资本主义不存在自动达到充分就业均衡的机制，必须依靠国家干预经济，通过政府的政策，特别是扩大财政支出、减少税收等财政政策以及福利措施来刺激消费和增加投资（凯恩斯，1997）。从20世纪80年代开始，新凯恩斯主义从多方面探讨了劳动力市场的工资黏性，进一步强调政府干预具有稳定经济的作用。

就业问题深受各时代的学者关注。可以说，就业理论的创立与演变也体现了国家角色与就业市场的关系变革。一个国家的就业状况不仅与其经济增长（发展）密切相关，甚至直接关乎社会秩序的稳定和国家政权的巩固。在中国大学生就业研究中，有必要重新找回这一分析框架，对新中国成立以来大学生就业市场的变革与国家角色转换之间的关系尤其是国家在回应就业市场变迁、引导制度变革的机制路径等进行重点关注。这也有利于寻找与前人理论对话的线索。

第四节 研究任务与策略

一 研究任务与分析框架

当前，在大学生就业研究中"把国家带回分析的中心"，就是重拾历史分析与制度分析策略，遵循国家与就业市场之间的关系这一分析框架，从新中国大学生就业制度的完整历史中揭示各阶段的改革动力、运行机制，试图观察与理解在社会转型的大背景下国家政策改革的导向对社会变迁的意义，并借以透视我国大学生就业制度/政策体系的变迁轨迹，提供政策建议。

第一，从横断面上，大致明确新中国成立以来大学生就业制度变革的阶段划分。其实，大学生就业的国家传统在新中国成立之前即已浮现，"大学毕业生"这一社会角色诞生于晚清的强国困境，民国时期大学生"向国家要工作"。考察晚清至民国年间的大学生就业概况，有利于认识新中国大学生就业制度的变革轨迹。为了呈现一个较清晰的历史轮廓，有必要对60多年的新中国大学生就业制度历史进行横断面式的分割，以重大政治事件和政策文件为依据，将其划分为三个阶段。这三个阶段分别是：市场消解阶段，即20世纪50~80年代中期的"统包统配、包当干部"阶段/精英教育阶段，此时实行计划型就业制度；市场容纳阶段，20世纪80年代中期至2000年前后的改革过渡阶段/精英教育阶段，处于市场化改革的过渡时期；市场重生阶段，即2000年前后至今的大众化教育阶段，已经过渡到官方宣称的"自主择业"的市场型就业制度。这种划分与大部分学者的认识无差别，也切合官方文件与社会认知。

第二，从纵向上，梳理不同阶段改革的共通机制，提出本研究关于新中国大学生就业制度改革机制的分析框架，揭示制度改革机制中一以贯之的逻辑。这是本研究的核心任务所在。

横断面的分析能让人迅速认识到改革的分期及各阶段的制度实践与后果，但要发掘看似不同阶段改革的共通逻辑与走向，纵向梳理是更加有益的。习近平总书记曾高屋建瓴地指出，不能用改革开放后的历史时期否定改革开放前的历史时期，也不能用改革开放前的历史时期否定改革开放后的历史时期（习近平，2013）。这段话揭示出改革开放前后的两段历史本质上都是我们党领导人民进行社会主义建设的实践探索。同时，这段话也提醒，历史具有延续性，不容割裂。

从纵向来看，新中国经历了大学生就业制度的市场消解、市场容纳到市场重生三个阶段。通过探讨国家在这三个阶段的角色转换与制度变革路径，可以发现，新中国各阶段的改革实践都主要从话语、组织进路、行动策略三个维度进行，而这正是本书要遵循的分析框架。从话语逻辑来看，"就业关乎政治"是历次改革的动力根源。在组织进路上则表现为就业市场的消解和重建。高校组织的单位化和单位制延续一直贯穿新中国大学生就业制度的变革与执行。为使改革有序，国家的行动策略分别表现为权威安排、"摸着石头过河"和资源约束。制度变革伴生的是教育目的转向，大学生在择业态度与行为上发生了从集体主义到个体化的转向。在"自主择业"的今天，退出微观就业领域的国家仍应是就业市场宏观秩序的维护者和建设者。可见，国家、制度与个体生活机遇呈现错综的关系。

第三，通过理论分析启示未来。透过大学生就业制度/政策体系的变迁轨迹，观察与理解国家政策改革的导向对于社会变迁、各行动主体的角色演变与效果等方面的意义分析。因此，本书还将结合基础研究，继续循着"国家－市场关系"的视角，为未来改革的理念、方向、内容与路径提供政策建议。

因此，本书的核心观点如下。

（1）"就业关乎政治"——一条并未断裂的历史长河。从官方档案来看，大学生就业制度变革可划分为不同的阶段，但从长时段历史来看，晚清以降即浮现"国家传统"。此后，大学生就业一直与民族、国家、政权、社会秩序等政治命题生存与共，"就业关乎政治"在历史长河中一直存在。

（2）改革是新中国一贯的传统。"改革"并非改革开放年代的专利，统一分配与市场化择业均为国家针对当时的社会背景与发展愿景而做出由政府主导的自上而下的就业制度改革。二者虽表现出"去市场化"与"市场化"两个不同的改革方向以及不同的历史阶段，但国家在历次变革中均起着关键作用，不同阶段的改革机制均通过话语、组织进路与行动策略等体现政府主导逻辑。

（3）伴随着制度变迁，各相关主体的地位发生了变化。在统一分配体制中，国家主宰就业"市场"，而在改革过渡阶段，国家则成了改革的推动者和保障者。重建就业市场后，高等教育实现了由"为国育人"到"为市场（包含国家与社会）育人"的转向，工作岗位以市场配置为主，用人单位获得了自主性，大学生择业实现了由集体主义到个体化的转向。在市场化就业时期，国家虽成为市场和社会秩序的提供者并仍对高校起着较强控制作用，但高校依然延续单位制模式。

（4）大学生就业背后，国家的制度对个体生活机遇发挥重要作用。在市场化就业的今天，国家应当调整自身角色与责任定位，退出微观就业领域的国家仍应是就业市场宏观秩序的维护者和建设者，但必须有新的思维和新的举措。

二 分析策略

本研究试图从历史进展的角度而不是从片段的经验事实去理解大学生就业制度的处境和走向，把制度变迁以及随之而来的相关主体的地位变化及参与行为置于分析的中心。

（一）历史分析

波兰著名社会学家彼得·什托姆普卡（2011）认为，为了理解任何当代现象，我们必须回溯它所发生的根源及其过程。涂尔干（2006）倡导因果分析，《教育思想的演进》一书便是对教育制度进行因果分析的典范。在他看来，现在无非是过去的进一步推演，一旦与过去割裂开来就将丧失大部分的意义，研究的出发点必须是把研究者移送到历史的时间刻度的另一端并努力理解那个时期的教育思想体系，然后一步接一步地追随它所经历的、与社会本身的变化同步的一系列变化，直至最终达到我们当前的处境。与目前大学生就业研究中过于关注现状的分析不同，本研究效仿古典社会学家的做法，重拾历史分析。

其实，社会学智慧中最宝贵的一条就是历史主义原则。古典社会学家通过历史研究，围绕资本主义文明的诞生或者大转型而产生出不同的流派。孔德、托克维尔、马克思、涂尔干、韦伯等主要奠基者都从历史视野或发展进程的角度提出了各自问题和命题。然而，"十九世纪社会学的著名代表人物曾热衷于长期社会进程的研究，而在二十世纪却一下子转向状态研究了"（埃利亚斯，1968 年序言）。与 19 世纪的进步主义一样，20 世纪社会学的中心从欧洲转移到美国后，意识形态的原因使社会学的关注焦点从历史的架构转向现代社会的系统性研究，它原有的历史取向和历史敏感性也逐渐丧失，从而导致社会学思维退化和与之相应的研究范围缩小。如今，我们是否应该完全集中于最近或最时尚的趋势，而忘掉过去的一切呢？答案是否定的。如果要真正领悟从特定的历史进程中生长出来的社会关系、社会结构、行为和思维模式，就需走入历史的田野（王小章，2000）。诚如布尔迪厄（1997：183）指出的："社会行动者是历史的产物，是整个社会场的历史的产物，是特别的次场内某条通道中积累的体验的历史的产物。"米尔斯（Mills，1959：145）也强调要回到历史，在历史研究中激发社会学的想象力，"每种社会科学——或者确切地说，每个考虑周详的社会研究——都需要一种具有历史视域的概念，以及对历史材料的充分运用"。埃利亚斯认为，社会学不仅要研究当下的社会状态，也应当回答社会是如何发展为目前这种状态的、其背后的原因是什么等问题。简言之，即关注点从"社会状态"转向"社会进程"，并用过程来解释结果。

所谓重拾历史分析（冯仕政，2012），一是引入历史思维，揭示制度变迁中的前后因陈过程及其前后相反又相成的辩证关系；二是引入历史方法，以史立论，论从史出。也即，历史分析是一种历史社会学研究。当然，我们也不用躲到历史中去，我们必须面对现实，因为它是当前史，和当前直接联系在一起，我们必须在历史研究中找到新的面对历史的方法。区别于传统历史研究重叙事而不太关心理论建构的特点，在考辨之外，历史分析的理论兴趣更浓厚，更注重寻绎史实背后的社会规律。本研究的兴趣在于从"社会状态"转向"社会进程"，并用过程来解释结果。因此，对大学生就业市场/制度变迁的历史规律做一整体考察是很有必要的。借此追问：中国大学生就业为何如此吸引包括政府在内的社会各界的高度关注？大学生就业市场中的各种社会结构、社会关系、社会行为是如何在历史进程中一步一步地生成的？

(二) 制度分析

制度变迁曾经是社会学的核心主题。面对动荡不安的社会，古典社会学大师的根本使命在于从社会生活中发现稳定的社会制度。然而遗憾的是，在主流社会学史中，制度研究逐渐趋于衰落。整体主义、客观主义、经验主义和量化分析等实证社会学的原则导致相当长时间里没有把制度研究放到应有的位置（刘少杰，2006）。纵观中国近现代史，鸦片战争以来就是一部深刻的制度变迁史，新中国成立以来包括改革开放，最根本的也是制度变化。

面对西方社会学制度研究的兴衰，制度在中国社会学研究中的意义更重要。制度变革的直接推动者是国家，而且在历次制度变革中，国家角色也在调整。大学生就业制度的形成与变革一直与国家的经济体制改革相伴随，因此，我们不能不关注国家在大学生就业制度变革与市场转型中的角色与作用。国家正是通过制度变革与自身角色的调整而使大学生就业市场转型得以发生与推进，从而导致市场中各主体的地位与行为发生变化。因此，在本研究中，国家既被理解为国家政策改革（如大学生制度与政策的变革），也指制度变革中国家角色的转换。

本研究注意到，目前的大学生就业研究的对象主要集中在大学生、高校或用人单位等行动主体。一些人持权力维系观点，认为单位、权力与制度因素依然影响着就业。斯考切波（Skocpol，1979，1985）在研究社会革命时强调国家的自主性，提出"把国家带回分析的中心"，"国家回归"迅速成为政治社会学的一个主题。笔者认为，在政府主导型的国家，大学生就业研究仍然离不开对国家与制度因素的考察。当然，国家并不是社会需要、结构和过程的简单对应物，而是一个具有相对自主性的行动主体。诚如"市场－政治共生模型"（Zhou，2000）提出的，国家在设定市场运作的制度性规则中起到了关键性的作用，国家也具有一些独特的利益需求，如对政治稳定性、合法性和历史传统的考虑，又会促使国家倾向于限制市场。这个现象即使在发达市场的国家也并不罕见。作为一种国家意志，制度选择总是能对现实产生深远影响。不过，不管国家多么强势，其制度选择也不可能准确地反映现实以及彻底地执行下去。正是认识到这一点，本研究一方面肯定国家意志对制度演进的强大影响，另一方面也注意考察国家的制度选择在实践中所产生的后果，以及国家为此而做出的制度调整。而这与制度变迁研究中关于强制性制度变迁与诱致性制度变迁这一分析框架是契合的。

总之，鉴于当前研究大多关注近年来的大学生就业问题，且视角多集中于市场转型的后果分析，我们有必要从长时段的历史进展的角度而不是从片段的经验事实去理解大学生就业制度的处境和走向。在田野调查的基础上，通过制度层面和历史维度的分析，以高校毕业生就业制度变迁为核心，将相关的主要行动主体一并纳入考察，更有利于认识今天的大学生就业市场秩序是如何形成的，在透析大学生就业制度的变迁轨迹中为后续改革提供理论依据。

第五节　研究方法及调查地点简介

本研究属于长时段研究，不同阶段的资料获取方法有所不同。对于亲身经历阶段，除了通过与亲朋好友聚会、交谈等重温历史外，笔者主要通过田野调查法收集一手资料。对于笔者未曾经历的那段历史，主要通过文献法与访谈法获得资料。

一　田野调查法

笔者决定开始从事这一研究，在 2010 年六七月份，一开始只是出于考察现阶段的大学生就业制度实践。在具体收集资料的实践中，主要通过以下方法：观察、深入访谈、焦点团体访谈、闲聊、与被访者做朋友（Hoigard & Finstad，1992；Nishizaki，2011）。

笔者亲身经历了 20 世纪 90 年代中后期以来大学生就业制度的变革。1994 年 9 月，笔者考入 A 省某大学，毕业后在同省另一所工科高校工作、生活十多年，工作期间在 A 省和 B 市分别攻读硕士和博士学位。在工科院校工作期间，当时教育学背景的笔者在工科院校里几乎找不到从事专业教学的理由，也没有从事过班主任、辅导员之类的学生工作，接触学生的机会很少，只是行政杂事之余足不出户地从事着"书斋式"的高等教育研究。在日常意义上，笔者对于大学校园、大学生活很熟悉，但对大学生就业问题却很陌生，有的只是自己20世纪90年代末找工作的依稀记忆，以及通过新闻媒体和阅读学术文献时获得的感性认识。可以说，笔者对于大学生就业问题的调研，是从一种十分盲目的状态开始的：没有任何定见，没有任何框框，就是睁大眼睛，多观察，多思考，在实践中发现社会事实，发现研究的主题（冯军旗，2010）。

2010年暑假，笔者开始预调研，利用周末对两个较大的人才市场和一个高校毕业生招聘专场进行实地观察，秋季到一所医学类毕业生专场招聘会实地观察。这些人才招聘市场，有的场面拥挤、人员爆满，有的冷冷清清、门可罗雀。不管在哪一种招聘现场，笔者除了体验、观察（有时装扮成一名应聘者，有时在征得同意的情况下观察面试现场）之外，还和应聘者（以大学生为主）、用人单位人事经理、招聘现场组织者等进行交谈。和进入田野前的担心相比，田野现场给了笔者不少安慰，大部分人很乐意接受"搭讪"，并说这是一个很值得研究的利国利民的课题，话匣子很快就被打开了。招聘专场的一位组织者听其下属多次汇报有人在观察其组织的招聘活动后，在与笔者第一次不期而遇时一开口就兴奋地说："现在像你这样会到一线来了解情况的研究人员很少，我很乐意配合你完成这项研究。"这位组织者后来与笔者成了好朋友，笔者也成为他办公室和招聘现场的常客。

在以上预调研的基础上，笔者拟订了针对大学毕业班学生的半结构访谈提纲，在几所学校（3所本科院校、4所高职高专院校）的毕业生中进行了7次焦点团体访谈。访谈消除了笔者的一些误解，也让笔者结交了十几个无话不谈的大学生朋友。有的毕业班学生得知笔者的研究主题后，主动说："你应该来采访我们呀！"这些大学生朋友偶尔邀请笔者参加他们的活动，如K歌等。有的和笔者谈起自己的困惑，笔者也尽力帮忙。如有一位学习水电站动力设备专业的学生说起想找一个机械施工单位实习，但苦于家境贫寒、没有背景，笔者帮助他联系了一位相关行业的私人企业老总朋友，他获得了实习机会。这名学生不时在网上和笔者交流工作、生活情况，视笔者为"恩人"。也有的学生在实习完毕返校后说："我们实习之后都有些新的感触和认识了，方便时到我们中间来聊聊。"

在进行一段时间的外围观察之后，2011 年 3 月中下旬起，没有和任何人打招呼，笔者独自一人来到曾经工作过的 N 大学。同事们得知来意后，大多主动为笔者提供信息。就业部门的一位领导甚至说："你是嫁出去的女儿，我们对你没有任何秘密可言"，另一位领导说："你做大学生就业政策的调研，很有必要，我会把真的信息和假的信息都告诉你，没有什么秘密而言，让你有对比，这样才有利于制定真正有用的政策，对整个就业工作也有好处。"分管就业工作的副校长表示，只要他在办公室笔者就可以进去聊天，忙时短聊，闲时则长聊。在那里，笔者来到任何一个办公室，几乎都有人把笔者留下来聊天。还记得这所学校的第一天田野工作，笔者在各个办公室串门，从早上 8 点几乎一直聊天到晚上 9 点，兴奋而劳累，回到家时才发现嗓子都沙哑了。出于研究伦理考虑，笔者虽然取得了一些"秘密"资料，但在观点认证上，除了匿名处理外，尽量用公开资料或可以公开的资料来代替。

笔者在 A 省两所高等学校（一所工作过的学校、一所长期求学的学校）和 B 市一所高校进行了连续近 6 个月的田野工作，观察了与就业相关的活动、专业课堂教学，与辅导员、就业工作者、专业课教师、大学生聊天。和老师交流是了解就业问题的重要维度，但和学生的接触更为直接也更为必要。在蹲点调研中，笔者有针对性地选择了几个班级随堂听课，注意班级教学反应，课后与学生交流、与任课老师交流等。毕业班的学生因为没有课堂教学任务，有的四处奔走，有的实习，有的埋头准备研究生、公务员考试等，面对面的交流机会不是太多。在一位班主任的帮助下，笔者化名加入两个毕业班的 QQ 群，通过半年多的观察，笔者发现 QQ 群是他们保持联络和交流的最主要平台，不仅是他们的信息交流平台，也是他们的生活空间；对于毕业班而言，更是学校的就业工作平台，学校往往通过 QQ 群发布就业信息、就业政策和其他一些文件。

二　文献法

对于笔者未曾经历的阶段，收集资料的方法主要有：一是在 A 省档案馆、A 省图书馆、B 市档案馆、B 市图书馆查阅历史文献、政策文件、档案资料等；二是查阅权威报纸如《人民日报》等关于大学生分配与就业方面的报道；三是通过熟人和滚雪球的方式对新中国成立初期、改革开放初期、20世纪90年代初期从事大学生就业工作的当事人（高校、学生、用人单位）进行口述史访谈。

社会学注重经验资料的真实性。在对一些报刊进行资料梳理时，笔者发现在大学生就业报道中，一些媒体为求轰动性，常常"报道失实"。但是，笔者认为，对大学生就业报道的重视是媒体积极参与和社会信息流通的结果。《人民日报》是中国第一大报。1946年5月15日，由毛泽东题写报名的《人民日报》在邯郸市创刊，当时该报为中共晋冀鲁豫中央局机关报。1948年6月15日，《晋察冀日报》和晋冀鲁豫《人民日报》合并，实际担负党中央机关报职能。70多年来，《人民日报》积极宣传党的理论和路线方针政策，积极宣传中央重大决策部署，及时传播国内外各领域信息，为中国共产党团结带领全国人民夺取革命、建设、改革的伟大胜利做出了重要贡献。《人民日报》始终不渝地坚持党性和人民性相统一，为巩固壮大主流思想舆论发挥"中流砥柱""定海神针"的重要作用。而且，《人民日报》自1946年5月15日创刊以来，报道从未有过间断，报道资料连续完整，见证了新中国的建立和成长，经历了中国教育体制和就业体制改革历程，通过真实、及时地报道特定时期党和政府的方针政策，反映大学生、高校、家长等的心声，在一定程度上记录了大学生就业制度变革历程，尤其是在政策执行中发生的重大和有代表性的事件等，这些事件传递着国家对大学毕业生实行统一分配过程中各方面的处理方式、方法，对本研究的展开和深入具有重要意义。

"保存过去是因为人们记得过去的某些片段。虽然他们记住的是自己早先的经历，但是他们通过以下两种方式扩大了其记忆范围。第一，他们与他们的同代人共享记忆，并从他人那里了解到他们个人经历的过去的事情。通过这种方式，集体记忆库得以建立并储存于档案馆、图书馆、博物馆中。第二，通过各种记载前代人记忆的历史记录，记忆的范围相对前人来说也得以扩展。通过这种方式，集体记忆就会深入过去，远远超出社会成员的个人记忆。"（什托姆普卡，2011：55）笔者曾经担心这些已经退休多年的大学毕业生是否有兴趣接待自己，后来的实践告诉笔者，那些上了年纪的人很乐意和笔者分享他们的过去。每当想起这些人的帮助，笔者内心都充满感激，只是害怕自己未能做好这项研究工作而辜负了他们。

三　调查地点简介

A 省和 B 市分别代表着中国的中部与东部、欠发达地区与发达地区，同时也是笔者长期生活、工作和学习的地方，对于调研工作具有相对便利性。

A 省地处中国中部地区，是内陆省份。该省属于经济欠发达地区（产业结构中第三产业比重为 1/3 左右，2010 年 A 省三大产业结构比例为 12.8∶55.0∶32.2；2015 年则调整为 10.6∶50.8∶38.6），也属于高等教育欠发达地区，现有 98 所普通高校（2015 年末），尚无 985 高校，其中普通本科院校 29 所（含 211 大学 1 所）、高职院校 56 所、独立学院（三本院校）13 所。普通本科院校数在全国排第 18 位，高职院校数排第 12 位，独立学院数排第 9 位。90 余所高校中有 50 余所高校的办学地点在省会，其中 29 所普通本科院校中有 17 所集中在省会，56 所高职院校中有 36 所集中在省会。A 省高校生源大多数来自农村、城镇，就业时大多面向非国有部门，也即在体制外单位寻找工作岗位。从相关新闻报道中可推算出，近年来，高校毕业生初次就业率①中的常规就业率②均不足 15%。也就是说，80% 以上的高校毕业生（含离校前和离校后）必须面向体制外单位寻找就业岗位。

B 市是中国东部城市的代表，不仅经济发达、产业结构优化，也是中国高等教育发达地区。B 市普通高等学校虽然只有 68 所，远低于 A 省高校数，但其 211 高校有 11 所，985 高校有 4 所。B 市 2016 届高校毕业生共 17.1 万人，就业率已达 96.5%，约两成高校毕业生到民营企业就业，小微企业吸纳了 1/3 的高校毕业生；商务服务、金融、科研行业吸纳的高校毕业生最多，从事第三产业的毕业生约占 87.5%；1/3 的外省市生源已在 B 市办理就业登记（鲁哲，2016）。

---

① 一般来说，就业率统计分为常规就业率和灵活就业率两种。常规就业率统计多以毕业生与具体用人单位签订了有效的国家级或省级《普通高校毕业生就业协议书》为准，毕业生接收单位多为大型企事业单位等国有部门。而灵活就业率的内容则五花八门，凡签署县、区级以上劳动合同或办理了择业代理的学生均可列入。

② 因纳入常规就业率统计的岗位均属于国有单位，毕业生档案必须寄往用人单位，用人单位也必须根据档案确定员工编制，所以这一数据具有较高的可信度。

长期在高校工作和学习的经历为笔者进入研究现场积累了一定的人脉资源。笔者虽然在多所学校收集资料，但系统收集资料的学校主要为A省省会两所本科高校（N大学、S大学）。

第六节　本书结构

本书共七章。

第一章"导论"。大学生就业问题深受社会各界高度关注。当前，大学生就业研究主要以市场转型后果为背景，且多关注现状分析。从历史的视角纵深考察中国大学生就业制度的变革，把"国家"带回分析的中心，有利于澄清当前大学生就业中的一些重要认识，也有利于分析大学生就业制度改革的走向。因此，本章的重点在于指出本书的研究问题、研究视角、研究任务等。

第二章"中国大学生就业制度演变轨迹"。本章作为以下各章关于机制分析的宏观背景介绍。国家对于大学生就业市场所具有的关键性作用并不仅仅体现在1949年后的新中国。追溯到"大学毕业生"这一社会角色在中国历史上的诞生，国家与大学生就业市场变革就有着千丝万缕的关系。中国的大学生就业制度起源于晚清强国困境，又经民国动荡中"毕业即失业"之择业艰难。新中国大学生就业制度变革经历三个阶段：市场消解（统包统配制度/精英教育）阶段、市场容纳（市场化过渡/精英教育）阶段、市场重生（"自主择业"制度/大众化教育）阶段。为契合经济体制改革，亦可划分为计划经济时代和市场经济时代两个阶段的改革。

新中国成立以来，各阶段虽有相对明晰的历史分期，然而其改革机制都主要从话语、组织进路、行动策略三个维度展开。接下来的第三、第四、第五章对这三个维度分别进行分析。

第三章"就业关乎政治：制度改革的话语逻辑"。"就业关乎政治"是国家历次改革的政治意识形态和动力根源，从中可以窥见大学生就业制度变迁中强制性制度变迁与诱致性制度变迁的交织。新中国成立之初，社会结构急剧变革，统一分配体制可以终结民国年间"毕业即失业"现象，以维护社会安定，但更重要的是国家"需要人急，需要才专"。改革开放之初，百废待兴、人才断层之际却面临"毕业生分配工作苦恼"，在"经济即最大政治"的意识形态影响下逐渐形成毕业生就业制度的市场化改革共识。时至世纪之交，大学生"失业"大军可能成为社会不稳定之源，在"就业关乎政治"的"国家话语"下，政策转向力推就业服务。

第四章"从'去市场化'到'市场化'：制度转向的组织进路"。表现为大学生就业市场的消解（"去市场化"）和重建（"市场化"）两个相反的改革方向。为消解民国时期资本主义市场制度，新政权通过对资本主义工商业的社会主义改造将劳动力市场挤出历史舞台，将高校变成国家控制社会的一级单位组织，并借此对大学毕业生的分配进行科层化运作。正如劳动力市场的解体是统一分配制度的组织基础，为实现大学生就业的市场化，政府通过向用人单位放权、重建多种经济成分、高校扩权等组织策略使市场各主体得以重生与归位。世纪之交，就业岗位的配置以市场机制为主，企业与国家、高校在利益认知上并不完全一致，国家权力虽然不直接干预微观领域的就业，但在就业率统计制度执行中仍然遵循高校单位制模式。

第五章"从权威安排到资源约束：制度执行的行动策略"。国家为使改革有序推进，体现出权威安排、"摸着石头过河"①和资源约束的变迁轨迹。在统一分配体制下，毕业生分配遵循"集中使用、重点配备""地方分配、中央调剂"的总原则，但思想、价值观的教育和改造则通过单位化的高等学校进行，对不服从分配者则采用切断体制外就业渠道等惩罚措施。在改革开放背景下，政府通过"摸着石头过河"策略逐渐落实市场化目标，主要经历"85决定"前后的"供需见面"试点、"中期方案"的一定范围内"双向选择"直至"93纲要"明确的并轨目标。在自主择业制度背景下，高校就业率制度的执行在资源约束被控制下异

---

① "摸着石头过河"，含有大胆探索、稳妥前进的意义。其被认为是邓小平领导的改革开放的方法论，有多层含义：第一，河必须过，改革必须进行，在河边逡巡、回避问题是不行的，站在河中停滞不前更危险，倒退更不应该；第二，没有桥，没有现成的经验办法可照搬套用；第三，河水比较深，可能还有漩涡，要摸索着过，改革碰到的难题或问题很多，有风险；第四，慢点走，找到支点站稳了再走下一步，改革要多试验多总结，试验成功了再推广铺开，既强调稳妥也强调探索。参见王达阳，2018：63~64。

化为通过高校保障"合理的"就业率，延续着单位制的高校依然采用传统说教与资源约束策略。

第六章"从集体主义到个体化转向：教育目的转向与大学生择业行为变迁"。制度变革伴生着高等教育目的由"为国育才"转向"为市场/社会育才"，大学生在择业态度与行为上发生了从集体主义到个体化的转向。在统包统配制度实施期间，服从分配属于主流类型。在双轨制过渡阶段，大学生择业的主体性逐渐获得并不断增强，既有涌向体制外的冲动也有离开保险箱的恐慌。21世纪，大学生择业心态和择业取向实现个体化转向，常用的择业资本大致可划分为权力维系、市场能力、寻找社会资本与"通吃"等类型。在由"国家分配"向"自主择业"的制度变革中，大学生职业获得的自致因素与先赋因素虽在不同阶段居不同地位，但一直并存着。

第七章"结论与讨论"。大学生就业制度变迁轨迹真切地呈现国家、制度与个体生活机遇的关系链条。就业与民族、国家、政权、社会秩序等政治命题紧密相连，本质上，其制度变革历程就是"就业关乎政治"的体现。大学生的择业行为与心态既是历次制度变革的结果，也是制度改革必须考量的要素。在制度变迁的强制性与诱致性交织历程中，如今大学生就业的个体主义化倾向亟待注意。当前，退出微观就业领域的国家仍应是就业市场宏观秩序的维护者和建设者，但必须有新的思维和新的举措。

第二章　中国大学生就业制度演变轨迹

"大学生"这一社会角色在中国的诞生源于晚清强国困境，他们承担着科举时代士子的角色。经民国时期资本主义市场制度中的"自谋生路"与政局动荡中"毕业即失业"之择业艰难，面对"向政府要工作"的请愿，政府虽能力不足，仍勉力发布诸多举措以应对大学生就业难题。这些背景构成了新中国大学生就业制度变革的历史参照。新中国大学生就业制度经历统包统配制度（精英教育）、市场化过渡（精英教育）、"自主择业"制度（大众化教育）三个阶段的变革。这三个阶段也可以划分为改革开放前后的两段历史，即计划经济体制时期和市场经济体制改革时期，这两段历史在本质上都属于党和国家进行社会主义建设的实践探索期。从国家与市场的关系视角来看，新中国的大学生就业制度经历了市场消解、市场容纳和市场重生三个阶段。由此来看，就业制度改革并非 20 世纪 80 年代才有的事情，而是贯穿于整个中国大学生就业制度史的一条兴利除弊的主线。

第一节　强国困境与"大学生"的诞生：晚清

晚清中国积贫积弱，内外交困，国家能力较为虚弱。近代以来，在急迫的"强国"和"救亡"历史背景下，教育成为强国和救亡的重要手段，传统教育开始向近现代转型。近代高等教育在晚清的引入，宣告"大学生"在中国正式诞生。而"大学生"自诞生之日起，其就业问题就与国家命运密切相连。

一　兴办洋务学堂，"师夷长技以制夷"

1840 年鸦片战争爆发后，中外文化正面相撞，清政府与西方政府间的接触交涉逐渐展开。然而，晚清中国的新式人才极度匮乏。为了通晓"夷情"，国人开始注意西学，并逐步过渡到引进西式教育。当时，清政府的国际地位非常低，因不谙悉外国语言文字在办理外交时颇受列强刁难。1858 年被迫签订的《中英天津条约》《中法天津条约》都有关于两国交涉使用语言的规定，即两国交涉均使用英文或法文，暂时附送中文，俟中国选派学生学习外文以后，即停附照会；此后各项文件或文辞发生争议，均以外文为准（熊月之，1994：302）。同年，美国公使在《中美天津条约》签订后，又提出学习外国语文等 4 项建议。清政府虽可敷衍搪塞于一时，但因列强长驱直入，故技重演难以奏效。史料就曾记载：

> 1860 年 9 月，英法联军攻陷通州，直逼京畿，咸丰皇帝被迫逃往热河，恭亲王奕訢受命议和。此时，英国参赞巴夏礼已先期被俘，奕訢命他致书联军统帅联系议和。巴夏礼亲书中文信一封，但旁边有英文数行。当时朝廷中无人识此英文，不知所写何意，不敢即发。听说天津有一个广东人黄惠廉识得英文，奕乃札饬调京。经黄辨识，几行英文只不过是巴夏礼的签名及年月日。区区"夷字几行"，朝中竟无人能识，一去一来，延宕多日，影响了战和大局。（熊月之，1994：302）

种种遭遇对清廷刺激很大，培养可靠的新式人才成为洋务派创办新式教育的直接动因。如康有为急呼："欲任天下之事，开中国之新世界，莫亟于教育。"（梁启超，1989：62）张之洞指出："沧海横流，外侮洊至，不讲新学则势不行。"（苑书义等，1998：9726）在"师夷长技以制夷""自强新政"口号下的洋务运动中，一批新型学堂逐步被创办起来。办外交最为急迫的是外国语人才，故外国语学堂开办最早。

兴办学堂的当务之急在于培养实用人才，主要有外国语学堂、军事技术学堂、科学技术学堂等。以奕訢、文祥、曾国藩、左宗棠、李鸿章以及张之洞等为代表的"洋务派"，开始广泛传播"西学"。通过翻译西方书籍、创办新型学校、派遣留学生等手段，将西方科学文化引入中国。近代中国高等教育发轫于最早的一批高等专科学校——从 19 世纪 60 年代开始，中国涌现出 30 多所具有专科性质的新式学堂，这些新式学堂也被称为"洋务学堂"。那时的学校，科学技术研究工作几乎处于空白状态。

二　作育人才，维护与改善朝廷统治

1. 新政之才取于学堂

1895 年创办的天津西学堂头等学堂（北洋大学堂前身）和 1896 年创办的南洋公学上院（交通大学前身），是近代中国最早具有近代高等教育性质的学校。所需变法、军队将弁、外交使臣和各种专门人才皆取于学堂。1898 年，清政府首次以"国家"名义直接创办的"京师大学堂"，既是国立最高学府，又是清朝最高教育行政机关。光绪帝在"诏定国是"中，明定京师大学堂培养"通经济变之才"。维新变法失败后，唯独京师大学堂得以保存。晚清学堂为洋务新政提供了一批人才，他们主要到外交、军事、教育、行政、实业、商务等部门任职，减轻了借才异域的压力与麻烦。同文馆的学生毕业后，大部分进入外交或涉外部门，活跃在清末民初的政治舞台上。辛亥时期，毕业生群体主要流向政、教、军、警、报及实业界等（朱有瓛，1989：711~713）。因人才之紧缺，洋务学堂的学员们甚至在未毕业之际便被重视洋务的朝廷官员和地方各部门使用，清政府甚至不得不明令禁用肄业生，以稳住局面。

2. 兴学之志在养育"异才"

其实，西方近代教育与中国传统教育趋向不同，功能相异。前者以全体社会成员为主体，目的在于发挥每一个人的潜能，使之找到各自的最佳社会位置，并培养其社会主体意识和国民精神。而后者则以统治者为中心，以造就少数出类拔萃的仕宦人才为目的，并教化民众接受统治（陈计房，2010）。康有为、梁启超等维新思想家从"开民智"的角度批评洋务学堂只袭取西学皮毛，主张以政学为主、以艺学为附，广育人才、救亡振兴。洋务派与维新派二者虽追求不同，但依然集中为养育"异才"，区别只在于或是外语工艺的洋务之才，或是政务变法的维新之才（高飞，2000）。据 1898 年《同文馆题名录》的记载，到 1886 年，奕劻仍称京师同文馆"系为边务储才之地"，学生"高者可备行人摈介之班，下者亦充象胥舌官之选"。可见，晚清政府虽热衷兴学"作育人才"，但仍然沿袭千年科举传统，主要是从维护和改善其统治出发（桑兵，2007：135~136）。其实，早在科举制废止前，清政府已经开始吸收留学生和国内毕业生参加求新活动，新政的全面推行和预备立宪，更使之迫切感到新式人才匮乏（马晓艳，2005）。

三　教育财政是晚到的食客

晚清财政恶性循环，新式教育如同"晚到的食客"，只分一杯残羹。清王朝不乏兴学愿望，财政要维持庞大的国家机器已经举步维艰，只以主观上看重新式教育代替对学堂的切实扶持，利害冲突时又以前者为取舍准绳（邢丽鹃、苗禾鸣，1997）。如清政府财政收入高达数亿两，而1907 年学部管收两项仅 229.8 万两。[1] 据 1911 年度财政预算，总出 3 亿万两，其中国家行政经费 2.6 亿万两，而学部和各省教育经费合计不过274 万两，只占 1%。[2] 学堂和学生数居全国之冠的四川省，1908 年教育经费不足 29 万两，仅占本省支款的 4% 和总岁出的 1.9%（马晓艳，2005），学生人均仅 1 两，可是该省每年仅敬神做会的开销不下 100 余万两。[3]

综上，在内外交困下，清政府热衷兴学"作育人才"，主要目的在于维护和改善其统治。彼时，虽有社会精英呼吁新式教育以"开民智"（提高全体社会成员素质）为目的，但彼时的主要目的是"师夷长技以制夷"，朝廷和社会精英赋予"大学生"的社会使命是"救亡图存"。"学员"承担着科举时代"士子"的角色，在尚未毕业，乃至在招录之际就注定要担负起为民族、为朝廷解除困难之重任。类似于科举取士，晚清的大学生一入学就获得了"准国家干部"身份，加之大学生规模极小，毕业之际他们总会有体面的出路。

第二节　"自谋生路"下大学生的就业特征
与政府反应：民国

民国政府不再延续清政府分配学生就业的政策，大部分毕业生必须自谋生路。基于"政府－学生"的分析框架，本节勾勒民国年间高校毕业生之就业特征及当时政府的应对策略。在高等教育扩张、毕业生规模日益增长的背景下，高校毕业生就业特征主要表现为毕业生的相对过剩

---

① 参阅《学部奏核明三十三年份本部收支各款折并单》，《教育杂志》1909 年第 2 期。
② 参阅《中国大事记》，《东方杂志》1909 年第 8 卷第 1 号。
③ 参阅《川省宜节省廉费以办有益事体》，《四川官报》1904 年第 20 册。

与结构性失业，就业区域集中于大都市和东部地区，就业方向以教育、政法为主流选择。生路难谋之际，大学生发起"向政府要工作"的请愿运动，引起如教育统制论争等社会议论。鉴于社会舆论压力、毕业生运动的政治压力，国民政府开始"为青年谋出路"，确实采取了一系列措施。然而，因经济发展不良，战争频繁，政府承诺难以奏效（王晖、戚务念，2016）。

一　市场制度与教育扩张：毕业生之"生路难谋"

孙中山领导革命推翻帝制，力图建立西式资产阶级的市场制度。除师范毕业生有毕业服务制度外，大部分毕业生必须"自谋生路"。即使在战争时期，部分医、法、工和外语系毕业生以及在校生被政府征用，但这自始至终都是针对部分毕业生。①

民国年间高等教育机构分大学、独立学院、专科学校三种。民国初期，全国只有北京大学等少数几所大学，加之高师和各种专门学校，毕业生无多，留学生也较少。在 1922 年学制改革及各国退还庚款"兴学"的刺激下，各种大学和私立学校不断被兴建，学生数大幅增加。据当时教育部的调查统计，1912 年以前，共有大学与独立学院及专科学校毕业生 3184 人；1912～1913 年，每年毕业生仅 400 余人；1914～1922 年，每年有 1000 余人；1923～1930 年，每年有 2000～4000 人（易艳、沈卫华，2008）。就高等教育规模而言，据 1932 年《国闻周报》报道，"除北美合众国外，中国居世界第二位"。以 1928 年与 1936 年相比较，全国大专以上学校从 74 所增加到 108 所，在校生从 25198 人增加到 41922 人，毕业生从 3253 人增加到 9154 人（李华兴，1997：605）。从 1931 年到 1937 年的 7 年间，毕业生总数就达 55591 人，总人数比民国建立至 1930 年间的总人数多出 22879 名。

实际上，民国初期的大学毕业生要获得相对较好的职业并不困难，"民国八九年间南京高师的毕业生常常供不应求"（舒新城，1931）。从 20 世纪 30 年代开始，失业情况"十百倍于往昔"。1934 年 9 月，山西省

---

① 1938 年至 1943 年底，国民政府共征用学生 6371 名，占同期专科以上高等学校毕业生总数（46022 名）的 13.8%（教育部教育年鉴编纂委员会，1948）。

官方一份报告披露，"山西兴学30余年，全省专科以上毕业生不过8905人，但失业者就达4700多人"，1934年"目下正式找得职业者，仅十分之一"①。号称全国最高学府的中央大学，1934年毕业的400多人中，竟有300多人没有找到工作。② 根据国民政府教育部对1933年和1934年专科以上学校毕业生未就业者的统计，未就业者在毕业生中所占比例为13.1%，且文科学生最多（龚征桃，1937）。这些数据还是官方在时隔两三年后统计所得，毕业当年就业情况实际上更糟。在教育救国的"凯歌"下，大学生感叹："毕业即失业！"

二　"生路难谋"下的就业特点

1. 毕业生相对过剩，职业期望过高

民国年间的大学毕业生失业率居高不下，表现出的"供过于求"是相对的，并不是真正的过剩。时任国民政府教育部部长朱家骅指出："大学毕业生如此之多，至于没有出路；论到认认真真做起事来，处处感觉到专门人才的缺乏。"（中国第二历史档案馆编，1998：330）据《教育杂志》统计，1928～1930年，就大学毕业生而言，每36136人中仅得1人，美国每140人中即有1名大学生，相差在100倍以上；就专科以上在校生而言，15000人中仅得1人，而欧洲每500～1100人中即有1名大学生，相差十余倍。③ 而且，大学生作为"天之骄子"，毕业后一旦就了小职，往往被亲友不齿、社会议论。再者，彼时能入大学者，家境多殷实。如有调查发现，父兄为官吏或在学界及实业界的学生数占总体的76.4%（王婕，2012）。彼时，因高等教育体制的缺陷以及时局的动荡，实习政策难以落实。毕业生因缺乏与社会接触，且对未来和职业抱有美好的幻想，这无形中提高了他们的职业期望值。

2. 结构性失业，实科人才缺乏

结构性失业是这一时期的突出特征。全国学术工作咨询处对1933～1934年未就业学生进行了统计，文科者占3/4，理、农、工、医者等仅占十分之一二。文类各科毕业生总数约为实科的2倍，而未就业人数却

---

① 《晋省专科以上学校毕业生多失业》，《大公报》1934年9月24日，第9版。
② 《京中大毕业生组织职业运动同盟会》，《申报》1934年8月8日，第17版。
③ 《近三年来全国大学之专校之概况》，《教育杂志》1934年第23卷第10号。

是实科的 6 倍多。就各科失业数与其毕业生数相比，文科约占 22%（最高），法科约占 17%，工科约占 3%，医科约占 1%（最低）。①比之那些普通的不具备一技之长者，理工科等拥有特殊技能者就业成功率更高。"大致土木工程就业较易，机械学生次之，化学诸科又次之，农医人才，近亦得用。"（沈云龙，1985：2384）有人从《申报》求职广告中发现，有特殊技能的人就业机会是仅有普通知识之人的 5 倍。到上海职业指导所来求职的，"如果是技术人才，迟早都有办法"（杨人楩，1930）。

3. 就业地域不平衡，集中于发达城市和东部地区

就业地域分布不平衡表现在城乡差别和东西差异两大方面。高校大多集中在政治、经济、文化中心城市。1937 年，全国共有高校 108 所，仅北平、天津、上海三市就占 46 所，在校学生占全国总数的 2/3 左右（陈明远，2006）。这也导致大学生就业相对集中于发达地区。20 世纪 30年代初，就业地域选择南京等大城市的占绝大多数（75.8%），选择县城的仅占 22.8%（阮毅成，1932）。另外，由于东西部经济差距巨大，为数不多的近代企业、事业单位大都集中于东部，尤其是江浙地区和经济相对发达的东南地区，大学生就业时大都选择东部地区。求职地过于集中，"以致甲地发生人才过剩，而乙地发生人才恐慌"。经济欠发达的广大西部地区难以吸引毕业生，直到抗日战争全面爆发、高校大规模内迁后，这种状况才在一定程度上得到缓解。

4. 就业方向集中于政教两界

民国时期，工商业萧条，旧式手工作坊还占相当大比重，一些作坊主宁可招收学徒也不愿录用大学毕业生。毕业生的就业流向"大抵为教员者居多数。其次为各行政机关人员，而为生利之农商者竟无一人"（黄炎培，1991）。民国初期，仿西制办学，师资缺乏，政府为此提高教师待遇。一般知识阶层的收入堪称社会中产阶层的收入（蒋妮，2006）。师范毕业生在择业上以教育业为主。同时因教育行业门槛较低，不少未受师范教育者在进不了政界的情况下，也把从教作为出路。1930 年，大学及专门学校的毕业生几乎占中学教师总数的一半（祝雨人，1936）。在 20 世纪 30 年代 19 个高等院校的毕业生就业类别中，"共计教育界最

---

① 《专科以上学校毕业生失业问题》，《教育杂志》1937 年第 27 卷第 1 号。

多，共1239人，占调查人数的33.7%"（江忠天，1934）。1947年金陵大学对毕业生就业状况的调查中提到，从事教育工作的占毕业生总数的33.1%（张索玲，2007）。教师来源多样化，也有部分人并不以任教为理想之终身职业，而视之为"避难所"或"过渡地"，等觅得更好职业便离开教育界。广大的毕业生更愿意进入政界。"各校毕业生初入社会，往往以能在政府机关为荣。"① 不少学生热衷于法政学校便是例证。政府机关待遇较好与大学生对这一部门的热衷有直接的关系。当时，普通工人中最高收入者每月不过50元，而各级政府的普通公务员工资收入处于中等水平（50～150元）。

三　学生运动与政府反应

1. 两次职业同盟请愿："向政府要工作"

20世纪30年代，失业率超出社会预期。大学生"毕业即失业"的呼声震撼社会。北平高校较为集中，毕业生人数多，就业环境又相对恶劣，失业问题把大学生凝聚在一起。1934年7月1日，北平各大学毕业生组织的职业运动大同盟正式成立。为扩大影响力，该同盟召开记者招待会，宣告其动机"并非在政权的夺取或个人饭碗的取得，而是在'毕业即失业'的普遍现象之下，为了'促进政治教育之革新与职业问题之解决耳'"。1934年7月13日晚，职业运动大同盟召开干事会，决议推派代表分赴南京和江西向国民政府请愿。一时间，南京、上海、山西等多地大学生纷纷行动以声援北平大学生，此事震动全国。7月20日，该同盟代表谭庶潜等到南京请愿，受到教育部部长王世杰接见。请愿代表谭庶潜等在南京首先发表《告全国大学毕业生书》，强调职业运动大同盟成立的原因在于"铨选不公，登进冗繁；怀才自重者，终老于蓬蒿，奔进无耻者，攀援以窃位，深闭固拒，不容他人染指"；目的在于引起政府、社会的注意，"为解决多数青年的失业问题而奋斗，进而言之，则复兴民族，拯救国家"，并向政府提出一系列要求。② 南京国民政府不得不积极回应，时任行政院院长汪精卫亲自接见了职业运动大同盟留驻南京

---

① 《改进青年出路之先决问题》，《教育杂志》1931年第23卷第10号。
② 《大学生职业问题平方推代表到京请愿 王世杰主张统制人才》，《大公报》1934年7月23日，第4版。

的代表，并做出相应承诺。之后，毕业生请愿运动稍有缓和。

不过，这些措施在短期内并没有显著缓解就业压力。1936 年，第二次高校毕业生求职请愿运动爆发，"我们要求解决的，不是口头允诺咨询处和介绍所的成立，而是分发任用"①。5 月 29 日，毕业生服务运动大同盟在朝阳学院成立，宣称服务运动大同盟组织目的在于"谋得广大群众之职"，并表示不日将派代表向国民政府请愿，求取援助。7 月 15 日，教育部部长王世杰接见请愿代表，并保证"政府最高当局对解决专科以上毕业生服务问题，已具有最大决心，此后，凡经考取受训及成绩优异者，政府最高机关绝对强制所属各机关录用"②。7 月 26 日，该同盟宣布自即日起完全结束。③

2. 社会议论：教育统制论争

民国之初，高等教育采取自由放任主义，各校自由决定各自的专业、课程设置和招生办法。高等教育与实践之脱节，包括教育内容上的脱节和学生走向社会途径上的脱节。作为后发型高等教育，民国初期高等教育的发展带有明显的西化特征，多采西方教学体制及教学内容，没有很好地结合中国本土情况，"学非所用，用非所学""人找不着事，事找不着人"的现象屡见不鲜，学生请愿更是社会之"大地震"。

社会各界纷纷对高等教育体制提出质疑，指出就业难在于"高等教育的破产"，即高等教育与实际脱节，进而掀起教育统制论争。所谓教育统制，简而言之，就是实行严格的"计划教育"。也即利用政府的力量，使高等教育的招生人数、专业设置、高校布局等和社会需要紧密结合，根据社会的需要来调整高等教育的发展。有人认为应收缩大学教育，废止滥设的不合格大学，兴办中小学和职业学校。"专科以上学校，数量方面应加以紧缩；在地域方面应求重新分布"（沈云龙，1985：1968，1903）。陈果夫（1976：362）就曾在国民党中央纪念周提出一案"于十年之内，停办文法学科，而注重农工医各科"。对于教育统制，也有反对意见："现下有许多人主张由教育部按照社会需要指定各校招生人数，愚

---

① 《学生服务运动大同盟发表告同学书》，《大公报》1936 年 5 月 25 日，第 4 版。
② 《王教长谈大学毕业生之就业政府已决定各项办法》，《申报》1936 年 7 月 17 日，第 15 版。
③ 《服运同盟结束昨报告在京请愿之成绩》，《大公报》1936 年 7 月 27 日，第 4 版。

兄以为太机械，所以不大赞成。"（罗敦伟，1934）

3. 政府应对："为青年谋出路"

群起的职业同盟请愿运动昭示：政府成了找工作的最大希望和依靠。虽有学者认为，当时的求职请愿运动有国民党"CC 派"的介入而具有党派政治背景（金兵，2012a），但这一运动体现了学生在政治危机中的作用。在两次职业同盟请愿以前，政府多少也清楚就业问题的严重性（季啸风、沈有益，1997；王世杰，1990：1）。1934 年第一次职业运动发起以后，围绕大学生失业救济，国民政府回应更加积极，采取了一系列措施。

（1）开办职业介绍机构。1934 年 10 月，全国学术工作咨询处成立，作为高端人才调剂机构，其实际服务对象主要限于高校毕业生。1935 年 3 月，就业指导委员会成立，负责就业问题的研究咨询事务。但因经济整体发展水平低和社会用人制度不良，可推荐的工作机会并不多。这项工作的效果欠佳也是第二次职业运动爆发的重要原因。

（2）举办专科以上学校毕业生就业训导班。1936 年，国民政府举办专科以上学校毕业生就业训导班的方案获得通过。[①] 按照规定，就业训导班每期分训练、实习两个阶段。除了党义、精神训练以外，业务训练方面大都传授行政工作的专门知识，借以训练学员的实际工作能力。[②] 训练期满后，学生被分派到中央、地方政府机关及社会团体进行实习，实习期满后，即由实习机关任用。[③]

（3）调整高等教育结构。国民政府教育部 1934 年改革文法科、实科方案出台，调整录取比例，就业形势不容乐观的学科减少招生。[④] 另外，取缔了一些质量低劣的高校，合并、迁移了一些高校。通过政府的调整，文法科招生减少，实科招生扩大，学生的就业压力得到一定程度的缓解。

（4）整顿考试制度。1925 年 7 月 1 日公布的《中华民国国民政府组织法》规定，考试院为国民政府最高考试机关，掌理考选、铨叙事宜，

---

① 《行政院通过甄用毕业生办法》，《全国学术工作咨询处月刊》1936 年第 6 期。
② 《就业训导班全部课程及专家讲题》，《中央日报》1936 年 10 月 15 日，第 4 版。
③ 《首期就业训导班分发各机关实习》，《中央日报》1937 年 1 月 28 日，第 4 版。
④ 《全国高教历年毕业生统计》，《教育季刊》1939 年第 3 期。

所有公务员均须依法律经考试院考选、铨叙，方得任用。1934 年增加文官考试次数，招录更多毕业生。从 1934 年起，专科以上学校的毕业考试概由政府主持，并与任用考试取得联络，做到"以考试选拔真才"。考试院自成立到 1937 年全面抗战爆发前，共举办四届全国性的高等考试（1931 年、1933 年、1935 年、1936 年），但因用人制度不通畅，录取比例仅为 5.5%（肖如平，2004），且被录取的人员还没有得到全部任用。不过，在促进就业方面，1928 年 10 月 20 日颁布的《考试院组织法》起到一定作用。

（5）小工业贷款。1936 年 4 月，全国学术工作咨询处就业指导委员会在上海开会讨论小工业贷款计划。小工业贷款的对象以国内外专科以上学校毕业生为限，扶助有志于从事自主创业的工科学生。发放贷款的程序比较严格，获助者寡（金兵，2012b）。

另外，政府也鼓励毕业生"下农村，去边疆""边疆各地，凡事均需建设，而反有才难之叹"。

综上，在民国政府实行资本主义市场制度背景下，大学毕业生自谋生路，然而在毕业生规模陡增、严峻的就业形势与就业期望值不协调的背景下，大学生便又寄希望于国家，发起了"向政府要工作"的请愿，政府在维护国家政治安定的合法性诉求下，采取一系列举措，使小部分毕业生获得了政府提供的职位。总体而言，社会经济发展不良，战争频仍，国家能力不足，大部分措施流于形式，未达预期效果。1937 年全面抗战爆发，南京国民政府的承诺更成了无法兑现的空言。

第三节　契合经济体制改革的大学生就业
制度演变：新中国

为了呈现一个较清晰的历史轮廓，便于后续分析，有必要在本节对新中国大学生就业制度的演变历史做简要介绍。以重大政治事件和政策文件为依据，将新中国成立以来的制度演变以横断面式的方法划分为三阶段，从国家与市场的关系维度考察，这三个阶段分别为市场消解阶段、市场容纳阶段、市场重生阶段。这三个阶段也可以理解为由党和国家主导下的两个不同方向的改革，即新中国初期的计划型就业制度（第一阶段）以及从 20 世纪 80 年代开始的市场化就业制度（包括后两个阶段）。

一 市场消解阶段

这一阶段也被称为计划型就业阶段，时间跨度为 20 世纪 50~80 年代中期，制度特征为"统包统配、包当干部"，彼时的高等教育处于精英教育阶段。计划型就业制度实施的标志事件是 1950 年大学毕业生开始作为国家干部被统一分配。奠定新中国教育制度之基的 1951 年《关于学制改革的决定》明确规定，"高等学校毕业生之工作由政府分配"。尽管这一制度做过局部调整，但直至改革开放初期，并未发生过根本性改变。

为了抗日战争的需要，国民政府也实行过针对部分大学生的分配政策，但当时的总体制度架构是试图建立一个仿效资本主义模式的现代国家。共产党领导的新中国力图进行社会主义建设，不可能从那里借鉴经验（许美德，1999：1）。因此，新中国成立之初，大学生就业市场面临着巨大的转型考验，由市场制度的"自谋生路"政策转到计划经济体制的国家"包分配"政策。

大学毕业生分配制度的形成与整个国家、政权发展战略紧密相关。中国共产党早期举办教育，其鲜明特征是为政权培养人才。在革命根据地的干部培养机构、解放区大学中，学员为革命干部，[①] 学生来源属于指派，政府提供全部费用，毕业后的工作由教育机构或上级主管部门决定（孙培青，1992：761~766；中央教育科学研究所，1944：2），实质上的统一分配制度已初具雏形。在解放战争期间创立的解放区大学中，学生毕业后同样也由政府分配到适当的革命工作岗位。[②] 如华北大学的方针是吸收国民党统治区大量大、中学生，经过短期训练使他们成为解放区各方面的建设干部。[③]

虽然社会学界很少见到关于新中国为何选择毕业生统一分配体制方面的探讨，但也可窥见其他学科的一些有社会学意味的解释，如追求意

---

① 参阅《中共中央关于在职干部教育的决定》（1942 年 2 月 28 日）。
② 参阅《中共中央宣传部关于新收复城市大学办学方针的指示》（1948 年 7 月 13 日）。
③ 参阅《中共中央就华北大学毕业生的分配和在学生中进行忠诚老实教育的问题致电华北局的指示》（1949 年 3 月 2 日）。

识形态的合法性（杨宜勇，2002）、路径依赖（大塚丰，1998）与资源约束（武力、李光田，1994）等观点。这些解释具有其合理性，但单一视角是有缺陷的。笔者将在第三章第一节详细论述：统一分配体制在此时的形成，关键在于国家的正当性诉求，即意识形态、历史传统与外部环境等因素的合力作用。其中，现代化诉求下的资源约束是导致国家对高级人力资源统筹分配更直接的动因。换句话说，实施这一制度，国家现代化建设的需要优先于毕业生福利等方面的考虑。在这一理念的指引下，国家为建立大学毕业生的统一分配体制，分别在组织进路上化解市场制度（参见第四章第一节）及毕业生分配中权威安排的国家行动策略（参见第五章第一节）着力。本阶段的改革取得了巨大成功，当然，此时高校毕业生的反应以及制度的负面后果的积累（参见第六章第一节）为后续的市场化改革埋下了伏笔。

二　市场容纳阶段

这一阶段也被称为市场化改革过渡阶段。时间跨度为 20 世纪 80 年代中期至 2000 年前后。彼时的高等教育仍然属于精英教育阶段。大学生就业制度的市场化进程与经济体制改革演进路径是高度契合的。

我国市场经济体制改革的总体目标随着改革的渐进摸索而逐渐明确（林金忠，2012）。最初十余年，改革的总体目标一直纠缠于"计划"与"市场"的关系问题，20 世纪 80 年代初期提出"以计划经济为主，以市场调节为辅"（俗称"鸟笼经济"体制），80 年代中后期提出"计划与市场相结合"乃至"有计划的商品经济"；国家再分配经济体制中逐渐获得市场弹性（刘春燕，2012），直到 1992 年中共十四大明确提出建立社会主义市场经济体制，1993 年《中共中央关于建立社会主义市场经济体制若干问题的决定》正式确立改革的总体目标。关于大学生就业的市场化进程，我们可以从几个重要的政策文本的演进中考察：1985 年《中共中央关于教育体制改革的决定》（简称"85 决定"）、1989 年《关于改革高等学校毕业生分配制度的报告》及《高等学校毕业生分配制度改革方案》（简称"中期方案"）、1993 年《中国教育改革和发展纲要》（简称"93 纲要"）。随着 20 世纪 80 年代的不断试点和改革的深入，"中期方案"和"93 纲要"才正式明确大学生就业的市场化目标，直到世纪之交（2000 年基本实现大学生就业制度改革），大学生就业的市场选择制度才真正全面展开实践。

总的来说，1985～1998 年，在国家政策层面开启了大学生就业制度的市场化进程，但大学生就业仍然以国家计划分配为主体。基于这一制度特征，我们将这一历史时期称为市场容纳阶段。可见，市场化改革不是一朝一夕可以完成的，它是一段长久的历史发展过程。双轨制是 20 世纪八九十年代中国经济体制改革的特征，大学毕业生就业制度的市场化改革也是如此。虽然在 20 世纪 80 年代中期前后中国开始了市场化进程，但其改革并不是全局性的、一步到位的，而是在保持全社会基本局势的情形下，摸索前进、试点后总结经验再行推广。

改革之初直到世纪之交，大学生的就业一直实行双轨并行的政策，既有计划的成分也有市场机制的成分。而计划分配部分的运作情况大致与改革之前的情况类似，因此，本书并不过多地描述双轨中的"计划"轨，而将笔墨集中于市场化改革。从大学生就业制度的市场化改革历程中，我们可以窥见大学生就业市场的重生与完善、国家角色的转换等。在本书中，笔者将揭示市场化改革的动因（参见第三章第二节），考察政府为保证市场化改革的推进所做的组织准备（参见第四章第二节）、高校毕业生就业制度的市场化政策进程（参见第五章第二节），以及市场化改革对于大学毕业生群体产生了何种影响，大学生又是如何回应这一关切自身利益的改革（参见第六章第二节）。

三　市场重生阶段

这一阶段也被称为市场型就业阶段，即 2000 年前后至今的大众化教育阶段。20 世纪 90 年代中期，国家定下改革日程：2000 年基本实现高校毕业生就业制度改革。从 2000 年起，教育部明确规定将计划经济时期一直沿用的"派遣证"改为"就业报到证"，即停止使用《全国普通高等学校毕业生就业派遣报到证》和《全国毕业研究生就业派遣报到证》，启用《全国普通高等学校本专科毕业生就业报到证》和《全国毕业研究生就业报到证》。这一证件名称的改变，表明毕业生的就业"自主地位"得到了确立。此时，大学生就业制度已经从"双轨制"过渡到官方宣称的"自主择业"的市场型就业制度。2002 年，教育部提出取消高校毕业生跨省、跨地（市）就业的限制。2007 年 4 月，随着西藏取消大学生毕业分配，延续了 50 多年的毕业分配制度终成往事。

　　其实，早在高等教育大规模扩招之前，我国大学生的就业形势就已日益紧张，但真正演变为一个明显的社会热点问题，则始于高校扩招之后首批毕业生进入劳动力市场的 2002 年、2003 年（赖德胜、张长安、张琪，2010：235）。其现实原因主要有两个：①政府明文规定，2000 年基本实现大学毕业生自主择业，国家不再负责个人就业；②从 1998 年起，高等教育规模大扩张导致毕业生就业压力巨大。对此，目前学术界的主要视角有两种。①供给—需求：大学毕业生就业难的成因有供给总量的压力、摩擦性失业等，而结构性失业才是核心。从萨伊定律（萨伊，1803/1963）来看，能否找到工作并非"真问题"，毕业生只要肯降低求职期望总能找到工作，因此又归因于大学生择业观念存在误区（邓希泉、安国君，2003；范明，2003；蒙利，2003；王玉辉、涂杜思，2004；吕静娥，2005；赵建华，2011）。②不少人从社会流动的视角考察社会资本、人力资本等对大学生就业的影响。上述视角为认识大学生就业市场积累了有益成果。但我国的大学生就业问题是与市场转型和教育体制、人事体制改革等相伴而生的。改革开放以来，我国经历了种种巨变，但在转型期的制度环境下，经济领域的"去政治化"并不意味着大学生就业就可以完全交给市场来解决。本书中，笔者将大学生就业市场的各主体全部纳入考量，考察国家、用人单位、高校和大学生是如何参与和回应这一"自主择业"政策的。从中我们可以窥见，在大学生就业市场中，国家、用人单位、高校、大学生各自的角色定位及参与机制、策略与效果。延续着话语逻辑，"就业关乎政治"已经被党和政府明确提出（参见第三章第三节），自主择业制度中的组织秩序（参见第四章第三节）和行动策略（参见第五章第三节）呈现新的特征。

第四节　国家与大学生就业：并未断裂的历史

一　历史的延续

　　历史长河中往往有一些让人铭记的重要时间节点或事件节点，因此，在不少学者的中国研究中，往往持一种断裂的历史观。比如，苏黛瑞（Solinger，1999）认为中国共产党重新定义都市居民的经济和社会意义，对于都市社会急剧转型的意图是明显且成功的。戴维斯（Davis，2000）通过对 20 世纪 50 年代早期武汉和上海的社会阶层转变的考察，认为"1949 年代表着断裂"，理由是共产党通过配给制和移民管制，使辞职变得不可能，工作获得和晋升保障迅速依赖国有部门。中国教育史学者，也多套用这一预设，认为"1949 年成为 20 世纪中国教育史上的一道政治分水岭"（李朝军，2007）。如今探讨中国高校毕业生就业的文章中，其时间追溯往往是"改革开放以来"，最早也只是追溯到"新中国成立以来"。在他们的预设中，"新中国的成立""改革开放"为"大学生就业史"带来一条断裂的鸿沟，学术界的这一现象有意无意地表现出较明显的非历史主义倾向。

年鉴学派代表人物布罗代尔于 1958 年发表《历史和社会科学：长时段》，阐述了历史时间的不同层次及其价值：第一层次是历史事件，它不能反映历史背后的深沉本质，只是历史的表面现象；第二层次是"态势""周期"，从中可以看到经济的周期性波动，但不足以寻找到决定历史发展的根本因素；只有到了第三层次，即长时段历史，也就是"结构"，长期存在且左右着历史长河的流速，具有促进和阻碍社会发展的作用（布罗代尔，1988）。柏拉图以降，西方传统形而上学都主张在场是第一性的，从而把永恒的现在或常住不变的在场看成居于至高无上的地位。海德格尔摧毁了单纯的"现在"优于过去与未来的地位，认为：过去并非简单地过去了，它仍然是，只不过曾是，它仍然存留着，未来也并非简单地没有到来，它已在现在或当前达到了，只不过是作为未完成的东西而到达（王长纯，2005）。托克维尔（1992）在《旧制度与大革命》的附录中指出："不论一代人如何彻底地向前一代人宣战，但是和前一代人作战容易，要与他们截然不同很难。"其实，历史也是绵延不断的洪流，不容割裂。

二 大学生就业制度变革中的国家传统

知古鉴今，研究今天的历史，必须回过头去看看"不在场"的过去。把历史的视角拉长，可以发现，自"大学生"在晚清诞生以来，其就业制度就一直经历着转型。从长时段历史来看，晚清以降即浮现"国家传统"。此后，大学生就业一直与民族、国家、政权、社会秩序等政治命题生存与共，"就业关乎政治"在"大学生"诞生以来的历史长河中从来没有停止过。同样，政治又是历次制度变革的动力与根源。

晚清的大学生为挽救帝国统治和民族的自立而承担着救亡图存的重任。国民政府遵循市场原则，高等教育是为社会培养人才，让大学毕业生"自谋生路"，可面对恶劣的就业形势，虽然大学毕业生人口比例较小，却仍然表现出毕业生的相对过剩、结构性失业，就业区域集中于大都市和东部地区，就业方向上以教育、政法为主流选择。择业维艰，大学生发起"向政府要工作"的请愿运动，引起如教育统制论争等社会议论。在社会舆论压力、毕业生运动的政治压力下，纵使国民政府的国家能力不足，仍不得不做出各种安抚举措以维持政局稳定。市场制度下的民国高校毕业生就业难，为新中国成立初期建立国家包分配的制度准备了社会舆论基础。新中国成立初期，党和政府常用的一个宣传口号便是：终结"毕业即失业"。

在某种程度上，中国的大学生就业模式在晚清与民国年间就已经经历一次由官方安排向市场配置的制度转型预演，而国民政府对大学生采取的各种安抚举措虽大多未落实，然而从大致内容上看，与2000年以来的种种就业促进政策存在诸多类似之处（参见第五章第三节），想必不完全是巧合。大致地说，新、旧中国虽然在社会性质上大相径庭，但国家在大学生就业市场上的地位、行动及其用心良苦是极富历史渊源的。改革开放至世纪之交，新中国的大学生就业制度变革虽然均由国家主导，但经历着国家分配体制向市场分配体制的转变，高等教育的培养目标实现了由为国育才向为社会育才的转变，为此，大学生择业心态和行为也经历着变迁（参见第六章）。

从官方档案来看，新中国成立以来，大学生就业制度变革可划分为不同的阶段，但都是契合于经济体制改革的脉络，均可纳入"国家－市场"的分析框架。"改革"并非改革开放年代的专利，计划经济体制也是在改革旧体制的基础上建立的。统一分配与市场化择业均为自上而下的就业制度改革。二者虽表现出"去市场化"与"市场化"两个不同的改革方向以及不同的历史阶段，但国家在历次变革中均起着关键作用，不同阶段的改革机制均通过话语、组织体制与行动策略等体现政府主导逻辑。当然，国家主导的每一次制度改革，虽然表现出较明显的强制性制度变迁特征，但同时也表现出诱致性制度变迁特征，如国家进行的每一次制度改革都是在回应社会舆论、学生反应与市场特征。

第三章　就业关乎政治：制度改革的
话语逻辑

　　"大学生就业"常被学界视为教育、经济和社会层面的问题。通过回顾新中国大学生就业制度演变的话语简史，从国家层面言之，大学生就业问题之本质乃为政治问题。早在1949年3月23日，乍暖还寒之际，毛泽东率中共中央离开西柏坡"进京赶考"（逄先知，1993）。毛泽东话语中的"进京赶考"一词，便是共产党在由革命党转变为执政党之际对政权合法性诉求的生动体现，彼时新政权背负着维护社会安定与现代化建设的双重合法性诉求（宋玉忠，2019）。新中国成立之初，社会结构急剧变化，统一分配体制就是中国共产党在大学毕业生问题上的一份有分量的答卷，其目的是终结"毕业即失业"的混乱局面，并维护社会安定，更重要的是国家"需要人急、需要才专"。改革开放之初，百废待兴，人才断层，却面临"毕业生分配工作苦恼"。在"经济即最大政治"的意识形态下，毕业生就业制度的市场化改革共识逐渐生成，并在政府主导下破冰前行。然而世纪之交，大学生"失业"大军可能成为社会不稳定之源，"国家话语"中明确提出"就业关乎政治"，政策转向力推就业服务。一言以蔽之，"就业问题即政治问题"（"就业关乎政治"）是新中国成立以来大学生就业制度变革的国家逻辑。

第一节　统一分配制度的形成（1950～1985年）

　　新中国成立之初，中国社会结构面临急剧变革。一定程度上，从新中国成立一直延续到20世纪80年代的大学生统一分配制度，又被称作统包统配制度。所谓统包统配制度，指国家运用行政手段安排城镇劳动力和大中专毕业生等就业的制度。它以国家统一包下来、统一分配为特征，是新中国成立初期在高度集中管理体制的基础上逐步形成的，对保证社会主义经济建设对劳动力的需要和稳定职工队伍曾起到过积极作用。

这一制度的建立，可以视为对民国资本主义市场制度时期大学生"毕业即失业"现象的一种制度回应。再做深层分析，可以看到政策决策者在制度设计时对国家现代化的焦虑。当然，这一制度得以实施，既有历史经验的路径可以依赖，也有社会主义苏联的经验可以借鉴。以下从话语维度分析此阶段大学毕业生分配制度的合法性历程。

一　终结"毕业即失业"：社会秩序的合法性诉求

国民政府时期，大学毕业生自谋生路，失业普遍，他们甚至发起了向政府要工作的请愿。1949年末，全国城镇失业人数为472.2万人，城镇失业率高达23.6%（国家统计局社会统计司，1987：109）。甚至胡适（1932）在赠予临毕业学生时都说："你们毕业之后，可走的路不出这几条：绝（极）少数的人还可以在国内或国外的研究院继续做学术研究；少数的人可以寻着相当的职业；此外还有做官，办党，革命三条路；此外就是在家享福或者失业闲居了。"为防学生堕落而送了三个药方，其中之一是"在这个年头不发狂自杀，已算是万幸"的年代，"你得有一点信心"。

中国共产党进城之初，对知识分子的态度相当宽厚。原来在大专院校教书的，仍然教书，原来在政府机关任职的，也续任其职，一切维持原状，失业知识分子的基本生活反而得到前所未有的照顾（中共中央文献研究室，1993：78~79）。这种"包"下来的政策使中国共产党变成知识分子最重要的衣食父母，使那些声名显赫的知识分子颇有知遇之恩的感觉（陈永发，2001：661）。所谓"包下来"，就是在任何情况下（例如企业停工）也不遣散或解雇这些人员，由政府承担起他们就业的责任，其直接原因在于保证城市居民的基本生活，以减少失业对社会稳定的冲击（武力，2010：125），而且在党的意识形态下也确实不存在"合法解雇"的概念（路风，1993）。因此，强调新社会的优越性，提出终结"毕业即失业"，以稳定社会秩序也是大学毕业生统一分配制度得以建立的原因之一。从1950年开始，大学毕业生作为国家干部被统一分配。1952年8月7日《人民日报》社论宣称"旧中国学生所饱尝的'毕业即失业'的痛苦，永远被消除了"。从1952~1953学年开始，所有大学生不光免学费，而且住宿、伙食、医疗也全部免费（李毅，2005）。

新中国在强调终结"毕业即失业"时回顾了旧中国反动统治时期大学生的漫长黑夜。以下是国立中正大学①校史中的一段：

> 他们住的是泥屋竹棚，夏不挡热，冬不避寒；睡的是上下木架床，一间宿舍要住十余人，臭虫、耗子常使人难以安眠。……1941年初，米价上涨至一元二斤，各种副食品也随之上涨。由于平价米尚有保障，因而学生还能吃到"一小碗饭里竟有谷子、稗子、石子等44个怪东西"的"九二糙米饭"（即只去掉谷壳，100斤谷出92斤的糙米）。但到1942年，连这种糙米饭也难吃饱了。膳食水平一再降低，但膳费还是大大超过。许多学生不得不在课余去种菜、挖树坑、誊写、做零工等，以换取微薄报酬。有的同学在放假期间，"集微资，营小店，自当采办、自当堂倌"来筹集纸笔费，特别是那些家在沦陷区、经济来源断绝、仅靠公费生活的学生，处境更为悲惨。这些学生粗衣恶食，有病无钱医，加上课业紧张，考试频繁，一个个形销骨立。1943年12月到1944年1月，一百余名同学因染伤寒住进医院，短短两个月就有11人罹疾以终。（江西师范大学校史编写组，2000：20）

1950年2月11日，《人民日报》以《燕大寒假毕业生政府帮助就业》为题报道了燕京大学14名寒假毕业生在人民政府帮助下全部获得学以致用的工作，政府还给他们发放了路费和伙食费。2009年，宗琪在回忆起在计划经济时期的大学生活时依然心怀感激：

> 解放前，我的父亲常常失业，直到解放后，才有了稳定的工作收入……我们兄妹五人中，竟有四个大学生。……哥哥成了我们家祖祖辈辈中的第一个大学生。哥哥读大学的四年中，学杂费、伙食费、住宿费等等，全由国家包了，家里不但没有增加经济支出，由于少了一口人吃饭，反倒减轻了负担。……就拿我们四兄妹来说吧，

---

① 新中国成立后更名为国立南昌大学，1952年院系调整时，国立南昌大学被拆分，留下师范部并更名为江西师范学院，1980年代初更名为江西师范大学。

哥哥是学哈萨克语的，他被分配到新疆师范学院做了一名大学教师，学师范的我当了一名中学教师，学医的大妹当了大夫，学运输经济的小妹被分到了铁路局。我们都各得其所，各自辛勤地工作在自己的岗位上。我们不愁吃喝，不怕生病（都有公费医疗，自己不花一分钱），不担心被辞退，更没有下岗一说。总之，没有任何后顾之忧，直到我们后来又都相继退休……现在想起来，还是甜甜的。

从笔者所接触到的资料来看，新中国大学毕业生的统一分配政策确实安定了大部分学子的心，打消了他们对新政权的防卫和顾虑，并对新政权产生了强烈的认同感和信任感。然而，无论在东方还是在西方，知识分子和国家政权的关系都是复杂的，不易纠缠清楚的（费正清等，2000：341；沈志华，2006）。从1951年开始，大中专毕业生由国家统一分配。1951年《人民日报》社论自豪地宣称1949年以前的大学毕业生"毕业即失业"已经一去不复返，[①]可直到1958年官方才宣布消灭了整个社会的失业现象。面对470多万失业者，在工作岗位的分配上，新中国成立初期，政府首要考虑和解决的却是大学毕业生工作的统筹安排（武力，2010：302）。也就是说，在当时劳动力总量过剩、结构性不足的情况下，政府在解决失业问题上也是有选择性的，有轻重缓急的考量。这也符合周恩来总理1952年7月25日在第146次政务会议上讨论劳动就业问题时提出的"逐步地分期地解决"（周恩来，1993）的原则。

二　"国家需要人急，国家需要才专"：经济绩效的合理性诉求

学者们在论述改革开放前的中国时，多将意识形态合法性作为其特征，认为国家统治的正当性基于一个宏大的构想并为实现该理想而努力（Zhao，2001）。其实，基于理想类型的划分在现实中是不存在的，任何国家都无法依赖单一的合法性来源求得生存，国家的合法性建构一般是混合性的。就大学毕业生统一分配体制的建立而言，可以认为，国家的经济绩效的合法性诉求更重要。从"国家需要人急，国家需要才专"这

---

① 《全国高等学校暑期毕业生统一由国家分配适当工作》，《人民日报》1951年7月11日，第1版。

一国家话语中，可以窥见大规模的经济建设使高校毕业生成为一种稀缺资源。在当时背景下，劳动力市场上的总量供给严重过剩，严重匮乏的是指人才资源。新中国成立之初，劳动力供给总量严重过剩和结构性短缺并存，有文化和技术的劳动力严重短缺，许多企事业单位招不到合适的职工。据统计，1949 年平均每万人口中，仅有大学生 2.2 人、中学生 23 人、小学生 50 人；到 1952 年，在每万人口中，大学生人数为 3.3 人、中学生 55 人、小学生 450 人。1952 年大学毕业生尚不到国营企事业单位需求量的 1/4，中学生成为政府机关、事业单位、公私营企业追逐的招工目标，以致影响了正常的升学率（武力、李光田，1994）。在社会经济运行过程中，当一种资源或产品供不应求而靠市场调节成本过大时，政府往往采取行政手段调控。人力资源尤其是为社会经济建设服务的大学毕业生极端匮乏，由此，政府为了恢复生产、满足现代化建设的需要，在资源约束的环境下，对大学毕业生先于其他劳动力资源实行了统筹分配政策。就此而言，国家对于经济绩效的合法性诉求优于意识形态。

新中国成立后，百废待兴，诸多重大项目工程需要大量技术人才，高层领导日益感到知识分子的匮乏。国家建设的重任使周恩来总理比别的领导人更早、更充分地认识到"人才、干部是国家建设的决定性因素"，并三番五次地强调"只要我们的工作开展了，中国的知识分子就不是太多，而是太少了"（迪克·威尔逊，2011：1187）。在 1950 年 6 月 8 日全国高等教育会议上，周恩来总理说了一句很实在的广为流传的话："现在我们国家的经济正处在恢复阶段，需要人'急'，需要才'专'。"（周恩来，1984a：19）同年 8 月，他在中华全国自然科学工作者代表会议上做《建设与团结》的报告时就指出，为了在满目疮痍的旧中国的破烂摊子上进行建设，"现有的专家不是太多而是不够"，"现在愈接触各种事实，愈使我们感到这个问题的严重性"（周恩来，1993：25～26）。1951 年，周恩来总理在政务院各部门负责人参加的会议上反复强调要大力培养建设人才。因为"人才缺乏已成为我们各项建设中的一个最困难的问题。不论在经济建设、国防建设，还是在巩固政权方面，我们都需要人才。这两年我们常说，只要我们的工作开展了，中国的知识分子就不是太多，而是太少了。任何一个部门工作一开展，马上就会提出专门人才、技术人才不够的问题。水利部只治一道淮河，就感到工程技术人才不够"（周恩来，1984a：34）。

正因为国家"需要人急、需要才专"，所以周恩来总理特别重视人才培养。1952 年 7 月，在第 146 次政务会议上讨论劳动就业问题时，周恩来总理具体指出："已成为知识分子的，连我们在座的大中知识分子在内，外行人很多，一讲到建设，就感到知识不够用，需要很大的提高。我们的大学毕业生也少得很，今年七凑八凑，才凑到两三万人，而我们每年平均却需要十万人。"（周恩来，1993：116）"培养人才是我们国家最中心的问题。"（迪克·威尔逊，2011：1187）1950 年秋和 1953 年秋，周恩来两次提到：苏联在十月革命胜利后十年才提出干部决定一切，我们则应从新中国建立起就提出这个问题，不应该把发展教育看作将来的事，不能等待，现在就应着手。《人民日报》1957 年 6 月 2 日报道，即使到了 1956 年，各部门曾提出需要高等学校毕业生 18 万人，实际配备的毕业生只达到需要数的 30% 多一点。这种供不应求的紧张状况，特别表现在工科一部分专业上。①

党和国家对于人才的渴求不仅体现在领导人的各种讲话中，还迅速落实在行动上。1950 年全国公私立高校毕业生 1.7 万人，他们是在国民党统治时期入学、新中国成立后第一批毕业的大学生。1950 年 6 月 22 日中央人民政府政务院发出《有计划地合理地分配全国公私立高等学校今年暑期毕业生的通令》，对毕业生实行"政府招聘和地区调剂相结合"的分配办法，从华北、华东、中南和西南调剂 7400～8700 名毕业生支援东北地区经济建设。1951 年全国高等学校毕业生人数，仅为各地区请求分配人数的 1/10，远不及国家各方面建设工作的实际需要。② 为了满足紧迫的人才需求，1952 年 1 月 3 日，教育部发出指示：理学院、工学院水利、采矿、冶金、地质、数学、物理、化学、气象等系应在 1953 年、1954 年两年暑假毕业的学生，提前一年毕业，并规定：三年毕业的学生即作为正式毕业生，由中央人事部统一分配，其政治待遇、物质待遇与四年制毕业生同（金铁宽，1995：107）。此后，土木、机械、化工、纺织以及工业管理等系的学生，也有人提前一年毕业并被分配工作。而实

---

① 《高等学校毕业生分配工作中有些什么问题?》，《人民日报》1957 年 6 月 2 日，第 3 版。

② 《全国高等学校暑期毕业生统一由国家分配适当工作》，《人民日报》1951 年 7 月 11 日，第 1 版。

际上，提前毕业参加工作分配的大学生远远超出教育部指定的这些科系。其实，不仅工科专业提前毕业，文科专业也不例外。1952 年 9 月，复旦大学新闻系三年级学生提前一年毕业，加上四年级毕业的学生共 150 多人全部被新华社"包"去（李朝军，2007）。从中也可看出当时经济社会建设对人才的紧迫需求。A 省教育科学研究所罗来栋教授，于 1950 年考入厦门大学教育系学习学校教育本科专业，响应号召提前一年于 1953 年毕业。罗教授自豪地说：

> 我们班也是提前毕业的，但是我们提前毕业并不是说只学了三年，第四年的任务就不要了，而是四年的学习任务、一切课程包括毕业论文全部压缩成三年完成。响应周总理的号召，我们成为新中国培养的第一届毕业生。（摘自笔者与罗来栋教授的聊天记录，2010）

在农业、手工业和工商业三大改造提前结束的形势下，党和国家领导人开始筹划一个新的宏伟蓝图，即掀起大规模经济建设高潮，尽快在中国建成社会主义。国务院各部委纷纷要求原定的 15 年远景设想、12 年或 8 年任务提前至 1953 年完成（薄一波，1991：531）。毛泽东明白要实现这个伟大的目标，必须有干部和充足的优秀的科学技术专家（中共中央文献研究室，1999：2）。为此，1956 年 1 月中共中央召开关于知识分子问题的会议，周恩来代表中央做报告，正式提出"向科学进军"，强调"我们现在所进行的各项建设，正在愈来愈多地需要知识分子的参加"，并第一次在官方场合将知识分子比喻成"国家的宝贝"。毛泽东在会议结束前到会讲话，指出：中国要培养大批知识分子，要有计划地在科学技术上赶超世界水平，先接近，后超过，把中国建设得更好（薄一波，1991：507）。

三 "向苏联学习"：外部经验的借鉴

大学毕业生分配制度的形成与整个国家发展战略选择紧密相关，但它绝不是一个孤立事件，不可忽视当时所面临的国际环境。当时，苏联是社会主义国家的老大哥。苏联在帝国主义的重重包围下单独建设社会主义，形成了高度集中的政治经济制度——斯大林模式。这一模式适应当时战争与革命的需要，让苏联一跃成为世界第二大工业强国，创造了西方资本主义国家望尘莫及的经济发展速度。这为社会主义国家提供了学习的样板。毛泽东在纪念中国共产党成立二十八周年讲话中指出：

> 严重的经济建设任务摆在我们面前。我们熟习的东西有些快要闲起来了，我们不熟习的东西正在强迫我们去做。这就是困难。帝国主义者算定我们办不好经济，他们站在一旁看，等待我们的失败。
>
> 我们必须克服困难，我们必须学会自己不懂的东西。……苏联共产党人开头也有一些人不大会办经济，帝国主义者也曾等待过他们的失败。但是苏联共产党是胜利了，在列宁和斯大林领导之下，他们不但会革命，也会建设。他们已经建设起来了一个伟大的光辉灿烂的社会主义国家。苏联共产党就是我们的最好的先生，我们必须向他们学习。（毛泽东，1991：1480～1481）

我国在大学毕业生实行统一分配制度中能发现苏联的影响。1938年，苏联《高等教育章程规定》规定："毕业生在高等学校毕业前6个月，由主管的部或局分配工作。"（东北师范大学教学研究处，1951；东北人民政府文化教育部，1949）然而，中国的大学毕业生分配制度在执行上却更为严格。1951年10月之前，用人单位在向教育部等相关部门备案后，可以直接到学校联系要人，学校也可以直接向各部门、各省（市、区）去推荐毕业生；国家主要是通过宣传来动员毕业生服从国家分配，为人民服务，个别不愿接受分配的毕业生要说明理由，但不强迫服从国家分配。而之后，从分配方针到运作方式都逐步发生了较大转变，随着计划经济体制的确立和对社会控制的加强以及国家对"统一"的误读等，国家加强了对毕业生、用人单位等的掌控，逐步确立了国家对大学毕业生的绝对的统一分配。苏联的毕业生"必须根据自己的专业，有义务工作二年"，"原则上禁止在专业以外的部门工作"（大塚丰，1998：292）。而在中国，则无限期并要求学生克服自身的困难，以满足国家需要。苏联有关统筹分配工作的规定是"学生在毕业前半年即可预知其将来服务的场所、待遇及职务"（东北教育社，1950）。而中国的毕业生被直接派遣去工作单位。苏联的诸如莫斯科大学等有20%的毕业生在计划

外单位工作（大塚丰，1998：292），而中国的毕业生则别无选择地必须
到指定的单位工作，因为所有的工作机会均由国家控制的公共部门控
制……由此看来，中国的政策中尽管有苏联的影子，但具体措施又有很
大的差异。

计划经济①体制的构建常常被认为是"苏联模式"的翻版（高尚全，
1993）。不可否认，大学毕业生统一分配制度属于计划经济体制下的人力
资源配置制度，但如果简单地认为毕业生统一分配制度是套用苏联模式，
这一推论显然过于简单。中国对于苏联的学习从来都是有选择性的、基
于自身需要的。诚如苏联共产党革命夺权走的是以城市为重点的路线，
而中国共产党在多次试误后选择了农村包围城市的路线。从历史资料可
以看出，起码在大学毕业生分配制度上，新中国学习苏联是结合中国经
济社会实情以及当时的任务有选择性地借鉴。通过对中国共产党早期学
生分配经验的简介，我们知道统包统配制度的雏形已然呈现。在革命根
据地的干部培养机构和解放区的大学中，学生来源属于被指派的革命干
部，并完全公费，由政府提供全部费用，毕业后的工作则由教育机构或
上级主管部门决定。由此可见，政府对毕业生统一分配的制度基本上确
立并执行了。

四 中国共产党的早期经验：为政权建设培养人才

1927 年，国共合作破裂后，共产党在江西农村成立苏区政府。在国
民党军队不断发动军事进攻的情况下，举办正规高等教育显然不可能，
但还是制定了对干部进行短期培训的教育制度，也为后来延安的教育模
式奠定了基础。抗日根据地和解放区的大学教育，形式相对多样一些，
规模相对大一些。由于抗日形势的发展，陕北公学（1937 年 8 月成立于
延安）第 1、第 2 队的 200 多名学员，只经过一个月的学习，就作为第一
批毕业生分赴华北各个战场（孙培青，1992：761）。抗日军政大学（以
下简称"抗大"）的学生"毕业后根据其学习成绩、工作能力及本人的
志愿，由学校分配到各个战线去参加战斗，分配到适当的地方从事抗日

---

① 计划经济实际上是政府主导型经济发展极端化的模式。计划经济具有强大的社会动员
能力、政府集中资源配置以及高积累机制，无产阶级政党通过革命取得政权后，有助
于经济落后的社会主义国家实行赶超战略（武力，2003）。

救亡工作"（中央教育科学研究所，1944：2）。1938 年 3 月，抗大第三期学员毕业时，毛泽东在同三大队学员谈话时指出："你们到抗大来学习，有三个阶段，要上三课：从西安到延安八百里，这是第一课；在学校里住窑洞、吃小米、出操、上课，这是第二课；现在第二课完了，但是最重要的是第三课，这便是到斗争中去学习。"（何长工，1981）华北联合大学（1939 年 7 月成立于延安）教育方针和目的的第一条就是为革命实际斗争需要培养干部。1940 年秋，日寇进行大"扫荡"，华北联合大学只留下法政、教育、文艺三个学院师生 1000 多人，群众工作部和高中部毕业生回原单位工作（孙培青，1992：766）。在鲁迅艺术文学院、自然科学院和延安大学的前身——1940 年创办的行政学院中，由于学生大多是各地解放区选派来的行政人员，这些人毕业后都回到原单位。

　　在解放战争期间创立的解放区大学中，学生毕业后同样也是由政府分配到适当的革命工作岗位。如华北大学的方针是吸收国民党统治区大量大、中学生，经过短期训练为解放区培养各方面的建设干部。[①] 1949年，中共中央还就华北大学毕业生的分配专门发文，指示：

　　　　华北大学三月初毕业的一千三百多（名）学员，不应该分配他们到各区党委及石、保、张诸城市的实际工作中去，而主要地应分配他们到各种学校及训练班中去担负教育参加我们工作的大批知识分子及旧职员与工人的工作，和随军南下到南京、上海、武汉等大城市去组织华大式的学校，招收南方大批学生及旧职员，照华大一样加以训练。就是说，凡适宜充当教员及班长、队长与支部等工作者，一律派遣他们去作教育工作，而不适宜作这些工作者，或个别作其他工作有特殊作用者，方可派他们作其他工作。因为目前大革命高潮，参加我党我军工作的青年知识分子及旧职员，将有数万至数十万人，而对他们必须给以如华北大学那样的初步的政治教育，因此必须准备进行这种教育工作的干部，华大毕业学生即大部可作为这种干部。[②]

---

① 参阅《中共中央宣传部关于新收复城市大学办学方针的指示》（1948 年 7 月 13 日）。
② 参阅《中共中央就华北大学毕业生的分配和在学生中进行忠诚老实教育的问题致电华北局的指示》（1949 年 3 月 2 日）。

新中国成立前后，人们受教育水平普遍低，高中毕业生就属于知识分子中的重要一员了。国务院原副总理李岚清的回忆录告诉我们，新中国成立前对于毕业生虽然没有强制性地要求他们去具体岗位，但也明显地告诉我们，共产党已经在统筹考虑知识分子的出路了，并且给定了相对具体的选择范围。

> 说到我的职业方向，倒是有过几次可能的选择，如医生、团干部、军人、教师、企业管理人员等，但没有音乐这一行。情况是这样的：我曾学过医，后因病退学没有完成学业。病愈后我进入高中学习。那时国家尚未解放，我在党领导下参与了进步学生运动的组织工作。高中即将毕业时，我的家乡——江苏镇江地委组织部的领导同志找我谈话说，组织上对我毕业后的安排有两个考虑：一是参与筹组当地新民主主义青年团的地委；二是考大学，因为新中国建立后需要大批建设人才。当时我选择了后者，地委组织部的同志也很支持我的选择。就这样，我失去了当专职团干部的可能。（李岚清，2003）

通过对中国共产党早期办学经验和对学生分配工作的考察，我们可以看到新中国成立初期统包统配制度的雏形。大学毕业生分配制度的形成与整个国家的发展战略选择紧密相关，但它的建立绝不是一个孤立事件，不可忽视当时所面临的国际、国内的历史环境。抗日战争时期，国民政府也对部分大学生实行过分配，但当时的大环境是试图建立起一个仿效资本主义模式的现代国家。新中国则力图进行社会主义建设，不可能从它那里借鉴经验。在革命根据地的干部培养机构、解放区大学中，学员均为革命干部，其来源属于指派的，由政府提供全部费用，毕业后的工作由教育机构或上级主管部门决定，已基本形成实际意义上的政府对毕业生的统一分配制度。我们可以看到，当新中国的领导者们考虑如何建立人力资源分配制度的时候，学习苏联模式不是主要根源，最起码不是不走样地学习苏联，而是从曾经积累的历史经验中寻找有效举措，这便是传统构成的路径依赖。

第二节　就业制度市场化共识的达成
（1985～2000 年）

一　"百废待兴"与"毕业生分配工作的苦恼"：一个"悖论"的产生

随着"文革"的结束和党的十一届三中全会的召开，中国历史上又实现了一次伟大转折，中华民族又迎来了一个百废待兴、百业待举的局面。中央领导人正在考虑将工作重心转移到经济建设上来，但各条战线均出现了严重的人才断层危机。出于对人才的焦虑，中央高层迅速做出恢复高考制度的决定。1977 年 8 月 8 日，邓小平在《关于科学与教育工作的几点意见》中提出"今年就要下决心恢复从高中毕业生中直接招考学生，不要再搞群众推荐。从高中直接招生，我看可能是早出人才、早出成果的一个好办法"。

按照常理，面对人才断层危机，大学毕业生应该非常抢手，并且能够得到很好的安置。然而，人们却感受到毕业生分配工作的重重苦恼。1980 年 8 月，《人民日报》就登载了一封用人单位的来信，反映"大学生分配专业不对口，人才浪费现象应予重视"，呼吁"改革大学生毕业分配制度"（李林祥，1980）。恢复高考后的首届毕业生（1981 年普通高校毕业生规模为 28 万多人①）中就有近 2 万人由于所学专业与社会需求不吻合而难以被安排工作，政府不得不运用行政手段安插给了学生来源地区和有关部门（胡守律，1996）。1982 年，全国又有数以千计的高等学校毕业生不服从分配，大学毕业生在总体上虽供不应求，却仍有几十个专业、一万多人供过于求，于是不得不靠行政手段硬安给一些无相关人才需求的单位。而有些单位为了得到所需的人才，则采取了"五不要"（不要户口、粮食、档案材料、报到证、党团关系）的特殊政策。有的单位嫌分来的大学生是包袱，"宁要劳力，不要智力"，对他们不冷不热，搁置一旁，或者安排个用非所学的工作（胡守律，1993）。

《中国教育年鉴（1982～1984）》记载，1983 年 6 月，教育部组织了

---

① 《今年全国高校将有 28 万多人毕业，教育部团中央通知要加强毕业生思想教育》，《人民日报》1981 年 5 月 7 日，第 1 版。

一次高等学校毕业生分配使用情况调查。调查人员主要是高等学校和省市调配部门具有讲师以上业务水平和实际工作经验的教师、干部共73人，组成20个调查组，分赴21个省、自治区、直辖市，进行为期1个多月的调查。调查组共抽样调查了172个单位，召开各种座谈会651次，接触了5473名毕业生，收回调查表5206份。发现分配使用中存在的一些问题主要是：用非所学、专业不对口的情况比较严重（占12.3%）；普遍存在用非所长、降格使用的现象（占20%~30%）；许多重点院校毕业生，分不到专业对口的国家重点单位，优才不优用；计划分到边远地区的毕业生减员较多，已分去的思想又不安定。1987年《人民日报》报道：大学毕业生分配首次出现被退回的"寒潮"（周庆，1987）。长期在教育部从事大学毕业生就业工作管理的胡守律（1993）回顾当时的情景时说："一些没有人才需求的单位，却年年都在进人，而一些真正缺人的中小企业和基层单位，却往往得不到所需人才，被排斥在计划分配之外。"

当时国家三令五申："所有大学毕业生都要服从国家需要，服从国家分配，哪里需要就到哪里""所有用人单位都不准向学校指名要人"，且一再向各级部门强调"抵制毕业生分配中不正之风"，要求认真贯彻执行1979年中央纪律检查委员会发出的《关于不准干扰大学毕业生分配工作的通报》，等等。然而，1981年12月13日《人民日报》刊登记者来信，描述了"主管毕业生分配的干部的苦恼"：

> 大专院校应届毕业生分配工作即将来临。记者到西安地区高教领导部门和一些大专院校采访，看到一种很不正常的现象：负责分配工作的干部办公室里，来访的人不断，信函特别多。……各院校目前都收到要求照顾毕业生分配的信函一二百件。发函的单位很广，上至党、政、军领导机关、厂矿企业，下至街道办事处、生产大队。（景杰敏，1981）

二　"分配体制改革势在必行"：决策层的意识转变

"文革"结束后，为恢复社会秩序，党和国家开始实施拨乱反正政策。1979 年成为全国上山下乡知青返城的高峰年，同年 5 月 29 日，胡耀邦在听取宣传口和政法口的工作汇报时，触及知青返城问题，他立即和全国的就业问题联系起来。他说，"要下决心解决就业问题"，抱着"要把就业问题说到家"的态度，6 月 13 日、14 日、15 日三天，谈了三次就业问题（胡德平，2011）。

1984 年 10 月 20 日，党的十二届三中全会通过了《中共中央关于经济体制改革的决定》。随之，科技和教育体制改革成为迫切的战略性任务。胡耀邦指示要抓住教育上的主要问题、主要矛盾，做出旗帜鲜明的回答，写出一个纲领性文件。10 月 29 日，中央书记处决定将科技、教育改革提上日程，由胡启立主持《教育体制改革的决定》文件的酝酿、调研和起草工作，并成立领导小组。同年 11 月 20 日，胡启立带着教育部、中央办公厅和文件起草班子的同志乘火车南下，第一站到了安徽。在合肥、芜湖，他们先后同省、市各级教育行政部门，大、中、小学的领导和教师们座谈。关于大学毕业生的社会反映状况，带队的胡启立回忆：

> 高校培养出来的学生，社会反映怎么样？我们请省经委、计委、政法委等一些部门管干部和人事的同志，从用人的角度来谈教育改革。他们反映，一方面是人才奇缺，各地、各部门、各系统都需要大量的符合社会要求、有觉悟、有能力的专门人才；另一方面是以往分配来的不少大学生不对路，不合乎需要。政法委的同志们反映，全省公检法司系统总共近三万从业人员，其中大专程度的仅占现有干部的 5.8%，而学政法专业的更少，仅占现有干部的 3.9%。计划到 1990 年要新增加 2 万多人，每年需增加 3600 多人，但目前每年最多分配二三十个学政法专业的，加上中专生，还不够自然减员的数目；律师尤其奇缺，搞经济司法的几近于空白。省计委的一位主任谈到，目前存在五大矛盾。一是需要和供给的矛盾。1984 年全省上报需 11 万人，可供分配的仅占 26%。二是学校的学科设置与实际需要的矛盾，一些传统专业的人相对较多，而经济建设和社会发展所急需的人才则严重短缺。三是需要与质量的矛盾。一些专业、学科的教材相当陈旧老化，和五六十年代的差不多，有的内容甚至成

了笑话。四是学生知识结构上专和博的矛盾。现在是专业过窄,学工程的不讲经济,不懂资金和成本构成;学经济的不懂法律;学政治理论的不懂系统工程和经济管理。五是学和用的矛盾。现在的学校与社会联系少,学生参与社会实践更少,以致有些学建筑的大学生对基本建设的程序名词都不懂;学文科的某些学生,古今中外这诗那词背得很多,参加工作后连个报告都不会写,一个文科大学生出去调查,回来三个月写不出来一份调研报告。(胡启立,2008)

在调研中,胡启立等深切地感受到,就整个教育而言,最大的弊端乃是计划经济体制下长期形成的僵化模式。高等院校一概统招统分统配,其结果是:"学校吃政府的大锅饭,学生吃学校的大锅饭,学生只要考进大学,就像进了保险箱。"

其实,早在统包统配制度实施的最初几年,大学毕业生分配工作的一些不良效应也偶尔被提及。如1957年6月2日《人民日报》刊登的分析性报道《高等学校毕业生分配工作中有些什么问题?》就指出:"现在制订调配方案,都没有很好地走'生产者'和'消费者'的群众线路,既不征求熟悉学生专业和特长的教授的意见,也很少了解用人单位的具体需要,而方案一经制定公布,更改就很困难。"1962年11月1日,中共中央、国务院批转内务部《关于对使用不当的高等学校毕业生进行调整工作的报告》规定,大学生分配计划确定后,由教育部根据分配计划进行调配,毕业生分配后在一年实习期内,如有分配不当的由人事部门调整。这表明政府已经意识到毕业生分配中的不当安置问题。改革开放后,随着《中共中央关于经济体制改革的决定》的颁布,1985年5月27日颁布的《中共中央关于教育体制改革的决定》规定:改变高等学校全部按国家计划统一招生,毕业生全部由国家包下来分配的办法,实行以下三种办法。①国家计划招生。这部分学生的毕业分配,实行在国家计划指导下,由本人选报志愿、学校推荐、用人单位择优录用的制度。②用人单位委托招生。委托单位要按议定的合同向学校交纳一定数量的培养费,毕业生应按合同规定到委托单位工作。③在国家计划外招收少数自费生。学生应交纳一定数量的培养费,毕业后可以由学校推荐就业,也可以自谋职业。《中共中央关于教育体制改革的决定》

作为国家最高管理层面的意愿表达，虽然仍然强调"毕业分配"与"国家计划"，但毕竟首次以公开的官方文件形式对新中国成立 30 多年来高校毕业生就业分配制度做出了重大突破，并为以后进一步深化改革并逐步过渡到"自主择业"的就业制度奠定了基础、指明了方向（曾湘泉，2004b）。

"改革分配制度，取消大学生的统分统配，我看是迟早的问题"，1986 年，时任中央书记处书记的胡启立同志如是说，"否则，都分配到全民企业、国家机关、科研单位，容量有限。结果是招工指标限制了招生人数，对我国教育事业的发展极为不利"。胡启立建议国家教委提出有远见的，又是长短结合的、渐进的改革方案。1989 年国务院批转的国家教委《关于改革高等学校毕业生分配制度报告的通知》明确指出，"现行分配制度存在的问题及改革的必要性"：

> 我国现行的高等学校毕业生分配制度是在建国初期形成并逐渐
> 发展、延续下来的。这种制度与我国当时高度集中的、以产品经济
> 为基本模式的经济体制相适应，在历史上曾起过积极作用。但是，
> 这种以统和包为特征的毕业生分配制度存在着一些明显的弊端，不
> 利于调动学生学习、学校办学、用人单位合理使用人才的积极性。
> 特别是随着我国经济体制改革的深入，社会主义商品经济的发展，
> 劳动制度和人事制度的改革，这种分配制度越来越不适应形势发展
> 的要求，与新的经济运行机制越来越不相协调。因此，必须改革现
> 行的高等学校毕业生分配制度。

三 "毕业生的分配，实际上是就业"：市场意识的深入

党的十一届三中全会确立了把工作重点转移到经济建设上来，并逐步进行市场化改革。1980 年夏，薛暮桥为国务院体制改革办公室起草《关于经济体制改革的初步意见》，文中写道："我国现阶段的社会主义经济，是生产资料公有制占优势，多种经济成分并存的商品经济。"1982年，党的十二大报告提出要贯彻"计划经济为主、市场调节为辅"的原则。1984 年，党的十二届三中全会通过的《中共中央关于经济体制改革

的决定》指出，社会主义经济是有计划的商品经济，强调计划与市场相结合，不再强调以计划经济为主，并认为商品经济的充分发展是社会经济发展不可逾越的阶段。

官方的意识形态和改革行动迅速激活了民间的商品意识。在高等学校毕业生分配领域，甚至出现了"有偿分配"的主张：企业不能无偿使用人才（毕业生），国家或学校在向企业分配毕业生时采取"用人付费"原则，收取一定数目的款项以补偿培养费用。在当时的"政治经济学"背景下，主流的观点认为，即将走向工作岗位的大学毕业生是国家的主人，而人不是商品。如李汉城（1984）投稿《人民日报》质疑"有偿分配"：

> 在社会主义制度下，劳动力并不是商品，而有偿分配却使毕业生这种"产品"蒙上了商品的面纱。同理，既然劳动力不是商品，教育部门作为劳动力再生产部门，也不应当像生产商品的企业那样经营。

然而，为之欢呼的也大有人在，他们认为对毕业生实行"有偿分配"，是社会主义商品经济条件下的必然产物。当时被分管教育的副总理万里称为中国高等教育改革"四进士"（石破，2010）之一、时任上海交通大学党委书记兼校长的邓旭初（1984）认为：

> 办教育，自然需要国家投资，但是仅仅依靠国家拨款是不够的，还要寻求一条自己养自己、发展自己的路子。这就是用经济的办法来管理人才的培养、分配与使用。目前，人才培养不计"产值"，毕业学生无偿调拨；工厂企业是国家教育投资的受益者，却可以无偿使用人才，而不必按受益的多少向国家支付"教育投资补偿费"，造成用人一方积压浪费人才，而学校一方在教学上毫无收益，始终摆脱不了"伸手求助"的地位。科学技术的发展，使教育与经济的关系变得空前密切，在教育的管理上辅以某种经济的手段，给人才的培养以经济的推动力，可能有助于加快教育事业的发展。

1987年，华中师范大学教育系 1984 级学生在"教育经济学"课堂上还围绕高等学校毕业生的"有偿分配"问题展开了热烈讨论。他们各抒己见，有的认为有偿分配可以看作知识升值，而且也是对国家教育投资的弥补，可以作为学校集资的一种方式。其中一学生虽然认为"向企业索要'人才培养费'是没有道理的"，但"社会主义初级阶段理论的确立，使得我们有必要重新认识教育的商品化和劳动力商品化问题。人作为国家的主人不可当作商品出售，但人的劳动能力经过了'投入－产出'过程，有价值，是可以交换的"。

长期以来，高等教育作为非义务教育，不仅由国家包学费，而且以助学金形式包一大部分食宿等生活费用。1986 年，随着《中华人民共和国义务教育法》的颁布，"重高教轻普教"的投资结构发生改变，高等学校学生交费上学成为趋势，并成为高等教育的消费者。1988 年 4 月 29 日，时任国务院总理李鹏主持召开总理办公会议研究人事部、航天航空工业部"三定"方案时，明确"大学毕业生的分配，实际上是个就业问题，要改革统一分配制度，按社会就业对待"（杨伟国，2007b：248）。1993 年，为了配合党的十四大确立的建立社会主义市场经济体制的目标，教育体制改革领域颁布了《中国教育改革和发展纲要》，文件明确指出："改革学生上大学由国家包下来的做法，逐步实行收费制度。高等教育是非义务教育，学生上大学原则上均应缴费。"文件进一步明确了 1989 年颁布的"中期方案"中确立的高校毕业生就业制度改革目标。《中国教育改革和发展纲要》也明确了大学收费制度，进一步强化了就业市场化的意识形态。

在改革之初的 20 世纪 80 年代，百业待举，国家转向追求经济绩效的合法性。统包统配政策本意在于提高人才配置效率，然而现实却明显存在制度弊端。面对分配的种种苦恼，社会与政府终于认识到取消大学毕业生的统分统配是迟早的问题。在官方意识形态和民间商品意识的双重作用下，市场化制度改革彰显出强制性制度变迁与诱致性制度变迁相结合的特征。自 20 世纪 80 年代初期起，国家和社会层面对大学毕业生就业之政策都出现了市场选择，即政策为市场选择做了准备（杨伟国，2007b：248）。如从 1985 年的《中共中央关于教育体制改革的决定》、1993 年的《中国教育改革和发展纲要》等政策中可以看出，党和政府在大学生就业制度改革中的市场意识已经非常明显。上述文件的出台，为市场选择奠定了政策基础。第一，学校作为大学毕业生的"制造商"，有权力也有责任关心"产品"的去向，也因此强化了自身教育责任；第二，接受高等教育的学生必须缴纳学费，确定了人力资本投资的主体，这会导致人力资本配置的主体产生一致性的要求，为大学生自主决定劳动力供给奠定基础；第三，在劳动力市场的宏观管理领域，国家劳动部门的"归口管理"① 也顺理成章（杨伟国 b，2007：248）。1987 年华中师范大学课堂上的讨论表明，市场经济的意识已经进入大学教师和学生头脑中。随着中央大量政策的出台、领导人的发言以及部分高等教育毕业生分配工作改革试点的推进，上大学不等于进了保险箱的观点逐渐深入民心。

第三节　高等教育大扩张年代的意识形态
（2000～2015 年）

2000 年，教育部一号文件规定，自 2000 年起，将毕业生就业派遣证改为就业报到证，证件名称虽只有"派遣"与"报到"一词之差，但昭告着就业相关主体之间的地位发生了实质性的变化，标志着市场化就业制度在官方意义上全面实施。20 世纪 90 年代，随着改革的继续深化和经济的持续发展，延续了几十年的短缺经济宣告结束，买方市场形成。然而，90 年代以来我国经济形势昭示：经济增长并不必然或自动地带来就业增长，同样地，大学生就业也已进入买方市场阶段。比如，1992 年《人民日报》称"大学生分配供不应求"，② 1993 年依然"就业不难"。③ 然而好景不长，1995 年则报道了《北京高校毕业生就业指导中心负责人劝告大学生选择单位不可太挑剔》，④ 1997 年甚至出现了《大学生缘何分配难？》的深度报道（江涛，1997），1998 年则在标题上直白地表述：

① 归口管理是指按国家赋予的权利和承担的责任各司其职，按特定的管理渠道实施管理，一般是按照行业、系统分工管理，防止重复管理、多头管理。
② 《全国高校毕业生分配计划协调会回荡一片要人声 今年大学生分配供不应求》，《人民日报》1992 年 5 月 22 日，第 1 版。
③ 《今年高校毕业生就业不难》，《人民日报》1993 年 4 月 17 日，第 1 版。
④ 《北京高校毕业生就业指导中心负责人劝告大学生选择单位不可太挑剔》，《人民日报》1995 年 12 月 27 日，第 5 版。

"今年高校毕业生就业形势不容乐观。"①

世纪之交，时逢亚洲金融危机，1996 年 6 月国务院宣布大幅度扩大高等学校招生规模，以拉动国内消费需求（李岚清，2003；汤敏、左小蕾，2004）。连续几年来，在校生规模以每年一二百万人的速度增加，仅仅 10 年时间就走过其他国家需要三五十年的改革历程，高等教育的规模，先后超过俄罗斯、印度、美国，成为世界第一。

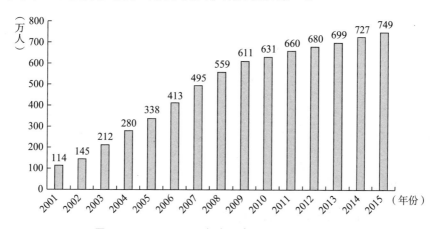

图 3 – 1　2001～2015 年全国高校毕业生规模变化

资料来源：根据教育部网站公布的统计数据整理而成。

供给－需求分析视角常常被用来解释大学毕业生就业难的问题。主流的看法是，我国大学毕业生就业紧张归因于供给总量的压力、摩擦性失业，而结构性失业才是核心。从萨伊定律来看，毕业生能否找到工作并非"真问题"，只要肯降低求职期望总能找到工作。因此，又有人认为大学生择业观念存在误区。笔者认为，这一来自西方市场经济发达国家的分析框架解释力有限。改革开放以来，尽管中国在诸多领域经历巨变，但在转型期的制度环境下，经济领域的"去政治化"并不意味着大学生就业就完全交给市场来解决。最起码在国家层面的话语中，就业是关乎政治的。

一　"就业是民生之本"

世纪之交的经济高增长、资本高投入并没有带来就业需求的扩张。

① 《今年高校毕业生就业形势不容乐观》，《人民日报》1998 年 2 月 26 日，第 3 版。

"扩大就业是我国当前和今后长时期重大而艰巨的任务"成为党和政府的共识。创造就业和工作岗位开始成为政府最重要的经济发展目标。党的十六大报告提出"就业是民生之本"。2003 年初，中央政治局集体听取就业专题讲座，明确提出"将就业放在经济社会发展的突出位置"的要求（中国就业促进会课题组，2011）。2003 年 8 月 17 日，《人民日报》发表社论称就业是"关系国家长治久安的重大政治任务"。2008 年，为减小国际金融危机的冲击，中央又进一步提出"将就业放在经济社会发展更加突出的位置"。2009 年底，中央经济工作会议指出：扩大就业是保障和改善民生的头等大事。2010 年底，中央经济工作会议再次强调"把促进充分就业作为经济社会发展的优先目标"。中央在"十二五"规划建议中进一步明确提出"就业优先"，并作为国家"十二五"就业专项规划的主线。在中央高层的会议和政策文件中如此密集地出现关于重视就业的话语，无不体现党的十六大报告的政策主张："国家实行促进就业的长期战略和政策。"

二 "把高校毕业生就业摆在就业工作的首位"

按照教育部高校学生司主持的"中国高等学校毕业生就业形势的分析与预测"课题组的判定标准：初次就业率大于 90% 属于供不应求，70%~90% 属于供求基本平衡，50%~70% 属于一定程度的供大于求、不平衡，30%~50% 则属于严重的供大于求、不平衡，低于 30% 意味着就业危机（闵维方等，2006）。根据教育部官方公布数据测算，毕业生在毕业离校前的就业压力越来越大，虽然早在扩招之前就已存在大学生就业不充分现象，但在 2002 年以后开始影响就业全局，进入政府高层视野，甚至经常成为中央高层、全国人大、全国政协等召开的全国性重要会议的重要议题。

2003 年，恰逢 1999 年高校扩招的第一批本科生毕业。那一年，以国务院的名义召开了全国高校毕业生就业工作电视电话会议。自此以后，每年的 6 月份都会召开这一会议。由国务院召开会议专门部署高校毕业生就业工作，这还是第一次。2003 年，在"非典"横行的日子，胡锦涛总书记每天都关注大学生就业的数据，并在党的十七大报告中做出"提高高等教育质量""积极做好高校毕业生就业工作"的相关部署。时任总理温家宝在各地视察时，常常突访高校，声情并茂地说"我最关心的还是应届毕业生"（竹前，2009），"加强高校毕业生就业指导和服务"也被写入 2008 年的政府工作报告。

高校毕业生就业工作在政府工作中的地位日益提升。2009 年被媒体渲染为 30 年来大学生就业之最难。当年，高校毕业生总量达到 610 万人，占城镇新成长劳动力总量的一半以上。突如其来的国际金融危机又减少了岗位的供给量，有些企业甚至放弃了每年例行的校园招聘。虽然 2007 年颁布的《中华人民共和国就业促进法》明文规定了"公平就业"的条款，国务院仍然要求各地区、各有关部门"把高校毕业生就业摆在当前就业工作的首位"。2009 年《国务院关于做好当前经济形势下就业工作的通知》重申"把大学生就业放在就业工作的首位"。这一话语体现出的精神以及相关政策的出台，彰显了大学生就业工作在党和政府心目中的分量。即使在经济形势出现好转时期，党和政府对此也毫不懈怠。

三　"失业关乎社会稳定"

2003 年，大学毕业生未就业人数超过 56 万人，但从 2006 年起，则每年均逾百万之众。面对可能成为社会不稳定之源的如此庞大的大学生"失业"大军，国家不得不投入更多关注的目光，政府高层和大多数社会成员首先想到的是，这可能成为社会不稳定之源。诚然，失业无依者的"流动"历来被政府认为是社会不稳定因素。例如，在《叫魂》（孔飞力，1999：55）中，下层的无业流动人口被认为是破坏社会秩序的群体，失业无疑会造成极大的社会动荡。张翼（2008）曾指出，大学生失业导致过渡到中产阶层的道路受阻，作为失业大军的不稳定因素激化了社会冲突意识。廉思（2009：22）对"蚁族"进行调研后指出，相比于农民工、下岗职工和农民，"蚁族"受过高等教育，已经意识到"经济吸纳，政治排斥"模式对自己的不公，加之强烈的身份认同，易于形成政治共识，此乃社会运动的重大诱因。张静（2010）认为，大学生获得的实际地位与文凭教育的身份预期形成强烈反差，这种反差的积累又加剧了"愤青"的现象，此必破坏教育作为结构分流之社会稳定器的功能。

此时，国家虽不统包分配，但并未退出就业领域，甚至将此经济领域的问题视为政治问题来处理。相比于如美国等西方发达国家，中国大学生就业则显现大群体、大规模集中、短时间就业的特点（荆德刚，2008）。国家之所以如此关注高等教育毕业生就业问题，除了出于民生考虑外，更重要的是出于社会稳定的考虑。如江泽民（2006：506～507）提到，就业"是重大的政治问题"。

2009 年"是新中国成立 60 周年，重大时间节点多，敏感时段集中，能不能做好高校毕业生就业工作直接关系到能否保持校园稳定、社会和谐"①。时任国务院副总理张德江在全国高校毕业生就业工作电视电话会议上也强调：在高等教育毕业生培养过程中，国家、社会和家庭都投入巨大资源，如果他们不能及时就业，没有稳定的工作，不仅会增加家庭负担，也会造成人才资源的巨大浪费，影响社会稳定。②

与过去政府主导的"计划分配"形成鲜明对比，当前，政府不再把自己置于大学生就业市场的主导或支配地位，旨在明确市场配置的基础性地位。然而，这并不意味着国家完全退出就业市场；相反，出于对民生和社会稳定的政治考虑，政府将自身职责调整为规范和维护市场秩序，其就业政策从"管理"转向"服务"。面对人才市场中的乱象或可能存在的问题，就业安全也是政府和高校非常重视的。2001 年，《人民日报》提醒大学生就业警惕"人才黑市"（陈光明、张苏，2001）。

　　　　有一些中介公司，他们在人才交流市场看到用人单位的招聘条件后，便主动打电话与用人单位联系，称自己公司有一批符合要求的大学生，可代为招聘。他们一面往求职者手中塞招聘传单，"推销"业务；一面小声向求职者嘀咕，称自己"手中有活儿"，并以待遇优厚作诱饵。他们招揽到生意后，要求求职者前两个月所得工资按百分比收取中介费。据记者了解，这种"人才黑市"不办手续，未经审批，也没有人事部门颁发的人才中介许可证，不但扰乱

---

① 2009 年 4 月 2 日，时任国务委员刘延东在全国普通高校毕业生就业工作电视电话会议上的讲话。

② 2009 年 4 月 2 日，时任国务院副总理张德江在全国普通高校毕业生就业工作电视电话会议上的讲话。

了人才市场的正常秩序，还使一些大中专毕业生上当受骗。人事部门告诫择业的大学生，一定要到正规的人才市场去应聘和择业，不要轻信个别人的自我介绍和个别中介公司的承诺，也不要被所谓的"高工资""高回报"所蒙蔽。

A省高校毕业生就业工作办公室在2010年工作总结中，将保证大学毕业生的就业安全作为当年的重要业绩。

> 2010年，我们共召开了近20场全省性大型分科类、分层次、分区域的高校毕业生就业招聘活动和8000余场次的校园中小型招聘会，累计有几十万人次的毕业生参与，没有发生毕业生因求职被骗事件和不稳定事件，在毕业生离校和上岗过程中，也没有发生一起不稳定事件。[①]

第四节 大学生就业问题的属性及其改革中话语的意义

一 大学生就业问题的属性分析

世纪之交，高等教育毕业生就业的严峻形势就已引起学界高度关注。学界通常视"大学生就业"为教育、经济或社会问题，下面先概述现有的分析。

1. 教育问题观

就业既是求学极重要目的，也是高等教育工作极重要一环。因此，大学毕业生是教育的"产品"，大学生就业就易被视为教育问题。比如，有学者（王霆、曾湘泉，2009）诟病，高等教育改革相对滞后，培养的人才与社会用人单位的实际需求脱节；也有人（蓝欣，2008）认为，职

---

① 参阅《坚持促进毕业生充分就业、体面就业、公平就业、安全就业的工作方针，实现高校毕业生就业率的稳定和就业质量的提高——省高校毕业生就业办2010年工作总结及2011年工作规划》（2011 - 1 - 7）。

业社会化的不足，导致大学生由学校到职场的过渡不畅，无职业的教育是就业困难最根本的原因；更有不少人认为，大学生就业难，乃因为"就业大众化"趋势下大学生择业消极等待、盲目择业甚至仍存精英意识之误区，或在择业中呈现焦虑、自卑、自负、盲从、攀比、嫉妒、封闭等一系列心理问题（杨桂香，2004；王海军，2005），甚至是其就业道德素养弱化、价值观功利化（赵建华，2011）所致。政策建议有：呼吁以"大学生就业能力提升"为导向的高等教育人才培养模式改革（王霆、曾湘泉，2009），高等学校必须大力加强就业形势教育，做好就业辅导工作，引导大学毕业生树立正确的择业竞争观、职业地位观、职业苦乐观，端正择业态度，塑造良好的就业心态等（陈成文、胡桂英，2008）。然而，大学生就业难的原因真的如学者所分析的那样吗？

2. 经济问题观

在一次面对中小学生学业负担的调查研究中，一名小学生向顾明远（2010）提到："上不了好的大学就找不到好的工作，将来如何养家糊口？"可见，就业作为经济问题，是社会多数人的共识。我国大陆高等教育在世纪之交急速扩张规模，旨在拉动内需，刺激经济增长（汤敏、左小蕾，2004）。大学生就业紧张问题，发达市场经济国家的结论主要有：高等教育发展过快，大学毕业生的供给超过了经济需求、大学生预期工资过高、企业为了追求利润最大化而减少对大学生的雇用等（Niall Ophiggins，2003）。国内不少研究者（赖德胜，2001；杨伟国，2007a；范皑皑，2013）也从供给-需求的视角分析大学生就业问题，指出供给总量上的压力在转型时期相对存在，是高等教育扩招行为短期造成的现象；摩擦性失业[①]对大学生就业造成间接影响（姚裕群，2004）；结构性失业才是核心问题（张进，2007；孙红日、刘丹，2014）。郎咸平也认为，中国只是个制造大国，一旦产业链出现缺陷，将导致大学生无用武之地（郎咸平，2013）。

3. 社会问题观

教育作为现代社会分层过程的分类机，大学生的就业属于从学校到

---

①　在实际劳动力市场上，劳动者寻找最适于自己的工作需要时间。在工作匹配过程中所引起的失业即摩擦性失业（frictional unemployment），即劳动者想要工作与得到工作之间的时间消耗造成的失业。

工作的初职地位获得。计划经济模式向市场经济模式的转变引起了社会结构的深刻变化，职业地位成为社会分层的指示器（仇立平，2001）。大学生就业很容易作为社会问题被讨论。大学毕业生获得初职的问题，关乎社会公平，但紧扣资本问题。倪志伟（Nee，1989）认为，向市场经济转变的过程中，"市场分配原则"将取代或瓦解"政治分配原则"；"市场转型将提高教育投资的回报"。郝大海（2010）也发现，改革开放以来，父亲工作单位对子辈就业的影响逐渐衰退，但子辈的受教育程度对于获得管理和技术职位的影响则增强，由此反映出中国大陆劳动就业体制正逐渐由计划模式转向市场配置模式。与主张大学生就业中之人力资本的作用在增长的论点不同，也有不少人认为，人力资本"作用受到了限制"。骆思典（Rosen，2004）认为，教育市场化以及高等教育扩招政策的实施不利于贫困子弟的社会流动，其中包括职业机会不公平；赖德胜、田永坡（2005）以工作搜寻模型为分析框架，指出"知识失业"在很大程度上是由劳动力市场的制度性分割所引起的；边燕杰、张文宏（2001）认为，在华人社会文化背景下，人际关系产生人情的作用，从而影响获得工作的可能性。丁小浩（2004b）曾经考察大学生感知到的人力资本和社会关系网络的相对重要性，发现男性、受教育层次高、重点高校毕业生群体所感受到的人力资本相对重要性更高，相比于县城生源，生源地是大城市和农村的群体所感受到的人力资本的重要性更高。还有一些研究（赖德胜等，2012）将社会资本与人力资本进行对比，考察何者对于大学毕业生就业更为重要，或考察二者的联合作用机制对大学生就业的影响。

综上所述，通过不同的视角，可以发现大学生就业市场情况的差异。然而，上述视角仍存在一些盲区。如将大学生就业问题仅仅视为教育问题，我们发现在现实生活中，道德说教并不是解决就业紧张的根本对策，且收效甚微。再者，高等教育改革停滞的问题老调重弹，教育界和劳动力市场各说各话，甚至互相推诿指摘。因此，若将大学生就业问题仅仅视为经济问题，似乎与萨伊定律产生冲突。依据经济学中的萨伊定律，大学毕业生只要肯降低求职期望，总可以找到工作。但我们要反思的是，为什么有的大学毕业生因编制、福利等问题而不愿屈就，或者即使屈就又因社会资本等因素而无法就业的情况也并不少见（戚务念，2015a）。

教育学家和社会学家都明白，教育具有稳定社会阶层和社会流动的功能。虽然这些观点大多属于研究推论，但也提醒社会和政府，不能将大学生就业单纯地视为教育问题，它与经济问题相互影响。同样地，它也不仅仅是社会问题。

自晚清大学毕业生"诞生"以降，大学生的就业就一直与民族、国家、政权、社会秩序等政治命题联系在一起，从来就不仅仅是经济问题、教育问题或社会问题。就业关乎政治，从来就没有停止过。我们甚至可以推论，大学生就业问题最初表现为"教育问题""经济问题""社会问题"等只是表象，最终会归结为政治问题，其制度变革历程本质上就是"就业关乎政治"的体现。执政党对于改革的看法，即关于改革的意识形态在很大程度上决定了改革的方向和进程。不同阶段的实践证明，这样一种系统的改革的意识形态理论具有足够的弹性和包容性。正是在这样的意识形态理论指导下，新中国成立以后的制度安排得以比较顺利地转型。这也正是本章从话语维度梳理中国大学生就业制度的变革并呈现其政治本质的目的所在。

二　管窥改革中的国家话语诉求：强制性制度变迁中不乏诱致性因素

近代中国一直处于深刻的社会转型之中，国家在维系社会秩序、政权建设等公共事务之际，借助让人易于明白的话语来传递其意识形态和价值倾向，便是一种常用且有效的工具。所谓话语，就是人们已经说出来的话。这里的"说"，包括两种形式——声音和书写，即凡是已经用声音说出来的、用符号写出来的话或"文本"就是话语。话语的形成与非话语领域（制度、政治事件、经济实践和过程）有着密切的联系，在话语隐秘的褶皱里，自然也包含超越其表层含义的丰富而广阔的社会性意义。国家在宏观层面历史性地言说的关于大学生就业制度的话语，反映了国家的态度、立场和实践倾向，"组成了一套有规律地互相联系的符号和象征所支撑的文本"（Alexander，2003：21）。

晚清官方与社会精英的"师夷长技以制夷"的话语、民国大学生"向国家要工作"的诉求以及政府勉为其难"为青年谋出路"的应对，无不表明大学生就业制度中浮现的"国家传统"。政权在此中追求的是统治的合法性。

1. "去市场化"改革话语中体现执政合法性的多重来源

论国家合法性，实质就是对政府机构权威性来源的讨论。从国家权力合理化的角度，国家合法性可被划分为三种类型（Zhao，2001）：法律－选举型、绩效型和意识形态型。新中国成立前夕，《中国人民政治协商会议共同纲领》（以下简称《共同纲领》）虽作为临时宪法，但中国共产党的权威并非主要来自法律规定，而是由党的实际地位所决定的（路风，1993）。

新中国成立之初，大学生就业市场面临着巨大的转型，由民国时期市场制度下大学生的"自谋生路"政策转向新中国的国家"包分配"政策。虽然社会学界很少见到大学生就业体制方面的研究成果，但从学术界对于新中国为何选择统一分配政策的思考中，也可窥见其他学科的一些有社会学意味的解释，如追求意识形态的合法性（杨宜勇，2002）、路径依赖（大塚丰，1998）与资源约束（武力、李光田，1994）等观点。我们不排除这些解释的合理性，但单一视角可能很深刻但也可能视野狭窄。笔者认为统一分配体制在此时形成可归因于国家的合法性诉求，其中现代化诉求下的资源约束是导致国家对高级人力资源统筹分配的更直接的动因，当然也不排除意识形态、历史传统与外部环境等因素的合力作用。也即实施这一制度，国家现代化建设的需要优先于毕业生福利的考虑，当然也受到了苏联的影响。

一定程度上，新中国的大学生统一分配制度可以看作对民国时期大学生"毕业即失业"现象的一种制度回应，解除了大学生的后顾之忧。从这个角度来看，可以认为国家考虑到了大学生群体的利益诉求，在客观上也争取到了毕业生对新政权的认同与支持，人们的社会主义热情空前高涨。然而，再深层分析可以看到，更主要的原因在于国家现代化诉求，因为在百业待举、人才奇缺之际，国家采取统一分配制度能够更有效地做好人才配置。而这一做法既受历史经验的路径依赖成分的影响，也受苏联经验提供的意识形态合法性的影响。从后续论述（第六章）中可以看到，在新中国成立后，毕业生的职业选择范围更多的是要考虑国家要求。总之，新中国实施大学毕业生统包统配制度更多的是国家诉求至上，着重考虑国家的诉求而不是个人的诉求，是为国家培养"接班人"和"建设者"，而不是为"社会"培养人才。

2. "市场化"改革共识在国家与社会的话语互动中生成

诚如贝克所指出的,"在阶级社会和阶层社会中,存在决定意识,而在风险社会中则是意识决定存在"(Beck,1992:23)。社会学中有一个重要原则——反身性原则(principle of reflexivity),主张人类社会的认识有直接和即时的实际后果。人们如何看待社会变迁,是驱使他们行动的一个极为重要的因素,它会显著影响社会变迁的过程和前景。然而,改革共识又是如何生成的呢?这可以理解为国家高层与民间社会的互动促进了改革共识的生成。

(1)人才分配工作上的苦恼为改革奠定了民意基础。"文革"结束后整个社会对人才极度渴求,但毕业生分配工作却面临诸多不顺利。可以说,这是一个"悖论"。大学毕业生分配工作中出现的种种"苦恼",使人们不禁深思,国家正处于"文革"结束后的急切用人之际,为什么恢复统考后的最初几年就出现了那么多问题呢?人们的思考方向不免转向毕业生分配制度。

1977年恢复全国统一招生考试制度,但依然沿袭"文革"期间中断的大学毕业生统一分配制度。由于在国家、部门、地方三级办学体制下,从形式上按照行政隶属关系,国家实行"抽成调剂、分级安排"的办法(王保义,2000),具体原则如下。①教育部直属院校面向全国培养人才,毕业生由国家本着"加强重点,调剂质量"的原则统一分配,对学校所在地区需要的毕业生,给予适当留成。②中央业务部门主管的院校,主要是为本系统、本行业培养人才,毕业生由国家抽成分配。③省、自治区、直辖市主管的院校毕业生,原则上由地方自行分配。国家根据需要对某些专业的毕业生适当抽调。这些政策虽然有微小变化,但依然是计划经济体制下的"毕业分配"与"国家计划"。

统包统配制度的诸多非理性后果在"文革"前就已出现,并严重积累(参阅第六章)。适逢"文革"结束,社会相对稳定,"解放思想、实事求是"的意识形态正成为主流,整个社会压抑已久的组织与个人自主性都亟待释放,相较于前,毕业生分配工作的苦恼日渐增多,也就在情理之中了。

(2)中央高层成为大学生就业制度改革的关键推手。1958年,中国政府宣布"旧社会的失业现象已经消失了"。从1958年到1977年,失业问题是公众讨论的禁区（Emerson，1983：1－16）。然而，"文革"结束后，面对全国就业问题、返城知青问题、大学生分配问题，中央高层意识到就业／失业问题的存在是一个严峻的事实，如果解决不善，可能危及社会稳定。改革之初，百业待举，国家开始转向追求经济绩效的合法性。统包统配政策本意在于提高人才配置效率，然而这一制度存在明显弊端。面对分配的种种苦恼，人们终于认识到"取消大学生的统分统配是迟早的问题"。当然，大学毕业生就业政策改革是在"解放思想，实事求是"的意识形态背景下与计划体制转向市场体制的实践背景下发生的。大学生就业制度的市场化改革实践得以落实，虽有底层呼声的推动，但根本动因在于中央高层采纳了民意。而且，在强国家传统下，这样一项涉及全国的改革如果没有国家的推动是不可能实施的。

3. 大学生就业问题的政治属性在 21 世纪被明确提出

随着私人单位在劳动力市场上获得合法地位，以及世纪之交的"自主择业"政策的确立，高等教育的人才培养目标由改革前"为国育才"转变为向社会／市场培育人才。然而在转型期的制度环境下，经济领域的"去政治化"并不意味着大学生就业就完全交给市场来解决了。国家虽然退出微观领域的就业干预，但依然在激励与促进就业上试图有所作为。21 世纪，党和政府把就业看作"民生之本""失业关乎社会稳定"，把大学生就业摆在首要位置，甚至明确提出"就业是政治问题"。

也许是对"就业关乎政治"的误读，如今高等教育承担着巨大的就业率之痛。就业率是教育质量的重要体现，对就业率的适度追求也是其职责。然而，在"就业关乎社会稳定"的意识形态下，为了达到"理想"的就业率，就业率统计制度遂成为一项有效的政策工具，成为高等教育生存与发展的"紧箍咒"。而此政策之所以奏效，根本原因在于高等教育仍然遵循单位制的运行模式。但是，就业率统计制度的执行偏误，却导致高等教育形象受损伤、职能泛化、专业性职能削弱、师生关系撕裂等后果（戚务念，2015b）。

我们并不认为，国家需要完全退出就业市场；反之，国家在"自主择业"的社会脉络下，依然是市场与社会秩序有力的维护者，故解决大学生就业问题需要新的思路。

第四章 从"去市场化"到"市场化"：
制度转向的组织进路

近代中国一直处于社会转型之中，组织管理的兴起和转变是中国国家治理体系变迁的一条基本脉络（耿国阶、庄会虎，2014）。组织也常常被看作制度实体。制度的变迁是以组织重建为条件的。从组织进路来看，大学生就业制度的改革表现为大学生就业市场的消解（"去市场化"）和重建（"市场化"）两个相反的方向。结合第二章的论述，相比于民国时期的就业制度，新中国成立之初的制度变革也是一次方向性的转变。为消解民国时期资本主义市场制度，新政权通过资本主义工商业的社会主义改造将劳动力市场挤出历史舞台，将高校变成国家控制社会的一级单位组织并借此对大学毕业生的分配进行科层化运作。正如劳动力市场的解体是统一分配制度的组织基础，为实现大学生就业的市场化，政府通过向用人单位放权、重建多种经济成分、高校扩权等组织策略使市场主体得以重生与归位。世纪之交，就业岗位的配置以市场机制为主，企业与国家、高校在利益认知上并不完全一致，国家权力虽然不直接干预微观领域的就业，但在就业率统计制度执行中仍然遵循高校单位制模式。

第一节 就业体制"去市场化"的组织进路
（1950～1985 年）

国家作为制度设计者，实施统一分配制度更多考虑的是国家的诉求。如何落实国家意志，如何保证政策意图有效地渗透到社会基层，使每一级（个）社会组织和每一个成员有效执行，这涉及国家能力如何得到保障的问题。为了保证大学生统一分配体制有效实施，国家完善其组织条件，对用人机构、高等学校以及分配（就业）体制都进行了改造，从而将本已存在的劳动力市场挤出历史舞台，高等学校成为国家控制社会的一级单位组织，消除了计划经济所不能触及的死角，奠定了国家实施统一分配体制的组织基础。而这些措施的客观后果便是劳动力市场的消解，大学生就业市场随之消失。

一 资本主义工商业改造：劳动力市场的消解

1. 多种经济成分并存（1952 年底前）

早在 1947 年 12 月，毛泽东在中共中央召开的陕北杨家沟会议上做《目前形势和我们的任务》报告时就提出，"新中国的经济结构由四种经济成分组成，即国营经济、逐步地向着集体方向发展的农业经济、独立小工商业者的经济和私人资本主义经济，这些，就是新民主主义的全部国民经济"（毛泽东，1991：1184）。毛泽东在 1948 年 10 月给刘少奇的信中对东北局报送的《关于东北经济构成及经济建设基本方针的提纲》做了修改，把"决不可采取过早地限制私人资本经济的办法"改为"决不可以过早地采取限制现时还有益于国计民生的私人资本经济的办法"。他解释说："因为就我们的整个经济政策说来，是限制私人资本的，只是有益于国计民生的私人资本，才不在限制之列。而'有益于国计民生'，这就是一条极大的限制，即引导私人资本纳入'国计民生'的轨道之上。"（毛泽东，1996：177）新中国之所以能够在极其困难的情况下迅速实现国民经济的恢复与发展，与党采取利用和限制私人资本主义的政策、充分调动各种经济成分的积极性是分不开的（何薇，2010）。

新中国成立后，在最初阶段，由于面临着恢复经济秩序、解决失业和重振工业生产以及缺乏管理经验等现实问题，新政权不仅没有触动私人工商业者的权利，甚至被没收企业中的原有管理权威基本维持了现状。1949 年，中共中央《关于接收官僚资本企业的指示》明确规定"不要打乱企业组织的原来的机构"。1949 年 9 月 29 日，起临时宪法作用的《共同纲领》明确将"公私兼顾、劳资两利"作为中华人民共和国经济建设的根本方针，规定"调剂国营经济、合作社经济、农民和手工业者的个体经济、私人资本主义经济和国家资本主义经济，使各种社会经济成分在国营经济领导之下，分工合作，各得其所，以促进整个社会经济的发展"。

以上资料表明，在新中国成立最初的几年里，指导思想上是新民主主义理论，现实生活中是多种经济成分并存，劳动力市场也客观存在着。虽然在抗战时期，中国共产党在华北和华中已经发展出国营工商业体系，但在公营银行和工商业体系尚未壮大到一定程度之前，绝不过分干涉私人工商业经营，反而在扩大国营工商业的同时，利用私人工商业的繁荣来恢复国家整体经济。诚如1952年1月5日周恩来在政协第一届全国委员会常务委员会第34次会议所说：人民政府所保护和欢迎的是那些拥护《共同纲领》，服从政府法令的工商业家，而不是那些不受领导和限制而想自由发展、盲目生产、贪图暴利的工商业家（周恩来，1980：83）。

2. 资本主义工商业的社会主义改造（1953～1956年底）

新中国成立之初，工业企业被分为5种类型：一是国营企业；二是公私合营企业；三是合作社营企业（后来所说的集体所有制企业）；四是私营企业；五是个体手工业。据中国人民银行退休干部马俊起回忆，1952年下半年最先对私营金融业实行全行业的公私合营，资本家交出经营、财务和人事三权，只拿股息，安排工作（马俊起，2019）。1952年底，私营金融业全行业率先完成了社会主义改造，为之后资本主义工商业的社会主义改造扫除了障碍。伴随着"公私合营"的开始，1954年全国人大一届一次会议通过了中国第一部宪法——《中华人民共和国宪法》（史称"五四宪法"），结束了以《共同纲领》为代表的过渡性法制阶段，一方面允许私营经济的存在，另一方面为实现社会主义改造的总任务，又采取"利用、限制、改造"等政策，并且指出逐步向全民所有制过渡的发展方向。"一五"时期，企业生产增长势头良好，经济效益向好。1954年，政务院发布了《公私合营工业企业暂行条例》，将公私合营视作对资本主义工商业实施社会主义改造的主要形式。之后两年多的时间里，通过公私合营，国营、集体及公私合营企业工业总产值的绝对量和相对比重出现了大幅上升，而私营企业和个体手工业工业总产值的绝对量和相对比重出现了大幅下降（余菁，2019）。1956年2月，中央政治局正式通过了《中共中央关于资本主义工商业改造问题的决议》（以下简称《决议》）。在《决议》的指导下，1956年初，全国范围出现了社会主义改造高潮，到当年一季度末，除西藏等少数民族地区，全国基本上实行了全行业公私合营（见表4-1）。至1957年底，私营工业户数的99%、总产值的99.6%，私营商业户数的82.2%、资金的93.3%，分别纳入了公私合营或合作化的轨道（石海娥，2019）。可以说，"公私合营"是新中国成立初期，政府逐步利用和改造私营经济的历史过程。

表4－1　1949～1956年不同类型企业的工业总产值

单位：亿元

	国营企业	集体企业	公私合营企业	私营企业	个体手工业	合计
1949 年	36.8	0.7	2.2	68.3	32.2	140.2
1950 年	62.5	1.5	4.1	72.8	50.3	191.2
1951 年	90.8	3.4	8.0	101.2	60.1	263.5
1952 年	142.6	11.2	13.7	105.2	70.6	343.3
1953 年	192.4	17.3	20.1	131.1	86.1	447.0
1954 年	244.9	27.7	50.9	103.3	92.9	519.7
1955 年	281.4	41.6	71.9	72.7	81.1	548.7
1956 年	383.8	120.1	191.1	0.3	8.3	703.6

注：数据按1952年不变价格计算。

资料来源：《中国统计年鉴》（1983～1984年）。

表4－2　"一五"时期国民收入中各种经济成分所占比重

单位：%

	1953 年	1954 年	1955 年	1956 年	1957 年
国营经济	23.9	26.8	28.0	32.2	33.2
合作社经济	2.5	4.8	34.1	53.4	56.4
公私合营经济	0.9	2.1	2.8	7.3	7.6
资本主义经济	7.9	5.3	3.5	—	—
个体经济	64.8	61.0	31.6	7.1	2.8

资料来源：国家统计局相关数据。

3. 用人招工权的集中（1953～1957年）

自此，我国的国有企业虽然被称为企业，但并非自主经营、自负盈亏的商品生产者和经营者。其本质上是目标多元化的具有经济属性的政治组织，实行的是上级个人满意制和上级组织交代制，所以长期追求的主要不是经济效益而是政治效益（郑谦、伍国友，2010：173）。

1952年以前，私有部门提供了大部分的新都市工作岗位，但1956年之后国有部门之外的工作机会几乎绝迹了（见表4－3）。1955年之后，企事业单位的用人自主权被削弱，并逐渐建立起由各级劳动部门统一管理劳动力运行的制度。1957 年，由于上年新增的职工大大超过了国家计划，国务院发出通知，规定使用临时工的指标也需要经过中央主管部门，或者是省（区、市）政府的批准。这样，用人招工权进一步被集中到政府劳动部门（张明龙，2000）。

表 4 - 3　都市工作岗位分布

	城市劳动力（百万）	国有单位劳动力（%）	非国有单位劳动力（%）	工业部门比例（%）	商业部门比例（%）
1949 年	15.3	32	67	38	16
1952 年	24.8	43	50	32	19
1953 年	27.5	67	32	33	18
1954 年	27.4	69	27	32	18
1955 年	28.0	68	23	30	18
1956 年	29.9	81	0.5	30	20
1957 年	32.1	76	3	30	20
1958 年	53.0	86	2	51	10
1959 年	53.8	85	2	44	12
1960 年	61.1	82	2	43	11
1961 年	53.3	78	3	38	13
1962 年	45.3	73	5	36	15

资料来源：中国劳动工资统计资料（1949～1985 年）、《中国统计年鉴》（1993 年）。

二　高校体制改革：大学组织的单位化

根据马克思主义的理论，教育属于上层建筑领域，被认为具有阶级属性。新中国成立之际，高等学校统统被纳入社会改造工程之中。被改造的结果是，高校和其他组织一样，成为中国社会特有的单位组织。这种组织在结构上，政治组织与具体的专业组织合二为一，在行为取向上，专业取向和意识形态的行为取向融为一体（李汉林，2004）。新中国成立初期，党和政府为了巩固政权、稳定教育/社会秩序、培养符合新政权需要的人才，也为了保证政令畅通（包括毕业生分配制度在内的各项教育政策的贯彻执行），对高等学校采取了一系列行政化的社会控制举措。

因此，与西方大学不同，中国的大学是具有大学职能（教育和学术）的单位组织（戚务念，2011）。

1. 国家直接领导高等学校

为了改造旧大学、展开大学改革，1950 年 6 月，教育部在北京召开了第一次全国高等教育会议。会议讨论了改造旧的高等教育、建设新中国高等教育的基本方向，并通过了一系列关于高等教育改革的政策规定（胡建华，2005），如《政务院关于高等学校领导关系的决定》《高等学校暂行规程》《私立高等学校暂行管理办法》等。《政务院关于高等学校领导关系的决定》明确规定教育部负有领导全国大学的责任，"全国高等学校以由中央人民政府教育部统一领导为原则""中央人民政府教育部对全国高等学校（军事学校除外）均负有领导责任""凡中央教育部所颁布的关于全国高等教育方针、政策与制度，高等学校法规，关于教育原则方面的指示，以及对于高等学校的设置变更或停办，大学校长、专门学院院长及专科学校校长的任免，教师学生的待遇，经费开支的标准等决定，全国高等学校均应执行"。此外，还规定了"各大行政区人民政府或军政委员会教育部或文教部均有根据中央统一的方针政策，领导本区高等学校的责任"。《高等学校暂行规程》（教育部，1950 年）规定，"第三条 高等学校包括大学及专门学院两类。为适应国家建设的急需设立的专科学校，其规程另定之""第四条 大学及专门学院的设立与停办，由中央人民政府教育部报请中央人民政府政务院决定之""第五条 大学及专门学院设若干学系，其设立或变更由中央教育部决定之""大学如有必要，得设学院，其设立或变更，由中央教育部决定之"。

1953 年，全国高等学校院系调整后，除受政府直接领导外，又生长出一个以业务主管单位直线领导的关系。1953 年 10 月《政务院关于修订高等学校领导关系的决定》规定："中央人民政府高等教育部必须与中央人民政府各有关业务部门密切配合，有步骤地对全国高等学校实行统一与集中的领导。"以上两个法规明确了新中国高等教育管理体制的中央集权。这些决定是新中国政府制定的最早的关于高等教育管理体制的文件，体现了高等教育行政管理的中央集权特征（胡建华，2001：55）。新中国教育制度保证了国家对教育的直接管理和干预的合法性，教育成为国家的公共事物（石婷婷，2009）。政治权力对高校保持强劲态势

（别敦荣，1998）。高等学校内部领导体制在何时变化、发生什么变化以及如何变化，主要不是高等学校根据自身需要自发或主动的行为，而是由教育主管部门根据不同时期的政治形势和政治需要决定的（郑刚、孔晓东，2006）。行政系统就成为支撑高等学校的真正主体，高等学校在内部仿照政府机关管理模式，实行上令下行的行政管理方式。如新中国的大学体制改革中，取消大学中的"学院"，建立起"大学（学院）－系"的两级大学内部组织体制。这种"大区－省（市）－院校－系"的四级垂直行政机构，就在组织架构上为迅速实施院系调整方案确定行政主导框架（胡建华，2001：100）。

2. 接办、改造私立大学

1949 年，全国有大专院校 205 所，其中私立高校 61 所、教会大学 21 所，两者相加约占全部高校数量的 40%（余立，1994）。20 世纪 50 年代初期，大学改革在体制上的一个主要内容是实现私立大学的公立化。在私立高校中，一类是国人以私人、私人团体的身份创办的；另一类是外国传教士等外国人在中国境内创办的。对私立大学"除了极坏者应予取缔或接管外，一般应采取保护维持、加强领导、逐步改造的方针"，私人办的和教会办的私立高等学校"也都必须服从人民政府的法令，奉行新民主主义的教育政策"。为了加强对私立高等教育机构的管理，《私立高等学校暂行管理办法》规定：①私立高等学校的任务、学制、课程、教学以及行政组织必须根据《高等学校暂行规程》而定；②行政权、财权以及财产所有权必须由中国人掌管；③必须向政府登记注册；④校长由校董事会任命后，必须经大行政区教育部批准；⑤私立高等学校不得将宗教课程列为必修课，也不得强制学生参加宗教活动。1951 年底，所有教会大学都由政府接办。1952 年的院校调整中，私立院校基本上实现了公立化。当时，私立与公立院校调整的根本区别在于，前者取消校名，学校分解，所属院系分别调整到相关公立院校；后者则大多保留或更改校名，根据学校性质调整有关系科。院系调整后，存在半个世纪之久的私立高校消亡了，以单科性专门院校为主、单一的公有制高等教育体制形成了（石婷婷，2009）。

3. 加强党对高校的领导

加强党对高校的领导也是新中国高等教育管理体制的一个重要特征。

1950 年《高等教育学校暂行规程》规定高校实行"校长负责制"，在校长领导下设校务委员会。1958 年，中共中央、国务院《关于教育工作的指示》要求实行"党委领导下的校务委员会负责制"，强调集体领导，明确规定："一切教育行政机关和一切学校，应该受党委的领导；在一切高等学校中，应当实行学校党委领导下的校务委员会负责制……为了加强党在教育事业中的领导，各级党委要输送一批干部到教育机关和学校中去。"（中华人民共和国教育部办公厅，1959：6）1958 年，反"右派"斗争在全国轰轰烈烈地开展，党对教育工作的领导日益加强。下面以 A 省高等学校为例（《江西省教育志》编纂委员会，1996：397～398）：

> 1950 年 9 月，南昌大学成立"学习辅导委员会"，在院、系设政治辅导员，及时了解学生思想、生活情况。辅导委员会由校务委员会正副主任、各院院长、系主任、教务长、总务长、人事科长、辅导员、学生代表组成。1955 年前后，全省分别从省属组织、宣传、政治部门和工业部门调入一批同志，到高校担任系科的支部书记或负责团的工作，充实了学校的中层领导力量。1958 年 8 月，省委作出了《关于加强高等学校政治工作的决定》，要求各级党委加强对高校的领导，保证党的教育方针在高等学校的贯彻执行。系科设立党总支、支部，建立班主任或辅导员制度。
>
> 粉碎"江青反革命集团"后，省教育厅于 1980 年召开全省高等学校工作会议，强调加强学生的思想政治教育，要求建设好一支政治工作队伍，配备好政治辅导员和班主任，在党委领导下，宣传、教务、马列教研室，共青团、学生会等部门要发挥应有作用。为加强思想政治教育，大多数学校党委设立专职副书记主管学生思想政治学习和工作。一些学校成立了学生工作委员会，由党委分管书记负责，把学校党委宣传部、学生工作部、马列教研室、思想教研室、团委、学生会以及各系党团组织统一协调起来，恢复完善了党委领导学生思想政治教育的组织制度。各校重视专职政工队伍建设，按 100∶1 配备专职政治辅导员，颁布《政治辅导员工作条例》，完善了专兼职结合的辅导员制度。

三　分配体制的演变：科层化运作

国家为了实现对大学生统一分配上的总体性控制，除了对劳动力市场和高校组织进行改造外，对分配体制也进行了科层式的设计，从而提高统一分配的有效性。分配程序与形式上的变化（微调），说到底，只是一些技术性的改进，以提高国家进行劳动力资源配置的效率，其基本目的在于从技术层面确保和加强国家在大学毕业生分配中的主导地位。

1. 分配的管理机构组成及分工

大学毕业生分配制度属于人事制度的组成部分。中国人事制度习惯上仅指干部的管理制度而不包括工人的管理制度。新中国成立初期到1966 年 5 月"文化大革命"开始的 17 年间，从中央到地方，各级各部门都建立了人事管理机构，形成了吸收录用、调配任免、军队转业干部安置、大中专毕业生分配派遣，以及工资福利、退休退职等制度，制定了一些成文的人事法规，奠定了我国人事制度的基础。高校毕业生工作分配机构虽几经变动，但性质基本不变。①

从新中国成立至 20 世纪 80 年代中期，我国负责高校毕业生分配工作的国家主管机构基本上是由国家计划委员会、高教部、国家教委和劳动人事部共同负责的。大体而言，大学毕业生分配的管理体制是国家计划委员会负责制订高校毕业生的分配计划，教育部负责制订调配计划和毕业生分配后一年实习期内分配不当的调整，劳动人事部负责毕业生转正后对使用不当的调整和管理。奠定新中国教育制度之基的 1951 年《关于学制改革的决定》规定，"高等学校毕业生之工作由政府分配"。实际上，1950 年 6 月 22 日，中央人民政府政务院就已经发布通令：② 政府负

---

① 1950 年，政务院即责成中央人事部负责管理高等学校毕业生的分配工作，当时我在中央人事部参与了这项工作。负责这项工作的机构曾变动过多次：1954 年，中央人事部被撤销，这项工作经政务院同意移交高教部；不久，高教部与教育部合并为教育部；后又由于种种原因，由教育部移交国务院人事局、内务部，再后又转回教育部。而我一直随机构的变动参与了这项工作，但这个机构的工作性质始终未变（杨春茂，1997）。

② 即《关于全国公私立高等学校本年度暑期毕业生工作安排的通令》。是年，仍有学生在冬季毕业，直到高校开学全部改为 8 月（1950 年开始）或 9 月（1954 年开始）以后，暑期毕业的做法才成定局。

责安排高等学校毕业生的工作。为防止在分配中发生混乱偏枯等现象，特于 6 月 3 日成立"1950 年暑期高等学校毕业生工作分配委员会"，直接办理全国高等学校 1950 年暑期毕业学生工作分配事宜。当年，在暑期高等学校毕业生工作分配委员会领导下，全国高校毕业生分配计划以大行政区为单位。因毕业生在地理分布上极不均衡，特新增了部分调剂计划。1951 年、1952 年循例以大行政区为单位实施。但是到 1953 年，以大行政区为单位制订调配计划已不是主要方式，究其原因，并非大行政区的撤销，[①] 而是鉴于以往大行政区为单位制订具体的分配计划"浪费时间、人力和财力"，因此对进行毕业生统一分配的基本单位进行了改革，转变为由中央制订全国统一的毕业生分配计划（大塚丰，1998）。各省（区、市）的人事部门不再制订调配计划，而是由中央人事部制定总的分配方案，具体的分配计划由"对学生情况比较了解"的各个高等学校自行制订。

各有关部门分工如下：[②]

各大行政区人事局：
——负责布置并督促、检查本区各省（市）及各高等学校的调配、派遣工作，进行重点协助，贯彻中央统一分配方案；
——协助本区高等教育局、教育局进行对本区各高等学校毕业生的思想教育工作；
——负责制订本区照顾私营企业名额的调配计划。

各省（市）人事局（厅）：
——负责统一布置本省（市）各高等学校毕业生的调配、派遣工作及本省（市）各高等学校完成调配任务的调剂工作；
——负责指导本省（市）各高等学校对毕业生的调配、派遣工作，或直接负责进行调配、派遣工作；
——负责审查批准本省（市）各高等学校所拟订的调配计划，

---

① 直到 1954 年 6 月中央才撤销大行政区建制。
② 参阅中央人民政府政务院《关于 1953 年暑期全国高等学校毕业生统筹分配工作的指示》。

并负责介绍毕业生到所分配的工作岗位报到；

　　——应根据具体情况，协助本省（市）教育厅（局）及各高等学校进行对毕业生的思想教育工作。

　　各大区高等教育局、教育局及各省（市）教育厅（局）：

　　——负责布置并督促、检查本区各高等学校进行对毕业生的思想教育工作；各省（市）教育厅（局）的任务不作硬性规定，应视各省（市）不同情况，协助本省（市）各高等学校进行对毕业生的思想教育工作。

　　各高等学校：

　　——负责本校毕业生的服从统一分配的思想教育工作；

　　——根据高等学校的不同条件，负责毕业生的调配、派遣工作，或协助省（市）人事厅（局）进行毕业生的调配、派遣工作。

表 4 - 4　　全国毕业生统一分配工作计划制订机构沿革

时间	部门	
1950～1951 年	教育部、人事部	共同负责
1952 年	中央人事部、教育部、中央其他业务部门	协商制定
1953～1954 年	人事部	中央各行政部门协助
1955 年	高等教育部与其他各业务部门	协商制定
1956～1958 年	国家经济委员会负责制定分配草案	
1959 年以后	国家计划委员会	

资料来源：根据历年《高等学校毕业生统筹分配工作的指示》整理而成。

表 4 - 5　　1949～1985 年 A 省大中专毕业生分配工作机构沿革

时间	主管部门	办事机构
1949～1951 年	A 省民政厅	人事处
1952～1954 年	A 省人事厅	干部二科
1955～1959 年	A 省教育厅	
1960～1965 年	A 省人民委员会人事局	干部二处

续表

时间	主管部门	办事机构
1972～1975 年	A 省革委政治部	组织部
1976～1979 年	中共 A 省委组织部	人事处
1980～1982 年	A 省人事局	干部三处
1983 年	A 省劳动人事厅	干部处
1984～1985 年	A 省教育厅/江西省教育委员会	高等院校毕业生分配办公室 中等专业学校毕业生分配办公室

资料来源：A 省人事志编纂委员会，1993：125。

2. 大学毕业生分配模式

1962 年，周恩来总理在总结新中国成立 12 年来毕业生分配情况时指出：教育部门不但应该负责培养，还应该负责毕业生调配，并且负责向计委提供毕业生情况，协同做好毕业分配计划，并建议将内务部负责高等学校毕业生调配工作的人员全部调给教育部，以便进行工作调配。4月 27 日，中共中央批转了这一"意见"，并同意周恩来提出的成立以习仲勋为首的分配委员会负责 1962 年高等学校毕业生分配等工作，成立以聂荣臻为首的专门小组负责审查、拟定各方面录用毕业生的政治标准（樊钉，2004）。从 1964 年起，内务部重新参与毕业生分配工作，形成"两家"共管格局。直到"文革"开始前，负责和参与高等学校毕业生分配工作的部门先后有政务院、教育部、内务部。这一时期，大学毕业生工作的行政安置程序是：由政务院批准下达由毕业生分配主管部门编制的全国高校毕业生分配计划，中央各部门、各省（区、市）按照国家下达的计划层层分解，直到具体的学校和用人单位。学校根据分配计划派遣毕业生，用人单位按计划接收毕业生；毕业生本人凭分配通知到用人单位报到（见图 4-1）（杨伟国，2007b）。

3. 分配程序与步骤

经过这一系列的变化，大学毕业生统一分配形成了固定而系统的运作程序，包括计划、调配、派遣和接收四方面。

第一，计划。每年 2～3 月，各高校编制毕业生的相关数据等基本材料并报教育部（高教部）。国家将毕业生的数字分配给接收单位。

第二，调配。各级教育行政部门充当调配部门，并负责编制调配计

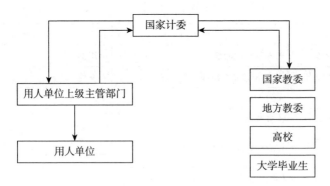

图 4 - 1　"统包统配"的大学生就业模式

划，调配计划以指令性计划下达给高校，对学生保密。各省（区、市）组织包括教育管理部门和高校在内的相关干部进行学习，调整和加强组织机构；对学生全部情况尤其是思想情况和具体问题基本已经掌握时，各高校随即展开统一分配的思想教育工作。

高校方面成立统一分配办公室。一般 6 月下旬在党委统一领导下，以人事、保卫部门为主组成统配办公室（组），对毕业生政治、思想、业务及各种困难等情况展开全面审查。至 6 月底 7 月初，正式进入高校和系（科）的统一分配阶段，这是最复杂和关键的工作，一般又分以下步骤（李朝军，2007）。

（一）毕业生思想总结。

（二）系总支书记一般要做统一分配的动员报告，主题是讲时事政治、形势任务以及统一分配的方针政策等，一般都具有针对性。如 1958 年讲基层工作的必要性；1960 年讲解放军建设中科学技术文化的重要性，为分配打下伏笔。

（三）个人的思想总结到各小组报告，小组作出评议、结论。一般而言，七八人为一小组。

（四）公布国家下达的初步分配方案，包括人员的总体去向、人数等，但还没有具体的人员搭配名单（一般而言，这时系里已有初步的人员搭配名单，但不公开），要求毕业生选择去向。

（五）具体搭配。到 7 月底大体结束。个人的选择与组织的预案一致的基本就确定下来，不一致的则重新搭配。具体操作中，决定性权力在系总支，虽然方案报学校及更高机构，但学校不了解具体的情况，一般不干预具体工作。

（六）公布名单。公布每个学生的具体去向及工作性质。一般先在党团内部公布，求得保证，再向外酝酿和正式宣布分配名单。名单公布后一般不调整，以免造成被动混乱。

第三，派遣。高校是派遣毕业生的部门，负责将调配计划中的数字落实。

第四，接收。接收单位一般是用人单位的主管部门。接收单位的业务是将毕业生进行二次至三次再分配，直至分到工作岗位。省（区、市）教育行政部门、业务厅（局）、市地人事部门，均可能是接收单位。

第二节　重建就业市场的组织进路（1985～2000 年）

新中国成立之初，劳动力市场的解体是统一分配制度的组织基础。在改革开放年代，要实现大学生就业的市场化，就必须让劳动力市场重生。而在没有市场的传统再分配体制下要实现市场的重生，必须依靠政府的力量使市场各主体重生与归位。因此，在国家的渐进努力下，大学生就业市场中的用人单位、高等学校、大学生都逐渐被赋予权利和能力，大学生就业市场上的主体逐渐归位。

一　向用人单位放权

1. 用人单位逐渐增权

1979 年 12 月 3 日形成的《关于经济体制改革总体设想的初步意见》结束了过去历次体制变动在中央与地方关系上兜圈子、在行政管理办法上动脑筋的做法，提出把企业从行政机构的附属物改为相对独立的商品生产者，在国家统一领导下扩大企业经营管理自主权。党的十一届三中全会以后，我国再次启动企业改革，以国有企业为主体，以放权让利为主要内容，逐渐引入市场机制在资源配置中的调节作用。

1978 年，重庆钢铁公司等六家四川省地方国营工业企业率先进行"扩大企业自主权"试点。在此基础上，经过反复酝酿和讨论，制定了

《四川省关于扩大企业自主权，加快生产建设步伐的试点意见》（以下简称"十四条"改革意见），核心内容是"放权让利"，其中包括企业可以自由向社会招收工人，推行劳动合同制。后来，扩大企业自主权改革在全国推行。1984 年 5 月，国务院发布《关于进一步扩大国营工业企业自主权的暂行规定》，进一步赋予企业在人事劳动管理、工资奖金等方面更大的自主权。1988 年，全民所有制的工业企业都实行了厂长负责制。1988 年 5 月，中央组织部、人事部制定了《关于全民所有制工业企业引入竞争机制改革人事制度的若干意见》，规定企业有聘任权和解聘权，个人有被聘权和辞聘权。同时，随着国家机关公务员考核录用制的实施，机关、事业单位也逐步具备用人自主权。相应地，1983 年教育部文件明确规定用人单位要考察试用毕业生。毕业生分配后，实行见习试用期一年的制度。在见习试用期内，如发现不能结合专业或不能胜任现职工作的，主管部门应根据需要予以调整，地方人事部门应积极协助。对表现不好的毕业生，可以延长见习试用期；对个别表现特别不好的毕业生，按隶属关系分别报省（区、市）人民政府或主管部门批准后，可以辞退，让其自谋职业。

20 世纪 80 年代中期，中国开始试行劳动合同制度。官方目标已经从追求"社会主义的全民就业"转变为"同时考虑经济效率和社会稳定"。1983 年，一些地区开始试验签订"劳动合同"；1986 年，通过颁布《国营企业实行劳动合同制暂行规定》，将"劳动合同"推广到全国。为建立起与社会主义市场经济体制相适应的新型劳动用工制度，1994 年第八届全国人民代表大会常务委员会通过了《中华人民共和国劳动法》，正式确立了劳动合同制度，从法律上改变了以往用工依靠行政手段分配、管理体制，使劳动关系双方真正成为平等的主体，为培育和发展劳动力市场创造条件。总之，随着企业、机关、事业单位用人自主权的确立以及人才流动权限的增大，在全社会范围内就业导致权力分散在每一个具体的单位，政府不再具有将毕业生强制分配到某一企事业单位的权力，大学毕业生和其他职工也拥有了自主择业的权利。

2. 毕业生分配被退回

1987 年夏秋之交，全国 36 万名大学毕业生，按照供需见面的新方式，由国家分配到四化建设的第一线。随着企业用人权的增强，在 80 年代初被称为"天之骄子"的大学生在 1987 年首次遭遇分配被退回的"寒潮"。

国家教委等单位共派出 4 个调查组，分赴上海、江苏、广东、湖北、辽宁、陕西、四川等省市调查。在北京，还特地邀请部分高等学校、中央有关部委的同志举行了座谈。在这次调查中发现，北京市对拒收女大学生的现象反应最强烈。其实，在用人单位退回的 650 多名大学毕业生中，明确提出不要女生的，只占 19%。成都科技大学被退回 21 名学生，女生是 6 名。据调查，这年毕业的大学生首次分配被退回的数字，尽管在毕业生总数中占的比例很小，但比往年突出，不光北京，其他地方也有，如上海，退 252 人，江苏退 198 人；一些名震全国、名震一方的大学，也都遇到了退生问题：北京大学 58 人，中国人民大学 50 人，复旦大学 62 人。此外如天津大学、南京大学、山东大学、武汉大学、四川大学等等，都有毕业生被退回。

对此，有相当数量的用人单位认为，"不能带来明显的效率和利益，分来的大学生我们不欢迎"。详细的理由可以摆出好几条。一曰：我有用人自主权，分不分在你，要不要在我。二曰：编制紧，工资总额有限，单位里没大用的人出不去，新分来大学生虽想安排，但爱莫能助。三曰：分配环节还不完善，有扯皮现象。调查中发现，有些学生的分配，学校和主管部门联系好了，用人单位不知道，不接收；学校和用人单位联系好了，主管部门不知道，没法接收；有的学生来报到了，分配指标还在公文袋里旅行；也有的单位，在分配季节四处联系要人，等到各地的大学生都来报到了，它无法全部接收，只好把先来的留下，后来的劝走。（周庆，1987）

记者在文末强调："国家正在用人之秋。说有些地方人才积压、饱和，也是相对而言。在全国，大学毕业生不是太多了，而是太少了，就是今年退生最多的北京市，其退生比例也不过占分配总数的 2% 多一点，许多省（区、市），只占到百分之零点几。目前，这些首次分配被退回学校的学生，绝大多数已（被）改派到新的工作岗位上，只把他们那一小段曲折，留给人们去思考。"记者最后一段话虽然强调那只是一小段曲折，国家并不会把毕业生的工作问题置之不理，也许旨在安慰和稳定当时大学生的情绪，以免造成不必要的恐慌。这则报道类似于1985年时任教育部部长何东昌因某些单位拒收女大学生的现象而呼吁"拒收女大学生的现象应当改变"①"全社会都来关心女大学生分配"②。这些报道表明，企业等用人单位的自主权正在增强。

二　发展多种所有制经济

从20世纪50年代"三大改造"完成之后，中国在相当长一段时间内是单一的公有制经济。1957年，大陆的工业生产总额中只有0.1%属于私营经济，又经过"文革"，私营经济在中国大陆已经绝迹（马立诚、凌志军，1998）。直到1978年我国的经济结构几乎只有全民所有制和集体所有制这两种形式，这两种公有制经济的职工加起来占社会劳动者总数的99.96%（袁方等，1998：344），改革开放前，全国只留下个体经营户14万户，从业人员15万人。③党的十一届三中全会以来，为了迅速发展社会主义各项建设事业，依据生产关系必须与生产力性质相适应的规律要求，在以国营经济为主体并占绝对优势的前提下，坚持发展多种经济成分和多种经营方式，实行国家、集体、个人一起上的方针，以尽快实现国家的繁荣和人民的富裕（甘民重，1985）。

1. 广开门路，解决青年失业问题

据统计，截至1979年上半年，全国需要安排就业的人数高达2000多万人，其中大专院校、技校毕业生和家居城市的复员转业军人105万人，按政策留城的知识青年320万人，插队返城知青700万人，城镇闲散劳动力230万人（中共中央整党工作指导委员会编，1983：29）。如何增加劳动就业岗位，成为党和政府最紧迫的问题。可以说，改革开放之初发展多种经济成分的一个非常重要的动因，即为解决上千万人的就业问题而广开门路（张卓元，2018）。改革开放之初，对劳动力市场高度垄

---

① 《拒收女大学生的现象应当改变》，《中国妇女报》1985年2月27日，第5版。
② 《何东昌发表谈话呼吁 全社会都来关心女大学生分配》，《人民日报》1985年6月5日，第3版。
③ 《〈中共中央关于完善社会主义市场经济体制若干问题的决定〉辅导读本》，人民出版社，2003，第39页。

断的做法甚至引起了《人民日报》（1980 年 8 月 13 日社论《解决劳动就业问题的根本途径》）的反思：

> 这样，劳动就业的许多门路就被堵死了，剩下的只有国营企业和带有国营性质的"集体"企业，而国营经济又由国家一统到底，城镇劳动力只能由国家包下来统一分配，造成待业人员对国家的依赖，失去了自愿组织起来就业和自谋职业的可能性和积极性。

据国家工商行政管理局的一位干部估计，如果坚持公有经济一统天下之初衷，则须由国家每年至少拿出 400 多亿元的投资来解决失业的问题，为国家财政所不能负担（马立诚、凌志军，1998）。萨宾（Sabin，1994）讨论了就业政策转型特别是转向非国有部门就业的政策要求。当时的举措是为了解决一般性的青年就业问题，但多种所有制经济形式的发展及随之形成的多元化用人主体为后续大学生就业的市场化改革提供了经济和组织基础。

"文革"结束之后，大批知青返城。1979 年 2 月，国家工商行政管理局召开了"文革"结束后的第一次工商行政管理局长会议，提出："各地可以根据当地市场需要，在取得有关业务主管部门同意后批准一些有正式户口的闲散劳动力从事修理、服务和手工业者个体劳动，但不准雇工。"（黄孟复主编，2010：176）会议报告经党中央、国务院的批准向各地转发。这是党的十一届三中全会以后经中央批准的第一个关于允许个体经济发展的报告。虽设置各种限制，但重要的是对个体经济的发展放开了"禁区"。随着党的十一届三中全会以后商品经济的初步发展，兼业户、专业户、小商店、小作坊、家庭工厂乃至私营企业开始大量涌现。在各地个体私营经济快速发展的形势下，1980 年 8 月，中共中央转发全国劳动就业会议文件，提出在国家统筹规划和指导下，实行劳动部门介绍、自愿组织起来和自谋职业相结合的方针，将发展个体经济作为解决就业的重要途径，提出"鼓励和扶植城镇个体经济的发展"。1981 年，党的十一届六中全会后，关于个体雇工的政策也进一步放宽。同年 10 月 17 日，中共中央、国务院发布的《关于广开门路，搞活经济，解决城镇就业问题的若干决定》指出，必须着重开辟在集体经济和个体经济中的就业渠道。

2. 私营经济合法化，为大学生市场化就业提供渠道

1982 年 9 月，党的十二大报告《全面开创社会主义现代化建设的新局面》明确写下了"计划经济为主、市场调节为辅"的经济管理原则，指出："正确贯彻计划经济为主、市场调节为辅的原则，是经济体制改革中的一个根本性的问题。""市场"二字登上大雅之堂，虽然更进了一步，但还是没有承认商品经济。1984 年党的十二届三中全会提出实行"有计划的商品经济"，实现了社会主义经济理论的突破，《中共中央关于经济体制改革的决定》特别强调个体经济的作用，指出：个体经济对于发展社会生产、方便人民生活、扩大劳动就业具有不可替代的作用。"为城市和乡镇集体经济和个体经济的发展……给予法律保护。"1987 年党的十三大回答了当时社会上最为关注的是否允许私营企业存在和发展的问题，提出"实践证明，私营经济一定程度的发展，有利于促进生产，活跃市场，扩大就业"，指出个体私营经济"不是发展得多了，而是还不够"（中共中央文献研究室，1988：1237）。个体经济一发展，私营经济必然接踵而来。私营经济的发展自 20 世纪 80 年代以来有过两次高潮。第一次出现在 1988 年。1987 年夏季，中央政府颁发的《国务院关于鼓励支持和引导个体私营等非公有制经济发展的若干意见》是中国共产党执政以来第一次以中央政府名义颁发的促进非公有制经济发展的文件。1988 年 4 月，第七届全国人民代表大会第一次会议通过的《中华人民共和国宪法修正案》规定："私营经济是社会主义公有制经济的补充。国家保护私营经济的合法的权利和利益，对私营经济实行引导、监督和管理。"（中共中央文献研究室，1993：216）同年，各地工商行政管理机构开始办理私营企业的注册登记，中国私营企业可以名正言顺地发展了。到今天，人们仍然认为，1988 年是私营经济的黄金之年。这一年的年底，中国大陆已有 1000 多万家个体企业和 20 万家私营企业，雇用的工人总计 2480 万人（武力，2010：801）。

1992 年，私营企业再一次出现转机。邓小平发表南方谈话后，市场经济终于在理论上占据主导地位。党的十四大报告第一次郑重提出建立社会主义市场经济体制。一些省（区、市）陆续出台了鼓励私营企业发展的政策法规。第二年即 1993 年，私营企业的数量迅速超过 1988 年的

数量，达 23.7 万家，1994 年增加至 43.2 万家。至于私营企业的注册资金，在 1989 年和 1990 年几乎没有增加，从 1991 年到 1995 年增加了大约 20 倍，为 2400 多亿元。1995 年 12 月，国家工商行政管理总局列出中国 30 家最大的私营企业，年销售收入全部超过 1 亿元，其中位居第一的希望集团年销售收入 16 亿元。到了 1995 年春夏之交，分布在中国大陆的个体工商企业已有 2400 万家，有 4300 万雇员在这里工作。此外，还有至少 700 万人受雇于大约 60 万家私营企业的老板（马立诚、凌志军，1998）。据统计，2000 年底，我国非公有制企业中管理人才与专业技术人才总量已达 848.6 万人，比 1978 年人才总数增加 56.6 倍。1994～2003 年，非国有单位专业技术人员从 115.8 万人增加至 494.3 万人，占全国专业技术人员的比例从 4.2% 上升到 15.1%。中共十五大报告进一步阐述了新的所有制结构，以公有制为主体、多种所有制经济共同发展的格局已基本形成（朱剑红，1998）。

多种经济成分的形成为大学生的市场化就业提供了渠道。20 世纪 90 年代以来，个体私营经济发展成为新增的就业主渠道。1992～2000 年，个体私营企业年均净增 600 万个工作岗位，提供的就业岗位占全社会新增就业岗位的 3/4。[①]

三 对高校扩权

1. 扩大高校分配自主权

新中国成立以来即实行单位制的社会管理制度。国有企业是单位，高校也是事业单位。虽然早在 1979 年复旦大学校长及其他学者呼吁下放高校办学自主权，但高等教育制度的改革是一个渐进的、自上而下的变迁过程。"85 决定"第一次在国家政策文本中分析了制约我国高等教育发展最大的弊端就是管理体制僵化和呆板，并提出改革大学生招生计划制度和毕业生分配制度，使高校具有主动适应经济和社会发展的积极性和能力。

1983 年 7 月 14 日，国务院批转国家计委、教育部、劳动人事部

---

① 《〈中共中央关于完善社会主义市场经济体制若干问题的决定〉辅导读本》，人民出版社，2003，第 45 页。

《关于1983年全国毕业研究生和高等学校毕业生分配问题的报告》，该报告赋予学校在毕业生分配中的某些权限，如：

1. 毕业生分配计划建议权。各主管部门在拟订分配计划时，充分听取学校的意见，或者先由学校提出分配建议，以此为基础，制订分配计划。

2. 毕业生分配名单决定权。原由地方政府负责的毕业生分配名单审批权，交由学校负责，遗留问题也由学校处理。

3. 分配不当者的调整权。在分配工作后的半年内，如发现分配不当者，学校有权收回，重新分配工作。

4. 20%左右的分配权或建议权。在制订分配计划时，留出20%左右的机动数，由学校与用人单位直接联系分配。

1983年，《人民日报》报道了上海市对高校毕业生分配工作实行如下改革：[①]

扩大学校分配自主权，实行学校分配责任制。根据国家分配计划，高校可向主管部门提出毕业生分配和使用的建议。有关部门把分配、派遣方案审批权下放给学校，由学校领导集体审定。分配遗留问题也由学校负责处理。

发挥用人部门的主动性、积极性。用人部门可向学校提出用人的条件和要求，对接受的毕业生进行适当考查、实行见习试用一年的办法。

在强调毕业生负有服从国家统一分配的责任的基础上，在计划范围内给予毕业生一定的选择自由，优秀毕业生拥有更大的选择自由。

部分专业的毕业生直接分配给重要部门和重点单位，相对集中使用。重点保证海上石油、电站成套设备等能源部门对毕业生的需要，拟将机电等专业的理工科毕业生直接分配给他们，把法律专业毕业生集中分配给公安、司法、检察系统。

---

① 《供需见面 学用一致 上海改革高校毕业生分配工作》，《人民日报》1983年7月5日，第3版。

2. 改革编制分配计划方法

改革编制分配计划方法也是国家向高校放权的重要举措。1985 年以来,国家教委直属学校自行联系分配的比例,一般为可分配的毕业生人数的 20% ~ 30%,部门、地方院校多则 70%,少则 10% ~ 15%。从 1986 年起,由国家计委主管的编制毕业生计划的工作交由教育部主管,试图解决招生、人才培养和分配工作脱节等问题。1986 年 3 月 15 日,国务院批转的国家教委《关于改进 1986 年高等学校毕业生分配工作的报告》提出,对于国家教委直属院校毕业生,拟采取上下结合的办法制订分配计划,具体做法是:按照可分配毕业生人数的 80%,先由国家教委根据有关的方针、原则及各方面的需要情况,自上而下提出分部门、分地区的切块计划(只列到学校)。在这个计划指导下,由学校参照用人部门和地方提供的需要情况,结合专业使用方向及毕业生具体情况,与部门、地区及用人单位协商,通过供需见面办法,提出分专业、分单位的调配方案。部门、地方可提出一定比例的重点单位,要求学校优先配备。根据优才优用、人尽其才的原则,在落实调配计划过程中,学校可以对切块计划进行调整,但须经国家教委同意。其余的可分配毕业生人数的 20%,由学校自下而上提出分配计划。上述两部分,经国家教委审定后,编制统一的毕业生分配计划下达执行。自此以后,许多其他部门所属院校及地方院校也实行了这种办法。

3. 高校"法人地位"的逐步确立

"93 纲要"是教育领域的一项标志性法规,提出要"逐步确立高等学校的法人地位",面向社会自主办学,促进高等学校建立起主动适应经济社会的自我发展、自我约束的运行机制。对高等教育计划体制,"93 纲要"具体提出三大改革:一是改变政府包揽办学的格局,逐步建立以政府办学为主体、社会各界共同办学的体制;二是逐步建立政府宏观调控、学校面向社会自主办学的体制;三是改革高等学校的招生和毕业生就业制度。1997 年,全国本科学生全部实行了缴费上学和毕业生自主择业的新制度,但是其他两项制度的推进一直进展缓慢。"高等学校的法人地位"一说在 1998 年《中华人民共和国高等教育法》中得到确认。

4. 高校收费制度的确立

尽管改革开放以后政府一直坚持教育优先的发展战略,但是公共教育经费占国民经济的比重长期不能达到 4% 的目标，甚至总体呈下降趋势，1995 年和 1996 年低至 2.5%（王蓉等，2003）。同时，高等教育规模却在持续扩张，70 年代末期普通高等学校在校生数不到 100 万人，80年代末则超过 200 万人，经 1989 年至 1991 年短暂的稳定之后，持续发展至 1996 年的 302 万人（陈晓宇，2003）。

80 年代以前，高等教育经费几乎全部来自国家财政拨款。高等学校不仅不收学费，还拨出相当资金和事业费用于补贴和支付学生生活方面的开支，约占高等院校经常性费用开支总额的 20%（闵维方、陈晓宇，1994）。高等教育规模不断扩张以及财政约束导致当时高等教育经费投入严重紧缺。1978 年以来，中国财政收入的增速与国民经济发展步调并不一致。90 年代中期以前的财政"承包制"背景下，中央向地方放权，财政收入占国内生产总值的比重，1978 年为 31.2%，1995 年则下降到 10.67%。政府财力虽因 1994 年分税制改革而初步回升，然而到 2000 年财政收入占国内生产总值的比重也只恢复到 15% 左右（刘溶沧、马珺，2000）。

西方学者 1984 年提出的"谁受益谁付款"理论被引入中国，高校广辟各种经费来源（陈良焜，1994）。学费逐渐成为继财政预算内教育经费之后最重要的教育经费来源，高等教育阶段更加突出（陈晓宇，2003）。从国家政策层面来看，1985 年允许高等学校"可以在计划外招收少量的自费生"。1989 年"中期方案"标志着普通高等学校招生与毕业生分配就业制度正式进入"公费生"和"自费生"的"双轨"体制。同年，国家教委等三部委联合发出《关于普通高等学校收取学杂费和住宿费的规定》，肯定了成本分担和成本补偿制度，全国大部分高校开始收取每年 100～300 元的学费。从 1992 年开始在较大范围推行招生收费制度改革，自费生比例早已突破 15% 的国家规定，1993 年"自费生""委培生"的比例达 40%，有些省（市、区）甚至高达 50% 以上。学费水平也逐年提高。为此，国家教委提出了逐步实行公费、自费并轨的思路。1993 年，上海外国语大学和东南大学作为收费并轨试点院校，此后试点逐步扩大。那时的收费标准虽然比较低，但从客观上推进了成本分担程度的提高（蔡克勇，2009）。到 1997 年，全国高校普遍"并轨"，收费制度全面实行。

1990～2001 年，普通高等学校经费来源基本构成要素最显著的特点是：长期期盼的经费渠道多元化的局面并未出现，而是呈现二元化的格局（见图4－2）。财政性教育经费所占的比重逐年下降，从1990年的83.5%下降到2001年的55%，学校事业收入从1990年的2.8%上升到2001年的38%，其中学费、杂费从0.5%上升到24.7%（郭海，2004）。收费制度的引入或收费水平的提高客观上增强了学生和学校的成本意识，加强了学生和学校之间的服务－消费关系，促进了高校管理体制效率的改进；学校在社会、学生的压力下进行专业设置、课程和教学方面的改革，学生则提高了教育选择的理性化和学习努力程度。

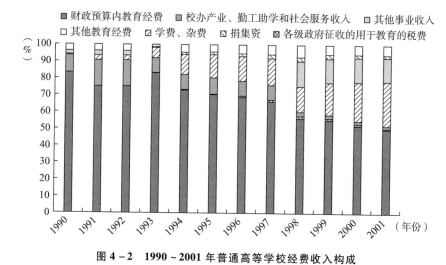

图4－2　1990～2001年普通高等学校经费收入构成

资料来源：《中国教育经费统计资料》，1991～1994年；《中国教育经费统计年鉴》，1996～2002年。

四　就业指导与服务机构的建立

1. 高校就业指导机构的建立

新中国成立后，国家长期对劳动力就业进行计划安排、统一分配。①

---

① 实际上，新中国成立以来，自发形成的劳动力市场如保姆市场、木匠市场等长期存在，只是一直以"劳务市场""劳动市场"代替"劳动力市场"的概念。"劳务市场"甚至成为1985年以来的官方通称，被解释成社会主义有计划商品经济条件下劳动者彼此交换流动形态的劳动服务场所。而"劳动市场"被认为是活劳动市场，社会主义初级阶段进行交换让渡的是活劳动而不是人。这两个概念都不能准确地反映客观存在的具有劳动能力的个人与使用劳动能力的主体之间的特殊交换关系。

就业指导既没有存在的必要，也没有生存的社会环境，一度被思想教育取代。改革开放以后，经济体制逐步趋向灵活开放，所有制结构的调整、用工制度的改革以及人才市场的重现，促使大学生的就业指导工作越来越受重视。国家教委也建议各地区、各部门、各高等学校结合实际调整机构，适当充实加强毕业生工作机构。① 在大学毕业生分配改革中，指令性计划的逐步取消、学校责任的加重既要允许学生选择用人单位，又要允许用人单位择优录用学生，还要满足国家提出的照顾重点部门和对跨地区就业的名额限制，没有一定的措施就很难兼顾这三方面利益。因此，发挥学校对毕业生就业的主导作用就显得特别重要。全国高校中第一个就业指导中心是 1985 年 8 月由清华大学在其毕业分配办的基础上成立的。1986 年，深圳大学成立大学生就业指导中心。此后相继有不少大学开展职业指导工作，与毕业生的分配工作相结合，被纳入学校行政工作。此时，高校的学生就业指导中心被称为"在学生、学校、社会之间架起桥梁"。

指导就业：外企争夺人才　学校动员选择国企

1985 年 8 月，清华在毕业分配办的基础上，成立了全国高校第一个就业指导中心。此后每年 4 月，清华都要举行大规模的供需见面会。这种形式随后在各地开花，成为高校毕业生找工作的主要渠道之一。同年，北京 161 中学的学生孙娟正准备高考。她入学两年后，1988 年 2 月，国家教委在分配改革的文件中提出了双向选择，学生有了自我选择的权利。孙娟因此成了最早一批有自我选择工作机会的毕业生。"如何选择？"这成了学生有选择自由后的第一个问题。

"那时的毕业生不是为找不到工作发愁，而是为在不同的机会中做选择发愁"，王筱颖回忆，当时清华毕业生的供给与需求的比例至少在 1∶5。就业指导中心在负责分配的同时，还肩负为毕业生答疑解惑的任务，那时候王筱颖一个学期至少要做十几场就业讲座。

---

① 参阅国务院批转国家教育委员会《关于改进一九八六年高等学校毕业生分配工作报告的通知》。

此后，又有了新问题，宝洁等外企加入人才市场，开出薪水很高，对国企等"重点保障的用人单位"造成冲击，因此，指导中心还要动员学生在就业选择时作出利于国家的决定。但确实很困难，王筱颖说，有老师曾经这样感慨，有什么办法说服学生不做月薪5000元的工作，而做500块的工作？

为了指导学生就业，清华大学出版社出版了《高校毕业生就业指南》，这也是全国最早的指导大学生就业的书籍，清华的学生还办起了就业指导报。[①]

2. 人才交流中心的建立

随着社会主义商品经济的发展，劳动制度和人事制度顺理成章地进行改革，市场配置人才资源的需求愈发强烈。1984年6月6日，由劳动人事部组织的第一个全国性的人才交流服务机构——全国人才交流中心在京开业。到1984年底，大部分省（区、市）成立了人才流动服务机构。青岛市人才交流服务中心主任董立勤如是说："80年代初的人才中心由政府建立，事业编制，行政色彩很浓。人事部门实际是把它作为内部部门来管理，行使的很多是政府的行政职能。人才服务方面，主要是管体制外那部分人的档案、调配手续等。"（何宪，1999）

真正的人才市场概念是从80年代末开始出现的。邓小平发表南方谈话后，人事部门展开思想解放运动，重新认识人才市场的性质、地位和作用。1993年11月，党的十四届三中全会通过的《中共中央关于建立社会主义市场经济体制若干问题的决定》提出了社会主义市场经济的基本框架，指出当前培育市场体系的重点是发展金融市场、劳动力市场、房地产市场、技术市场和信息市场等。"劳动力市场"概念出现在高规格的官方正式文件中，并且劳动力市场成为重点培育的市场体系之一。至此，劳动力市场在中国内地获得了合法地位，发展劳动力市场成为深化改革的重要内容。

3. 政府建立毕业生就业指导机构

除了高校层面成立就业指导机构外，国家层面也积极成立就业指导

---

① 《在学生、学校、社会之间架起桥梁　复旦大学成立学生就业指导中心》，《人民日报》1988年4月24日，第3版。

机构。1989 年的"中期方案"号召各地和高校逐步建立相应的毕业生就业指导机构。国家教委于 1989 年 4 月开始筹建的全国高等学校毕业生就业指导中心，经国务院主管部门批准于 1991 年 2 月正式办公，作为国家教委直属事业单位，在业务上接受高校学生司的指导，下设办公室、就业指导处、信息服务处、《毕业生就业指导》报编辑部四个处级机构。其主要职责任务是：宣传贯彻国家有关高校毕业生分配、就业的方针、政策和法令；开展毕业生就业指导和毕业教育工作；组织交流毕业生供需信息，指导招聘录用工作；培训毕业生分配和就业指导工作人员；开展毕业生就业科学研究、经验交流和咨询服务工作；调查研究毕业生就业情况和问题，为有关部门和高等学校提供反馈信息。①

1993 年，国家教委发文要求各高校成立毕业生就业指导机构，就业指导部门由行政角色转向服务角色。"各级主管毕业生就业部门要转变职能、加强服务，逐步建立适应社会主义市场经济的毕业生就业服务体系。按照国务院国发〔1989〕19 号文件的要求，已成立毕业生就业指导机构的各地方、国务院有关部委和高等学校，要积极开展工作。尚未成立毕业生就业指导机构的地方、国务院有关部委和高等学校，要尽快建立，并逐步形成以各级毕业生就业指导机构为网络的毕业生就业服务体系，为毕业生择业提供信息、咨询、指导等服务。"② 1998 年，国家教委文件明确规定：

> 加强毕业生就业机构和队伍建设。各主管毕业生调配部门和高等学校要主动适应市场经济的要求，尽快建立毕业生就业指导机构，要在人员编制、经费投入、设备配置和干部配备等方面给予充分保证，不断提高干部队伍素质和就业工作质量，推动毕业生就业工作健康发展。③

除了高校就业指导机构的完善外，高校毕业生就业市场的开张势所必

---

① 参阅《国家教委办公厅关于全国高等学校毕业生就业指导中心正式对外办公的通知》（1991 年 4 月 29 日）。
② 参阅《国家教委关于做好 1994 年全国普通高等学校毕业生就业工作的通知》。
③ 参阅《国家教育委员会关于做好 1998 年普通高校毕业生就业工作的通知》。

然，成为全国劳动力市场的重要组成部分。1995年《人民日报》报道，1月8日全国首家高校毕业生就业市场在上海开张（郭礼华、平辉，1995）。

第三节　自主择业制度中的组织秩序（2000～2015年）

20世纪90年代中后期，市场化改革使新中国成立后延续了几十年的短缺经济基本结束（林毅夫、蔡昉、李周，1994）。总体而言，卖方市场开始向买方市场转变（武力，2010），此时的高校毕业生市场也不例外。这一形势表明，无论是从市场供求角度还是从国家放权的角度来看，用人单位都已获得了就业市场上的用人决定权。国家政策力推服务转向。本节限于篇幅及相应的逻辑调整，高校单位制延续部分的内容放到行动策略中论述。

一　用人单位的自主性彰显

1. 工作岗位的体制外供给

改革开放以来，非国有机构重新获得了合法性。改革开放后的就业岗位主要是在体制外产生的，传统公有制单位的就业岗位则呈线性下降趋势（石秀印，2010）。《中国教育年鉴（2003）》显示，2002年我国高校毕业生就业已形成事业单位、国有企业和民营三资企业"三分天下"的格局，到民营、三资企业的约占已就业毕业生总数的30%。2004～2008年的官方数据表明，在事业单位和机关就业的比例逐年下降，其中，事业单位就业比例由2004年的23.8%下降到2008年的11.4%，机关就业比例从2004年的3.0%下降到2008年的1.5%（全国高等学校学生信息咨询与就业指导中心、北京大学教育学院，2009）。本研究从获取的2008～2011年A省高校毕业生就业新闻通稿推算出，近年来，高校毕业生初次就业率中常规就业率均不足15%，也就是说，85%以上的高校毕业生（含离校前和离校后）必须面向体制外单位寻找就业岗位。

相比于国有单位，作为生产工作岗位的支配者角色的体制外单位，更突出地表现出市场主体特性，更不受国家力量以及上级部门的制约。因此，其在人才招录时表现的行动策略与用人理念，更能体现出市场化特色。因此，本章重在考察体制外用人单位的雇工策略。

2. 企业招录员工的"实用主义"取向

（1）能力至上。在国家包分配的年代，国家力量和自身的先赋因素在工作分配中起主导作用，大学生本人不必考虑找工作的问题，一旦取得大学生身份就基本上取得了"铁饭碗"，具备了国家干部身份，大学生也属于天之骄子，"皇帝的女儿不愁嫁"。市场转型后，大学毕业生主要从体制外单位获得工作岗位，这些机构具有相当的用人自主权，对于就业岗位的配置以市场机制为主。笔者发现，雇主作为大学毕业生劳动力的吸纳者，他们在招录员工时更看重的是毕业生的能力或培养潜质、①是否符合企业文化要求、能否给企业带来效益，而不是看重其学习成绩等。初入田野时看到的一幕让笔者印象深刻。

> 周六，A省高校毕业生招聘专场会。现场有五家公司，其中景德镇德彩陶瓷有限责任公司瞬间吸引了我，因为这家公司的展牌上有一句醒目的话（公司只赛马不相马!）。这句话加了括号，且用了红色字体。公司人事经理胡先生对这句话的解释是：

> 是骡子是马，拉出来遛遛。我们是赛马，而不是相马，不是看你的外表，不是说你的简历做得漂亮我就要你。简历可以做得很漂亮，你可以说你有MBA，可以说你是国外留学回来的，可以说你有各种各样的才能。我们是要通过面对面的交流，交流过程中发现你是否符合我们的要求。

> 我们打本科学历要求，是为了拔高一下，其实我们不注重这个学历，哪怕没有文凭也行。不一定要什么专业，只要你的期望、发展方向或者创意与我们的公司吻合就行。你看，我们也没有什么身高要求，不管你长得帅不帅。（摘自2010年7月17日田野笔记）

笔者曾经以为，医学等业务性非常强的行业在招录员工时应该更看重大学毕业生的学历和学习成绩等。然而，笔者在2011年3月由140多家招聘单位参与的A省医学类大学毕业生就业专场的一天观察与访谈中

---

① 据笔者访谈，国有单位在录用员工时"一般来说，也是更看重能力因素""但是如果有特殊人物打招呼，不录用此人将影响我们单位的生存与发展时除外"（2011年5月）。

发现，大多医院表示招录时更加看重能力，而不仅仅看重学业成绩。

> 只要学业中等，但具有较强的活动能力，如曾经担任过学生干部、参加过社团等，我们会优先考虑，原因是医生不仅仅是个业务活，和人的沟通非常重要；否则，（如果是一个书呆子）容易出现医患纠纷。（并进一步解释）何况学校里学的那点东西是不够用的，我们还需要对他/她进行一两年的培训后才能正式行医。（摘自2011年3月4日田野笔记）

笔者农村老家的一位邻居、身为广州市一家民营企业总经理的阿金告诉笔者：企业用人是"实用主义"原则。他给笔者讲了一段很有代表性的话：

> 对我们来说，我们招人就是遵循实用主义，如果哪个应聘的人说他有什么文凭、什么证书，并做出从包里拿证书的手势时，我会立马阻止他，让他别拿了，马上告诉他一个月1500元，和那些没有文凭的人享受一样的待遇，先试用一下，好用就用，加薪与否要看你的业绩。这些我根本不看，其实我也看不懂，中国那么多大学、那么多专业，我一个大老粗懂什么呢。读了书的人未必做事就好呀。不过呢，读的书高一点可以说明这个人不笨，应该值得培养。如果他在工作中确实表现比别人好的话，我们会重用他。（摘自2011年9月14日田野笔记）

这些发现与团中央学校部与北京大学公共政策研究所联合完成的2006年《关于大学生求职与就业状况的调查报告》（董洪亮，2006）的发现相吻合。该报告对44位不同类型用人单位的人事部门、人力资源部门负责人以及具体部门的负责人所进行的访谈结果显示，从用人单位对各种能力的要求的普遍性来看，要求最高的是环境适应能力（65.9%），其次是人际交往能力（56.8%），最后是自我表达能力（54.5%）、专业能力（47.7%）和外语能力（25%）。用人单位录用员工时的"能力至上"原则，也可在高校的毕业生跟踪调查结果中得到印证。2009年7月5日至12

日，NIT 学院土木工程专业的老师通过走访用人单位进行土木工程专业毕业生跟踪调查，调查地点在省内主要以南昌、赣州、新余、宜春为主，省外以杭州、上海为主，对 20 家用人单位（涉及毕业生 90 余人）进行问卷调查与非正式访问。用人单位对课程设置的建议如下。①对学生培养工作的建议主要体现在加强专业课程的横向、纵向交叉，做到精通 1～3 门，通多门，能够解决工程实务问题；增加课程设计和课程实习与实际工程的联系，增加实践和实习，并提高学生动手能力。②对学生培养工作的建议：个别毕业生心理素质差，经不起批评，经不起挫折，应加强学生的心理素质教育，并培养其组织管理能力、敬业精神和团队精神；个别同学眼高手低，不能安心工作，跳槽情况比较严重，应做好学生的职业生涯规划与设计，教育学生处理好人际关系等。①

（2）慎签合同。在市场化过程中，为规范劳动力市场，国家推行了劳动合同制度。2008 年，《中华人民共和国劳动合同法》（以下简称《劳动合同法》）实施。被劳动者视为"尚方宝剑"的《劳动合同法》成为用人机构必须谨慎对待的国家文件。《劳动合同法》实施的当年，就对高校毕业生就业产生了有利和不利的双重效果。A 省教育厅 2008 年第 9 次新闻发布会新闻通稿中写道：

> 从实施情况看，《劳动合同法》是一把"双刃剑"，既为毕业生就业提供了有效的法律保障，但同时也带来了一些不利因素。新法规对于"试用期包含于劳动合同期限"以及"被雇佣就要签合同"等相关规定使得企业在招聘或签约毕业生时更趋于理性与谨慎，摒弃了以往大量招聘又大量淘汰的做法，并使企业更重视人才的能力与素质而不是学历。这样，不可避免地会对大学生就业产生较大的冲击。

为什么企业在与大学毕业生签订协议时会更加理性与谨慎呢？笔者曾在一所高校的毕业生工作座谈会中发起了讨论。当时的情景：该高校就业处处长抱怨省里在统计高校的就业率时只看协议书、劳动合同等，而实际已经就业但没有这些协议与劳动合同等的学生则不能被纳入就业

---

① 参阅 NIT 学院内部资料《土木工程专业 2008 届本科毕业生跟踪调查》。

率计算。

> 余主任：我们明显感觉到，2008 年《劳动合同法》实施后，企业非常慎重，不愿签劳动合同。学生必须拿了毕业证、学位证以后，才可以签劳动合同。如果学生在毕业之前就签了劳动合同，那么用工单位就是违反《劳动合同法》了，怕承担法律责任。因为劳动就业官司一告一个准儿（有人插一句笑话：所以我在想，我们的企业是不是也要加强一下就业教育，哈哈）。我们国家的民企负担也很重，本身（发展）很艰难。
>
> 韩老师：民企不愿签就业协议书，有学生告诉我，企业不愿签就业协议，我问为什么，他们说，人力资源部的经理说没有必要，你拿了毕业证书后来签劳动合同就行了，那个时候已经是毕业以后了。算不到就业率了，这样的情况还不在少数，大约有20%。我听了学生的这个问题之后，直接打电话给企业的人力资源部，你知道人力资源部问了一个什么问题吗？他们问我就业协议书是干什么的。我只好解释说，就业协议书只是个就业意向，并不是劳动合同，并不是建立劳资关系的，方便学生开出报到证来，把档案转到人才中心去。我解释之后，他说，我再向领导汇报一下，就把我推脱掉了。
>
> 黄老师：我再说一下刚刚韩老师谈到的签就业合同的问题，国企、事业单位会好一些，大多民企不知道就业协议是什么，只知劳动合同，不毕业就签劳动合同的话，那是违法的，一告一个准儿，不愿意在你毕业之前签什么协约性的东西。另一个原因是，企业也担心你拿不到毕业证、学位证，要看到后才相信。第三，企业特别是民企对学生就业这些政策不需要也没有义务来关注，它们只关注把你这个人用好了就可以，关心你这个学生能不能为我创造价值，其他的东西不愿管，也管不着。（摘自 2011 年 5 月 14 日田野笔记）

（3）企业与高校的相互抱怨。总体而言，国内经济学家大多认为，近年来大学生就业难的核心原因在于结构性失业，市场对大学毕业生的就业能力有比较高的期待，但实际上大学生还达不到其要求与期待，因此普遍诟病"高等教育改革相对滞后，教育发展滞后型失业，高等教育专业设置不合理，培养模式千篇一律，培养的人才与社会用人单位的实际需求脱节"。调研中笔者也发现，企业对学校教育不太满意，认为学校教育脱离了实践，培养出来的人不实用。

> 现在的学生不好就业，你看学校教育都玩虚的。这点，我上次在这里跟平主任说了，他深表赞同。你看这些搞艺术的老师，上课教学玩虚的概念，谈什么主义，不结合实际，不实用，只会发表论文，但没有一个人会去搞真正的泥雕等。你看秦始皇兵马俑，人物个个栩栩如生，每一个人都不一样……艺术来源于生活，每一个活人当然不一样啰。这些老师会不？我身边有些人，他们是农民，没有收入，没有文凭，只是业余爱好者，只是干完养家糊口的活以后才来搞一搞，但他们雕得活灵活现啊。（摘自 2010 年 7 月 17 日田野笔记）

其实，企业的这种抱怨与其用人理念有关。诚如一位深谙高校就业工作与企业管理工作的就业管理者一针见血地分析道：[1]

> 用人单位和高校教书育人的理念不一样，用人单位的理念是创造最大化的社会效益和经济效益。因此，它们招聘员工的标准是能创造价值、利益和业绩的人。用人单位之所以招聘刚毕业的大学生，不是因为大学毕业生马上能够创造这些价值，更看重的是大学生可塑性强、容易接受用人单位的文化、有培养潜力、成本低的特点。

为此，高校对企业在用人上的过于功利也多有不满。多所高校教务处领导表示，企业虽然热衷于招募有知识、有经验、有实际专长的员工，却不愿意自己培养。这种现象长期以来受到学者和公众的批评，但并未根本改变。这似乎成了教学与就业脱节的理念根源："我们的教师坚持认为，一个学生必须按一定的模式来培养，一定要在一定的理念和理论框架下培养出来的才叫合格。"[2]

---

[1]　参阅内部资料《求职攻略：幸运往往不是来自偶然》与《与毕业生朋友谈就业——省高校毕业生就业实务手册》（2011 版）。

[2]　摘自 2011 年 5 月 8 日田野笔记。

二　就业管理的职能归口与服务转向

由于历史和现实的原因，政府通过政策推动、项目带动、公共服务等方式在毕业生就业方面发挥重要作用。

1. 政府部门的职能归口

在毕业生"分配"行将结束的 1998 年，国务院批准的教育部"三定方案"① 中，确定教育部归口管理高校毕业生就业制度改革，拟定政策，组织实施高校毕业生分配工作。为适应大学生就业制度改革的目标要求，2002 年《关于进一步深化普通高等学校毕业生就业制度改革有关问题的意见》第一次提出，为统筹做好高校毕业生就业工作，成立由政府主管领导牵头、有关部门参加的领导协调机构。这意味着高校毕业生就业被纳入国家整体就业体系。世纪之交，以中央和地方两级管理、以地方管理为主的新的高等学校管理格局已经形成。2003 年，就业工作正式确立央地两级管理、以地方管理为主的体制。高校毕业生就业管理体制呈现网状结构（荆德刚，2008），在国家层面，以教育部为主，人事、劳动保障等部门配合；在地方层面，23 个省份由教育部门主管，8 个省份由人事部门主管，省级以下教育部门主管师范生就业工作，人事部门主管非师范生就业工作；在学校层面，主要以高校为依托、以中介为辅助。

根据 2008 年十一届全国人大一次会议批准的国务院机构改革"三定规定"及《教育部主要职责内设机构和人员编制规定》等文件精神，教育部负责离校前的就业指导服务工作，人力资源和社会保障部负责离校后的就业指导服务工作；毕业生就业政策由人力资源和社会保障部牵头，会同教育部等部门拟订。

2. 就业管理的服务转向及制度化

1999 年，国务院批转的教育部《面向二十一世纪教育振兴行动计

---

① "三定规定"是国务院部门主要职责、内设机构和人员编制规定的简称。改革开放以来，我国进行了六次机构改革（1982 年、1988 年、1993 年、1998 年、2003 年、2008 年），需强调的一个问题是，2008 年国务院第六次机构改革的"三定"，在用词上发生了变化，以前都称为"三定方案"，这次称为"三定规定"。"三定方案"是一个内部的工作规范，而"三定规定"实质上类似行政法规，因此被称为有法律效力的规范性文件（张有义，2008）。

划》对毕业生就业制度改革提出了明确要求，即 2000 年前后建立起比较完善的毕业生就业制度。在这之后，教育部对尽快建立起将管理、服务、咨询、指导结合在一起的毕业生就业和就业指导体系问题提出了明确要求。随着体制改革的深入，从 2002 年开始，高校毕业生就业工作也相应进入一个新的阶段。2004 年 4 月，国办发〔2004〕35 号文进一步明确提出高校毕业生就业工作实行中央和地方两级管理、以地方管理为主的工作体制。中央建立由国务院有关部门参加的高校毕业生就业工作联席会议制度，省、市和县级人民政府也要建立相应的领导协调机构。

这个单位 1985 年就成立了，到现在有 20 多年了。当时叫毕业生分配办公室，取消统包统分以后就改成了现在的名称——A 省高校毕业生就业工作办公室，是教育厅下面的一个事业单位，在编人员只有 16 个，工作人员加在一起接近 50 个了，大部分是聘用的。

现在的职能是三块。管理，那是行政事务性的，受教育厅委托。更重要的是毕业生服务，还有一个是指导。指导主要是面对学校层面的，指导学校怎么去搞，实际上也是行政事务性的，具体地做指导还是少，也没有实际的机构。1998 年以后，基本上不包分配了，我们的职能也就改过来了。其实，1998 年至 2004 年我们是按老套的做，真正改过来是 2005 年之后（包括人员），那时（2005 年之前）工作人员也就十几个人，也就是这几年来工作量大起来了。学生就业难的问题也摆到一定的高度了，国家越来越重视。我们的总目标还是尽量让学生充分就业，虽然不唯就业率，但是学生花了那么多钱（上学）还找不到工作，不好交代。这十年来，我们的就业率都保在国家要求的就业率平均水平之上，走在中等靠前的位置，不是很突出。（摘自 2011 年 6 月 11 日田野笔记）

三　高校就业服务的组织嵌入

1. 高校就业指导的深化

20 世纪 90 年代末，国家教委就要求各高校建立毕业生就业指导机构。2002 年，教育部发文①做了进一步硬性规定：专职就业指导教师和工作人员与应届毕业生比例不低于 1：500，保证就业工作所需经费，抓紧就业信息网络建设。2008 年又发文②要求：所有普通高校都要开设职业发展与就业指导课程，经过 3～5 年完善后全部过渡到必修课。不少高校就业一线工作者把近几年来的就业指导与服务工作特点概括为"一把手工程、三到位、四化"。通过参阅 S 大学 2012 年毕业生就业工作总结，可知"一把手工程"强调高校领导对于就业的责任：

> 学校校长任毕业生就业工作领导小组组长，每学期定期召开专门会议研究部署毕业生就业工作。分管校领导定期走访各学院，督促检查学院就业工作，帮助学院解决存在的困难。2011 年 10 月召开了全校性的就业工作动员会议，校党委书记、校长与各学院就业工作领导小组组长签订了就业工作目标责任状，学院院长和校党委书记为第一责任人，分管毕业生就业工作的院领导为直接责任人。

S 大学 2012 年毕业生就业工作总结中还对"三到位"有明确举措。"三到位"主要是指人员、经费和就业设施到位，学校大力支持就业工作，切实保证校院就业工作"三到位"。

> 一是人员到位，学校招生就业处共有 12 名专职工作人员；各学院也配备了专职就业工作人员。二是经费到位，学校优先考虑保障就业经费，至少按学费总收入的 1% 划拨就业专项经费。三是就业设施到位，学校建设了就业指导报告厅（容纳 700 人）、招聘大厅（容纳 400 人）、就业指导教室（容纳 160 人）、就业网络室（电脑 60 台）、就业洽谈室（容纳 40 人）、就业阅览室（容纳 50 人）、试讲小教室（3 间）、就业个性化指导室（3 间）、就业接待室等场所，各学院也建立了相应的就业指导、招聘、信息发布场所；校就业中心设立了多块就业信息电子显示屏，各学院都配备了电子设备。仅

---

① 参阅《教育部关于进一步加强普通高等学校毕业生就业指导服务机构及队伍建设的几点意见》。

② 参阅《教育部办公厅关于印发〈大学生职业发展与就业指导课程教学要求〉的通知》。

校招生就业处就拥有校级就业场地超过 2000 平方米，每个学院拥有的就业场地也都在 300 平方米以上。

"四化"主要是指全员化、全程化、专业化和信息化。通过 SD 大学就业机构的变迁历程可见一斑：

20 世纪 80 年代中期，和其他大部分高校一样，SD 大学的毕业生就业全部"统包统配"，而且完全是季节性的工作，学校设立了学生科负责此项工作。1986 年成立学生处，下设毕业生分配办公室，负责学生工作分配。1994 年，国家实行"学生上学缴纳部分培养费用，毕业后自主择业"的就业机制，SD 大学将"毕业生分配办公室"改为"毕业生就业指导中心"，其功能和业务应运而生，但此时尚属卖方市场，学校没有就业压力，就业指导仅限于就业形势的报告和讲座。

大众化阶段，就业指导业务全面展开，应聘、面试及笔试技巧等都在就业指导范围内。2000 年，就业指导中心设三个部：本科生就业管理部、研究生就业管理部和信息部。业务转为：组织召开学校毕业生供需见面和开展就业指导，开设就业指导课。此时，学生就业工作已成为全年性工作。

随着市场就业机制的完善，"全程就业指导"概念产生，就业工作也由对毕业生的就业指导转为对在校学生的职业生涯设计。2004 年，毕业生就业指导中心改名为大学生就业指导中心，原来三个部改为四个部：就业指导部、就业市场部、就业管理部和就业信息部。就业工作人员也逐步走向专业化、专家化，拥有国家高、中级职业指导师资格证书。（杨斌、薛国兰，2008）

2. 高校服务的组织嵌入

相较于普通的劳动力就业，大学生就业更多地借助高校，大学生在毕业离校前仍属于高校的组织成员，因而高校对学生的就业负有更多的责任。2011 年 9 月 7 日，A 省普通高校毕业生就业工作新闻发布会的新闻通稿指出，"学校的主导作用得到明显发挥"，2011 届已就业毕业生

中，通过学校推荐、学校就业网站及校友推荐三个渠道实现就业的比例
为 41.02％、14.2％ 和 4.06％。S 大学招生就业处一位负责就业指导的教
师说："我们学校这些年实施的免费培训项目主要涉及考研、考公务员、
教师招考及事业单位招考，具体包括政治、外语、数学、申论和教育综
合基础知识等培训，每个学院会推荐一些同学来参加培训，我们实行全
程免费培训，不收一分钱。各个学院也会开办各门专业课考试的培训班，
都是免费的，这几年的实施效果还是不错的。"

受明星经纪人的启发，江西环境工程职业学院推出"就业经纪人"
制度。"毕业生也需要有经纪人，只有他们的就业有人帮了、对毕业后就
业没有担忧了，才能在学校安心学好专业知识。"《中国教育报》《江西
日报》等媒体多次对这一做法进行报道。

> "就业经纪人"主要由社会接触面广的学校领导、各二级学院
> 和部门负责人以及部分优秀教师担任。2009 年 9 月，江西环境工程
> 职业学院在全国首次设立了"就业经纪人"一职，其中包括党委书
> 记、院长在内的院领导及各分院和部门负责人共计 80 余人。（徐光
> 明、沈林，2011）
>
> 2009 年 11 月底，在学院召开的校园大型招聘会上，"就业经纪
> 人"结合毕业生的自身特点及喜好，亲自到招聘会现场为其筛选合
> 适的目标企业。"当毕业生选择中意的企业后，我们还会从面试礼
> 仪、简历制作、面试技巧等方面给他们指导；对于一些暂时没有就
> 业的大学生进行跟踪辅导，并尽力运用自己的社会人际关系帮助学
> 生就业，"肖忠优说，"学生的就业是他们的终身大事，他们的事就
> 是我们的事。"（李心婳、沈林、谢鹏鹭，2010）

第四节 制度变迁的组织条件及就业
市场的主体变化

关于组织与市场关系的争论，科斯（Ronald Coase）精辟地指出：假
如市场可以有效地解决人们的经济问题，我们为什么还需要组织呢？"科

斯定理"讲的是，将多个企业并为一家，将本来通过市场达到的商品的流通在一个企业内部搞定。威廉姆森后来提出的交易成本理论，实际上也是在回答这个问题。按照威廉姆斯的说法，由于有限理性、不确定性、投机性倾向和小数现象，交易双方存在着不同程度的交易成本。当市场的交易成本过大时，人们可能就会考虑组织，比如，很多大型公司会吞并自己的交易伙伴；反过来，如果组织的交易成本过高的话，人们就会考虑市场外包的方式，比如，现在很多公司都采取服务外包的方式（Williamson，1975）。组织社会学家对于组织作用的发现，可以归纳为个人或群体实施其发展战略的必要条件，调整关系可借助的力量，工业社会可动员的基本单位（李友梅，2009）。这些发现对于从组织视角解释我国大学生就业市场转型是有益的。

一　新中国成立初期国家对就业市场的全方位管理

近代中国所有社会阶级都很虚弱，中国共产党通过"组织起来"的策略才真正改变"一盘散沙"的面貌。1949 年 9 月 30 日，毛泽东同志在为中国人民政治协商会议第一届全体会议起草的宣言《中国人民大团结万岁》中号召"进一步组织起来""将全中国绝大多数人组织在政治、军事、经济、文化及其他各种组织里，克服旧中国散漫无组织的状态"（毛泽东，1949）。新中国为了大学毕业生分配制度能够顺利实施，在组织条件上进行了总体性的设计。首先，通过对非国有经济成分的改造，将用人单位都纳入国有部门，将契约式的劳动关系变成依附式的身份关系。通过对劳动力市场的消解，排除了大学毕业生在国家单位外组织就业的可能性。其次，通过对大学组织的改造，将高等学校变成了国家的一级组织，大学成为毕业生分配的执行组织。最后，分配体制进行了科层式的设计，明确了国家各级各类组织在大学毕业生分配上的职能分工，试图使大学毕业生分配能够有序进行。在这种政权威力、资源约束背景下，大学生在分配问题上通过依附高校而依附国家。在国家的全方位管理下，国营企业、高等学校只不过是国家控制下的一种组织形式而已，而这种组织形态除了担负经济生产、教育教学的职能之外，还担负起了整合城市社会秩序的职能。

由上观之，党和政府通过制定一系列政策规程，从法律上赋予了国家领导和干预高校的权力，通过改革大学的科层结构，保证政府行政系统成为支撑高校的真正主体；通过接管和改造教会大学、私人高校，建立起单一公有制社会主义高等教育体制，并派驻党组织。通过如此的系统改造之后，大学与其他国有组织一样，成为单位组织。大学在政府的直接领导和控制下办学，保证了党和国家的政令通畅，也为毕业生统一分配制度落实"国家－高校（单位）－个人"的社会调控机制奠定了组织基础，学校内部组织结构成了政府主管部门组织结构的向下延伸。

二　改革开放时期国家放权与大学生就业市场的重建

流动是劳动力市场的要义，流动性要求劳动力市场的主体摆脱传统模式和安排，自己掌握自己的命运，进入劳动力市场就意味着对流动性的体验和承受（Beck，1992：94）。为了使大学毕业生能够进入劳动力市场，国家松动了与企业（含非国有部门）、高校、学生的关系。

1. 国家与企业关系的松动：国家退出劳动关系的确立环节

中国经济体制改革之初，向企业的放权让利是改革的核心，这客观上为就业市场上用人主体的诞生奠定了基础。随着公务人员考核录用制的实施，机关、事业单位也逐步获得用人自主权。1980年代中期，试行了劳动合同制度。这些标志着官方目标已经从追求"社会主义的全民就业"转为"同时考虑经济效率和社会稳定"。以往用工依靠行政手段分配、管理体制的做法得到改变，劳动关系双方真正成为平等的主体，这为培育和发展劳动力市场创造了条件，政府不再具有强制分配毕业生去某企事业单位的权力。如1987年首次遭遇分配被退回的"寒潮"，用人单位的意识形态是"我有用人自主权，分不分在你，要不要在我"。而劳动者也拥有了辞职权和拒聘权，国家文件中也明确规定用人单位要考察试用毕业生，相应地，大学毕业生拥有了自主择业的权利。总之，国家与企业关系的松动，使劳动力市场中的国家从微观主体中退了出来，工作调配权归位于用人单位与劳动者，企业拥有了对劳动者的选择、考察、解雇等权利。

2. 国家允许发展多种经济成分：毕业生的职业获得渠道多元化

当一个社会系统在其行为的过程中不再仅仅依赖某一个环境系统，而同时依赖多个环境系统、与多个环境系统发生社会互动关系时，那么这个社会系统就能够在较大的程度上支配自己的行为，进而从依赖的关系和情境中解脱出来，获得行为的自主权和较大自由度（Luhmann，1982）。改革开放之初，政府意识到仅仅依靠公有经济无法解决失业问题，因此允许发展多种经济。可以说，最早打破公有制一统天下格局的动因是解决上千万人的就业问题（张卓元，2018）。向市场经济的转型，导致自由资源的发展。多种所有制经济形式的发展及随之形成的多元化用人主体为后来大学生就业的市场化改革提供了经济和组织基础。大学生的就业去向就不仅仅是改革之前的国有部门了。"公有制为主体、多种所有制经济共同发展"等提法被写入党的报告和《宪法》，为多种经济成分的发展吃了定心丸，也为非公经济接纳大学毕业生提供政策和法律依据，为大学毕业生体制外就业开拓了广阔空间。

三　新世纪就业市场的主体归位

大学生就业市场的主体包括大学生、高校、企业以及国家。其主体归位契合于市场经济的逻辑，然而在中国大学生就业制度变迁这一具体的制度安排是嵌入整个制度结构中的，有赖于其他配套制度的功能完善。因此，国家与高校之间的地位设置与关系演变将在下一章论述。

1. 企业（用人单位）已然成为就业市场上真正的需求主体

进入新世纪的大学生就业市场，无论是从市场供求角度还是从国家放权的角度来看，用人单位都已获得了就业市场上的用人决定权。随着企业市场意识的增强与高校毕业生就业买方市场的形成，用人单位的用工模式从传统的人事管理逐步向现代人力资源管理转变。在国家包分配的年代，国家力量和自身的先赋因素在工作分配中起主导作用，市场转型后，对就业岗位的配置以市场机制为主。愿意进入高校校园招聘的企业大多看重高校毕业生作为劳动力的高素质、无经验特性，在招录员工时更看重的是其能力或培养潜质、是否符合企业文化要求、能否给企业带来效益，而不是看重其学习成绩等偏书本和理论性的东西。

2. 企业与国家、高校在利益认知上的差异

用人单位的劳动力需求行为不再是计划配置的被动执行者，这也就导致了同是就业市场上的另外两个行为主体（国家与高校）在就业问题上的利益认知差异。企业在劳动力需求上围绕组织战略，以"效益"为

中心，以"职位说明书"为标准发布职位需求信息，在劳动力市场上通过价格机制、竞争机制和供求机制进行用工搜寻（杨伟国，2007b）。高校在社会分工上作为育人的组织，更强调教学内容的完成、学生素质的发展。这也导致企业与高校互相抱怨，企业认为学校教育脱离了实践，培养出来的人不实用；而学校则认为企业过于功利，缺乏社会责任感。相应地，国家对于企业在用人方面没有控制力或控制力极弱，但出于社会安全的考虑，追求充分就业，所以更加强调就业率。企业除了出于组织战略考虑外，在《劳动合同法》的制约下，招聘大学毕业生时更加实用和谨慎，如慎签协议书等。但是，面对就业市场上的这种张力，高校就业工作者多有无奈，"政府统计就业率，要求有就业协议书、劳动合同，这是一个瓶颈"。

3. 政府既是市场交易的主体，也是维护社会秩序的权威主体

学生就业市场形成后，新世纪的政府定位不再是全方位管制者，而是国家治理主体，既要履行政府职能，也是市场的参与者。世纪之交，即使国家部门招录毕业生仍通过市场机制，就业成为毕业生个人的事情，但这并不意味着国家退出了就业市场。相反，由于中国大学生就业表现为大群体、大规模集中、短时间就业的特点，出于民生和社会稳定的政治考量，高校毕业生就业工作在政府工作中的地位日益提升，甚至在《中华人民共和国就业促进法》"公平就业"的要求下，依然提出"把高校毕业生就业摆在当前就业工作的首位"。

高校毕业生就业已被纳入国家的整个就业体系中来，政府已制定一系列政策措施。过去国家和政府的要求和想法往往通过行政命令的方式去达成，而如今则通过政策激励进行引导，回到了一个"交易"的水平上，政府（国家）和大学生（个人）成为平等的市场主体。相较于计划经济时期——政府作为行政安置的主体、大学生只是行政安置的对象，这是一个巨大的变化。这也是从行政安置向市场选择转变的核心意义所在。

第五章　从权威安排到资源约束：制度执行的行动策略

从行动策略来看，国家为使改革有序推进，体现出权威安排、"摸着石头过河"和资源约束的变迁轨迹。在统一分配体制下，毕业生分配遵循"集中使用、重点配备""地方分配、中央调剂"的总原则。在改革开放背景下，政府通过"摸着石头过河"策略逐渐落实市场化目标，主要经历"85 决定"前后的"供需见面"试点、"中期方案"的一定范围内"双向选择"直至"93 纲要"明确的并轨目标。在自主择业制度背景下，高校就业率制度的执行在资源约束中异化为通过高校保障"合理的"就业率，延续着单位制的高校依然采取传统说教与资源约束的行动策略。

第一节　权威安排：国家在毕业生分配中的行动策略（1950~1985 年）

在统包统配制度中，从制度设计到制度实施，国家都是最重要的行动者。新中国的国家与社会关系中，大学毕业生既是国家的人力资源，也是社会管理与控制的对象。国家一直保持着较强的社会控制与动员能力，在就业制度中，国家的力量除了体现在组织制度上的设计外，还体现在其积累的行动策略上。

一　集中使用、重点配备：毕业生分配总原则

1952 年，中央人民政府政务院明确提出了"集中使用、重点配备"的大学毕业生分配的基本方针，后来虽在措辞上略有不同（如后来的提法还有"统一计划、兼筹并顾、集中使用、重点配备""统筹安排、集

中使用、保证重点、照顾一般"等)①，但这一方针的基本内涵长期保持。其实，这一方针在得到明确确立之前就已经实施。如 1950 年 7 月 23 日《人民日报》报道，为了贯彻巩固重点建设和开发东北区的方针，中央政府决定从华东、华南、西南三个大区调出一部分毕业生支援东北地区建设，由中央和东北组织招聘团分赴这三个地区进行动员招聘工作。经全国统一调配，本年全国毕业生的半数被分配到国家重点建设的东北地区。1951 年，毕业生分配的主要原则是"统筹兼顾"，即从国家整体利益出发，实行统一安排，同时考虑各方面的利益。在确保国家重点建设及中央和地方各行政业务部门需要的同时，照顾毕业生过少的地区。当年暑假毕业生共 17000 人，从华北、华东、中南、西南各大行政区抽调 6000 余人补充加强东北、西北两地区及中央各机关。与上一年仅有东北受到支援相比，1951 年增加了高等教育普及较晚的西北地区（中央教育科学研究所，1983：42）。1952 年毕业生人数虽然比历届都多，但是相比即将开始的建设工作来说，还是远远赶不上需要。当年 8 月 7 日《人民日报》发表社论《高等学校毕业生的光荣任务》谈及当年分配措施："首先是尽量满足基本建设的需要，其次是加强教育建设与科学研究工作。"

下面以江西省为例，考察大中专毕业生分配中是如何执行"集中使用、重点配备"这一基本方针的（主要参考江西省人事志编纂委员会，1993：125～128；《江西省教育志》编纂委员会，1996：416～417）。

---

① 1952 年 7 月 19 日，政务院在《关于 1952 年暑假全国高等学校毕业生统筹分配工作的指示》（以下简称《指示》）中进一步指出："高等学校毕业生的工作由政府分配，这是完全符合我们国家实际情况的发展和需要的。"《指示》确定了 1952 年暑假高等学校毕业生统一分配工作的基本方针是"集中使用，重点配备"。1956 年，国务院对高等学校毕业生统筹分配的基本方针做了补充，即"根据国家需要，集中使用，重点配备和一般照顾"，分配计划优先照顾科学研究、高等学校师资、工业部门的需要，对其他部门，在迫切需要的情况下，给予适当照顾；对各省、自治区、直辖市的需要也做了适当的照顾。1958 年 4 月 2 日，中共中央颁发的《关于高等学校和中等技术学校问题的意见》第三条提出有关高等学校毕业生分成分配原则，即对地方院校毕业生实行"分成分配"的办法——中央抽取一定比例统一分配，余下的由地方政府分配。至此，国家对高等学校毕业生的就业形成了由国家负责、按计划分配的基本制度。参见赵晔琴，2016：73～84。

1950 年，根据中南区教育部规定，江西省高校毕业生由大区统一调配，其余各系科毕业生留省分配工作。该年南昌大学毕业 428 人，其中抽调给中央 225 人，解放军 20 人，本省留 82 人，分配给中南人事局 92 人，民政部 9 人。

"一五"期间，大规模的经济建设高潮开始，因此，分配的方针是集中使用、重点配备，首先满足国家基本建设需要，把理、工、财经诸科及部分农科毕业生集中配备到新建、改建、扩建的厂矿、交通、水利事业的勘探、设计、安装等岗位；其次，加强教育和科学研究工作，充实高等、中等学校。江西几所高校毕业生一般都分配在本省对口服务。

1956～1957 年，江西的中学教育有了长足发展，兴建、扩建了 100 余所全日制普通中学，师资严重不足，分配重点是满足教育部门的师资需要。因大学毕业生供不应求，1959 年，根据"重点配备、加强薄弱环节和照顾一般"的分配方针，工、农、林、理、文史、体育、政法、师范、艺术等科毕业生绝大部分被分配到新办高等学校和部分缺乏师资的中学任教；医药、财经和中等专业学校毕业生多数充实到工矿、农场、卫生等基层单位。1960 年，高校毕业生分配继续以高等学校为主，并兼顾重点企业和科研单位的需要，当年分配担任师资的毕业生占全省高校毕业生总数的 88.6%。

1961 年，中央提出国民经济发展要以"农业为基础"和"调整、巩固、充实、提高"的方针。因此，高校毕业生分配"尽可能满足工农业生产上的需要"，当年全省高校毕业生 80% 以上被分配在县以下基层单位，支援农业生产。1963 年，按照"适当集中，重点使用，充实基层，加强锻炼"的方针，分配工作的重点是优先满足农业、林业、轻工业和与农业有关的部门和单位的需要，加强地、县以下基层单位，充实中等学校师资。分配结果是，当年 77% 以上的毕业生被分配在地、县以下基层生产单位。

1965 年全省大中专毕业生的分配重点首先是满足"小三线"建设和基础工业建设的需要，其次是满足半工（农）半读高等、中等学校补充师资的需要。对"小三线"的重点地区，着重加强农科、医药卫生等方面的技术力量。对于供不应求专业毕业生的分配，在重点和一般的关系上，坚决压缩一般需要，保证重点；在数量与质量的关系上，对政治条件好的毕业生，首先分给"小三线"。

1966 年毕业生推迟毕业，1967 ~ 1970 年毕业生原则上要求先参加劳动锻炼一年后分配工作。

1970 年以后入校的毕业生主要是工农兵学员，招生时已规定"社来社去"的按原规定执行。分配原则坚持：面向基层，面向农村，加强基层单位的技术力量。一般返回原单位、原地区分配，特殊需要的由国家统一分配。

1977 年后，高等学校毕业生正常的统一分配制度恢复。1979 年，重点加强农业科学研究和支农重点项目，满足国家重点建设工程和引进新技术、成套设备对人才的需要，为战备、国防尖端科研配备急需的专业人才，继续坚持面向工矿、面向农村、面向基层、面向边疆，加强生产第一线。

1982 年的分配方针表述为"统筹考虑、合理分配、加强重点、兼顾一般"，研究生重点充实高等学校师资并兼顾其他部门的需要。优先保证能源、轻纺、交通运输和建材部门的需要，对新建、扩建的重点工程以及老企业的技术改造所急需的配套专业和专用专业毕业生，作适当安排。师范毕业生原则上都分配到教育战线。根据工作需要还分配了一定数量的毕业生到集体所有制单位工作。

1983 年的分配方针表述为"适当集中，加强重点，照顾一般，统筹兼顾"，继续面向农村、面向基层，充实生产第一线和加强边远山区建设。是年始，在部分用人单位和高校试行了供需见面和优生优分的改革措施。

作为国家培养的高级专门人才，大中专毕业生在当时属于极为稀缺的社会资源。为此，中央制定了"统一计划、集中使用、重点配备"和"在适应国家建设需要的基础上贯彻学用一致的原则"等一系列毕业生分配的方针政策，并在此基础上确定了"地方分配、中央调剂"的分配原则。尽管这一制度后来作过局部调整，但并未发生根本性改变。那个年代，毕业生是国家资源，人力资本不属于大学生本人。"用人单位是国家的，高校是国家的，哪怕我们人（大学毕业生）也是国家的"，国家就是一个大单位，所有的要素都由国家统一调配，国家要考虑成本问题。如毕业生工作后往返家乡和工作地点时的差旅费等也由国家报销，因此，分配在通盘考虑国家利益的前提下兼顾个人和家庭，但起支配作用的仍然是国家力量。一位高校学生工作负责人表示："学生也有相对的选择权，你也可以在分配时填报志愿呀。不过呢，一般情况下，学校大多依据就近分配原则。"

二　高校的思想改造与动员教育：通过组织进行"统治"

在相当长的一段时间，国家与单位、单位与个人的关系状况是：国家全面占有和控制各种社会资源，处于一种绝对的优势地位，进而形成对单位的绝对领导和支配。这样一来，国家和政府对其社会成员进行行为规范和价值取向的整合和控制时，根本不需要也不可能直接作用于社会成员，而仅仅通过控制其隶属的单位就能实现行为目标。同样的道理，国家虽然在毕业分配上有许多讲话和政策文件，但对于大学生进行思想、价值观的教育和改造上也不可能亲力亲为，而必须主要地通过已经单位化的大学进行"统治"（韦伯，2004）。在计划经济时期，统包统配制度是最合算的，能达到"人尽其才"的配置状态。在人力资源配置过程中，当政府目标和毕业生行为相协调时，分配工作就会进行得平稳、顺利。但是，国家与个人的追求目标并不能时时保持一致，为使之尽可能地趋于一致，政府多采用思想教育与宣传及政治动员、行政强制两种手段。尤以第一种手段为主，这一手段产生的政治压力及社会规范压力足以使毕业生放弃其个人目的。而行政强制手段只是对前者的补充。

1. 思想教育与宣传

新中国成立之初，大学立即组织学生政治学习、劳动和上街游行，那时他们仍可以选择自己宿舍的室友和想学的专业。到了 1951～1952 年度，学生住宿就统一安排，专业成为强制性的，同一专业、同一班级的学生生活在同样的宿舍和校园，并且几乎一天 24 小时地共处。[1] 党的基层组织都配备为每个教员和学生进行指导的政治辅导员，并要求每个学

---

[1]　参阅《剑桥中华人民共和国史：革命的中国的兴起（1949－1965 年）》第四篇第十章"人民共和国的城市生活"（麦克法夸尔、费正清，1990）。

生每个学期写一份思想汇报，这一材料由政治辅导员审阅并加以评定，在有些情况下，要由系党总支书记审阅并加以评定，然后保存在个人档案中（庞守兴，2012）。为学生工作分配而做的极其重要的决议则由系一级的行政单位来决定。当时，大学生的工作分配主要通过他们参与政治学习和社会性组织的情况来控制，这种体制以一种机械化的方式把毕业生分配到国营企事业单位和政府部门，这些单位和部门接收了当时的大多数毕业生（许美德，1999：119~120）。

为完成毕业生分配的任务，1950 年中央指示"对毕业生一般地应说服争取他们听从政府的分配"。1951 年指示"做好政治工作和动员工作"，开始在全国大学中广泛开展"思想改造运动"。当年 11 月 30 日，中共中央发出《关于在学校中进行思想改造和组织清理工作的指示》。思想改造运动在学生中以毕业生为重点，[①] 服从统一分配教育与思想批评结合进行，为统一分配创造条件。1952 年应届毕业生的思想教育也是结合"三反""五反"和思想改造运动进行的，而且以服从统一分配为中心。统一分配的思想教育内容主要有：统一分配的意义和政策，对比新旧中国对待知识青年的两种态度，明确毕业生是国家财产、是新中国重要建设人才的思想，批判"奇货可居"及知识属于个人的思想，建立无条件服从国家统一分配的思想。

B 市档案馆材料显示，B 市学院区 1952 年学生的思想政治教育步骤如下。[②]

一、加强教育、提高认识、打破顾虑、培养典型。

二、改选组长，改善团群关系，进一步展开运动。通过"三

---

① 关于毕业分配的思想教育，在大学新生入学时就开始了，并不仅仅在毕业阶段进行。"我是 1962 年 5 月进校（入学）的，我们进校还是新生教育的时候，系主任就在全系大会上宣布三大纪律，是指大学生的三大纪律。第一条，又红又专，这条非常抽象，没什么好说的。第二条，绝对服从分配，注意是绝对。第三条，不准恋爱、不准结婚。其实啊，这三大纪律就变成了一条，就是不准谈恋爱、不准结婚。如果在大会上领导点名说某某违反了三大纪律，那就是指第三条。第一条肯定谈不上呀，第二条分配的时间又没有到，肯定也不是。那就是第三条。"（张老师，1962 年进入 A 省师范学院物理教育专业学习。摘自 2011 年 3 月 23 日下午访谈）

② B 市学院区毕业生工作报告（1952 - 10 - 5），B 市档案馆 A26 - 2 - 180。

反"运动,一部分不称职的小组长已日益明显地成为运动障碍。同学们也已认识到要开展思想批评,要开好小组会,必得选一个工作积极、负责、能贯彻领导(想法)的组长,经过一定时期的酝酿,改选(或调整)了一批小组长,为运动的开展创造了有利条件。

三、号召忠诚老实——思想批评结合组织清理;强调理论结合实际——思想批评结合统一分配。

毕业生思想改造运动的经验主要有:①

一、感性教育与理性教育结合的问题。

二、一般教育,个别帮助,突破一点,扩大影响的方法。

三、大会鼓动情绪与小会巩固情绪相结合的、多样化的方式。

四、发动系(科)间、小组间互相挑战,保证服从统一分配。

当时的思想政治教育,首先从总体上了解学生的情况和特点,包括学生的数量、政治面目、党员及团员比例、调配地区等方面。其次,以贯彻爱国主义思想教育为中心,以树立为人民服务的人生观为目标,并着重批判各种个人主义思想。围绕"讲明国家需要,自觉服从分配"的目的,中央提出以下几点思想教育的内容(新华社,1959)。

一、毕业生应该正确地认识国家的需要,愉快地服从国家的分配。不仅在学校时愉快服从分配,而且到工作部门后,同样要坚决服从分配。

二、应向毕业生讲清楚个人的志愿、兴趣必须服从国家需要的道理,教育他们树立整体观念。

三、应当使毕业生了解全面情况,把什么叫学用一致和贯彻学用一致方面可能产生的问题,向毕业生交代清楚,防止绝对化,使毕业生能够根据国家的需要,正确地对待学用一致的问题。

四、对毕业生的实际困难,应当在服从国家需要的基础上,尽

---

① B市学院区毕业生工作报告(1952 – 10 – 5),B市档案馆 A26 – 2 – 180。

可能给予适当的照顾。不可能照顾的，就应讲清道理。对少数贪图享受、害怕艰苦的毕业生，应对他们进行适当的教育，使他们能够愉快地服从分配。

五、毕业生分配工作后，就成为国家干部。今后在工作岗位上，应当积极努力工作，认真学习马列主义，坚决服从党的领导，响应党的号召，经常进行自我改造；要谦虚，不要自高自大；在工作中要刻苦钻研业务，不断努力提高业务水平；到工厂、农村去参加体力劳动，做基层工作，丰富生产和阶级斗争的知识，积极争取做一个又红又专的知识分子。

2. 政治动员

什托姆普卡（2011：154~155）在分析马克思对人类本质的定义时，认为"创造"的观念"同样可以扩展为对其他人和社会客体的态度，例如力求改变、教育、说服他人，或者改革社会组织，或者建立新的群体等"。政治动员是中国共产党的政治优势，孙中山先生虽提出"唤起民众"的口号，但因缺乏有效办法而"革命尚未成功"。对毕业生服从国家分配的政治动员方式大同小异，一般采取以下步骤（李朝军，2007）。第一步，各有关单位积极筹备，拿出方案。第二步，在领导的组织下，在党员中开会学习和动员，培养运动的积极分子。这一步是发动大规模运动的必备条件，积极分子的作用相当大。第三步，召开服从国家统一分配大会，或写决心书、挑战书等。这一步的关键是要召开声势浩大的群众大会，比如由积极分子带头表态甚至检举揭发等。

政治动员的首要问题是分清敌友。1950 年 7 月 11 日，在北京高等学校毕业生分配工作动员大会上，周恩来总理提出"向着新生的方向，才能看到远大的前途"，号召毕业生要确定为新中国服务的方向，站稳工人阶级立场，培养民主作风；要服从祖国分配，自觉地接受考验和锻炼，自强不息地为人民努力工作。[①] 1952 年，在大学毕业生统一分配动员大会

[①] 《跟着新生的力量走——周恩来同志在北京市高等学校毕业生分配工作动员大会上的讲话》，《人民日报》1950 年 7 月 14 日，第 1 版。

上，时任中国新民主主义青年团中央委员会书记处书记蒋南翔发表讲话，① 对学用一致问题的宣讲也颇具"人民性"：

> 一是，实现学用一致的原则，必须和为谁服务的问题联系在一起来看。实行学用一致的原则，绝不是为了个人自我满足，绝不是仅仅要求自己所学的知识技能，得有销售的机会；更重要的先决条件是必须把自己所学的知识用于人民，更有效地为人民服务。服从政府制定的统一工作分配是保障"学用一致"的前提。
>
> 二是，实现学用一致的原则，必须认识学用之间总还会有一定距离。要求每一个人的工作都不超出他在学校中所学习的范围，这是不可能的。只要所作的工作与自己所学的学科不是相距很远，或是即使相距较远，但自己的实际能力可以在逐渐学习的过程当中适应和熟练起来，也就应该算是不违背学用一致的原则了。

对大学生的动员不仅是深刻的，也是多维度的。1952 年，B 市的高等学校就加强了动员学生家长做毕业生的思想教育工作。因为家长的态度对某些学生来说，有很大的影响。因此各校逐个进行家庭访问，摸清情况，针对不同阶段、不同觉悟的学生，采用不同方法。对劳动人民出身的家长，用忆苦思甜和应尽的责任进行教育；对剥削阶级，要讲清怎样才能使自己的子女有前途的道理。同时在做好学生工作的基础上，由学生去做家长的工作，在一定时候召开家长座谈会。如（B 市）冶金机械学校贫农出身的王某某（女）的母亲说："我决不因一个女儿向祖国讨价还价，女儿是党培养的，应该服从党的需要。"她还公开向女儿提出三点要求：第一，不要忘本，听党的话，跟党走，站稳阶级立场；第二，永远保持劳动人民的本色，生活要艰苦朴素，劳动要踏实肯干；第三，好好工作，好好学习，不要过早找对象。②

---

① 《毕业同学们，服从统一分配，参加国家建设！》，《人民日报》1951 年 7 月 11 日，第 1 版。

② B 市学院区毕业生工作报告（1952 - 10 - 5），B 市档案馆 A26 - 2 - 180。

三 对不服从分配者的处理：切断体制外就业渠道

根据政策执行的严厉程度，可以将大学毕业生分配政策区分为两个阶段，分别是 1950 年至 1951 年 10 月为国家对大学毕业生实行统筹分配阶段和 1951 年 10 月至 1957 年为国家对大学毕业生实行统一分配的逐步确立阶段（李朝军，2007）。两种分配制度基本上是同质的，都是由政府主导的就业，行政部门通过制定方针、政策指导大学毕业生就业的全过程。第一阶段，政府虽鼓动大学生服从国家分配，为人民服务，但不强迫其服从国家分配，允许部分毕业生自主择业，而且当时也正处于新民主主义阶段，也存在部分非国有经济成分。1951 年，政务院发布的《关于 1951 年暑期全国高等学校毕业统筹分配工作的指示》要求"努力做到使 90% 至 95% 以上的毕业服从国家的分配，保证完成调出毕业生的任务"（《中国教育年鉴》编辑部，1984：348）。这一目标也意味着允许（或可能）有 5% ~ 10% 的毕业生不服从国家的统一分配。从初期的文件规定来看，当时对毕业生分配的管控并非十分严格。

随着计划经济体制的确立和对社会控制的加强，国家加强了对毕业生、用人单位等的掌控，逐步确立了国家对大学毕业生的绝对统一分配。自此，是否服从国家分配开始上升为政治觉悟和态度问题，对不服从分配者采取限制和惩罚的措施。对于毕业生就业的私营企业，政策也发生了变化。1950 年 6 月 22 日，政务院发布的《为有计划地合理地分配全国公私立高等学校今年暑期毕业生工作的通令》规定，私人办理的工商企业及文教事业，如需要高等学校毕业生，而自己无法找到时，得向地方政府申请，地方政府应适当地照顾他们的需要。除了在高等学校夜间部学习的在职人员毕业后回到原工作单位外，中央制定的毕业生分配计划中，有关私营企业的分配由各大行政区根据具体情况进行安排。1953 年，分配给私营企业的毕业生人数为 184 人，占毕业生总数的 0.6%。① 1953 ~ 1956 年，正是对民族资产阶级开办的私营工商业改造的完成时期，对行将消失的私营企业，国家不再采取积极地配备大学毕业生，这

---

① 《关于一九五三年暑期全国高等学校毕业生统筹分配工作的指示》，《高等教育文献法令汇编》第三辑，第 241 页。

反映在 1954 年的规定之中，"毕业生中的私营企业在职人员仍回原工作单位，不另分配毕业生给私营企业""公私合营企业的需要，由各主管业务部门或各地区在其分配人数中予以适当配备"。① 这些规定意味着，对于私营企业毕业生的配备，政府不再予以考虑。相比于 1951 年的指示，当时对私营企业的毕业生配备很少进行具体的规定，但对私人开办的企业或医院等"必须进行必要的考虑"，② 1954 年政府对私营企业的支持显然算不得积极了。虽然 1955 年的规定又提出"私营企业的需要，由各地区适当考虑配备"，③ 但 1956 年的规定仅仅提到考虑对公私合营企业的大学生配备，对于私营企业只字未提。④

到了 1957 年，《国务院关于毕业生分配的规定》更是指出，某些缺门和急需专业必须全部服从国家分配，其他专业学科中少数不顾国家需要、拒绝服从分配者只发给毕业证书，由其"自谋职业"，但国家机关、学校、企业和事业不得自由录用自谋职业者。这是一个矛盾的规定：前半部分允许不满意国家分配的部分学生可以自找职业，但在后半部分又禁止国家机关接收这些学生。但那时私营企业已经逐渐消失或者不存在了，在这种情况下，不服从国家统一分配就意味着没有工作机会。从此，大学生自由择业成为历史。这种分配政策从新中国成立初期一直延续到 1977 年恢复高考制度后的几年（"文革"期间采取的"下放锻炼"和"社来社去"分配方式仍属于国家统一分配）。笔者在访谈中并没有接触到那个年代不服从国家分配的毕业生，但中国大学生在线网站上的一篇回忆文章中有如下一则小故事，⑤ 从中可以窥见那个年代的大学毕业生不服从分配对其人生际遇、社会地位、生活质量带来的不良后果。

---

① 《关于一九五四年暑期全国高等学校毕业生统筹分配不作的指示》，《高等教育文献法令汇编》第四辑，第 241 页。

② 《关于一九五一年暑期全国高等学校毕业生统筹分配工作的指示》，《高等教育文献法令汇编》第二辑，第 133~134 页。

③ 《关于一九五五年暑期全国高等学校毕业生统筹分配工作的指示》，《高等教育文献法令汇编》第五辑，第 201 页。

④ 《关于一九五六年暑期全国高等学校毕业生统筹分配工作的指示》，《高等教育文献法令汇编》第五辑，第 151 页。

⑤ 《五六十年代的"专业"与"职业"的选择》，http://www.univs.cn/newweb/channels/service/special/general/2009-09-21/1253500451d929537.html。

（20 世纪）60 年代，我岳母在北京东城区演乐胡同的一个集体制小工厂（电热器厂）工作，在这里的工人大部分是街道上没有文化的大爷、大妈，他们工资很低，少的 20 多元，多的三四十元，厂长 50 多元。"文革"期间，一次我在工厂中遇到一位北京地质学院毕业的大学生当工人，年岁和我差不多，我百思不解，经了解，她毕业后被分到外地的一个地质队工作，因为丈夫在北京工作，家住北京，有两个孩子，她没有服从"国家分配"去地质队而留在了北京，从此再没有机会进入国家企事业单位，只能在街道小厂当工人或商店、菜市场做售货员。

第二节　就业市场化政策的进程：渐进"松绑"（1985～2000 年）

大学生就业制度市场化进程高度契合于经济体制改革路径（林金忠，2012）。

1984 年 10 月，中国共产党十二届三中全会通过的《中共中央关于经济体制改革的决定》突破了把计划经济同商品经济对立起来的传统观念，明确提出改革的基本任务是建立有中国特色的社会主义经济体制（陈述、张传能，1984）。1993 年 11 月，中共十四届三中全会通过的《中共中央关于建立社会主义市场经济体制若干问题的决定》勾画了社会主义市场经济体制的总体规划图（陈述、张传能，2008）。从政策文本上看，高校毕业生就业制度的市场化进程可以划分出如下节点：1985 年《中共中央关于教育体制改革的决定》（"85 决定"）、1989 年《关于改革高等学校毕业生分配制度的报告》及《高等学校毕业生分配制度改革方案》（"中期方案"）、1993 年《中国教育改革和发展纲要》（"93 纲要"）。直到世纪之交，市场选择制度才真正全面实践。

一　"85 决定"前后的试点：供需见面

恢复高考后，国家仍然实施统包统配的就业政策。"85 决定"指出，国家计划内学生仍然按照"计划"就业。20 世纪 80 年代初，在高等学校毕业生分配工作中，试行供需见面的办法。到 1985 年，国家教委直属的 30 多所院校全部实行这一办法，不少业务部委院校和地方院校不同程度地进行这种试验（胡守律，1986）。

1. "父母包办"，"亲家"面谈

其实，"85 决定"出台之前的 1983 年，被认为"铁板一块"的大学毕业生分配方式开始松动。当时教育部分管毕业生分配工作的负责人在广泛调研基础上，为使培养、分配与使用更好地结合，借用商品运行的习惯用语提出"产销见面"的主张。后来考虑到毕业生分配工作的对象是人，因而改用"供需见面"的提法。具体做法是：在国家分配计划范围内，学校直接与用人单位联系，向它们介绍专业内容及使用方向，了解它们的急需和用人意图，按照分配方针、原则和重点，结合毕业生专业特长和工作志愿，提出分配建议计划，经教育部纳入总的调配计划。这一做法首先在清华大学、上海交通大学、西安交通大学和原山东海洋学院试点。

1983 年，国家计委在制订当年高等学校毕业生分配计划时，发现各部委和各地方对一些专业毕业生的需求量较小，如果按计划分配可能造成用非所学。于是，教育部决定在北京大学等十所院校的 12 个专业①采取"供需见面"的办法。《人民日报》在当年 8 月 26 日报道了清华大学的"供需见面"分配情况，认为这种分配方法比较合理周到，专业对口，优才优用，保证了国家重点建设单位和生产第一线的急需，适当地照顾了地区间的平衡和学生的实际困难，加强了学校和社会的联系，使社会有关方面都来关心毕业生分配工作。1984 年，增加了四川大学，试点办法作适当改进，即划出一定的比例国家先不下计划，完全由学校与用人单位直接联系并提出分配计划。一些部委和省（自治区、直辖市）的学校也先后实行"供需见面"办法（《中国教育年鉴》编辑部，1984：147）。教育部一位从事毕业生分配工作的干部撰文称（胡守律，1993），

---

① 这些专业及所属院校是：天体物理专业（北京大学、南京大学）；天体测量专业（南京大学）；天体力学专业（南京大学）；空间物理专业（北京大学）；天文学专业（北京师范大学）；海洋物理专业（厦门大学、山东海洋学院）；海洋化学专业（厦门大学）；激光技术专业（天津大学、华中工学院）；气体放电器件专业（南京工学院）；电真空器件及技术专业（南京工学院、浙江大学、华南工学院）；半导体物理与器件专业（天津大学、华中工学院、华南工学院）；船舶船厂电气化自动化专业（华中工学院）。

凡是通过"供需见面"方式落实分配计划者报到率几乎达到100%，学用不一致的现象大大减少。

> 当时清华大学分配办的王筱颖老师的体验是：1983年"学校和用人单位开始有了供需见面"，也就是从这一年开始，用人单位开始活跃。派人到学校、到部委，商量用人计划，争取更多的学生，因为毕业市场是"僧多粥少"。同时，学校也开始了解用人单位的需求，1984年5月，清华组织了三路人马到西北、东北、华南调研，看看企业需要什么样的人才，之前去的学生干得怎样。当时的就业，学生尚未参与，因此王老师戏称仍是"父母包办"，不过双方"亲家"能面谈了。学生能参与就业选择是在三年之后。（新京报社，2008）

2."有偿分配"的争议

国家招生与就业政策的调整为运用经济管理手段调节毕业生布局提供了借口。1983年，一些地方甚至试行了更超前的分配方式：对自主分配比例部分进行有偿分配尝试。1985年的《企业经济》《中国高等教育》杂志均对江西工学院的大学生有偿分配案例进行了报道：

> 江西工学院是一所多科性的工业院校，毕业生主要面向本省，去年有13个专业709名毕业生，但不及社会需要量的1/3，特别是工民建等几个专业，社会需要超过毕业生人数的几倍甚至十几倍。江西工学院在去年的毕业生分配中和江西第二电机厂达成协定，协定规定：江西工学院向江西第二电机厂提供十名优秀的应届毕业生，其中，铸造、工民建、自动化、电子技术、发配电专业各一名，电机专业三名，机制专业二名，毕业生尽量考虑是工厂所在地宜春地区人；江西第二电机厂向江西工学院提供十万元培训经费，于年内分两期付清。协定达成后，向各自主管部门提出报告，分别得到教育厅和机械厅支持，经省政府批准实施。现在，这个协定已经全面履行。（匡君杰、寿伟峰，1985）

有的高等学校及其上级主管部门搞"有偿分配"，是套用"委托代

培"制度而打的擦边球。有些学校在以"供需见面"的形式同用人单位
联系分配毕业生时，公开或变相向用人单位收费，或索取设备、物资，
少则每名毕业生七八千元，多则 2 万元。这种做法在社会上引起了强烈
反响。来自日本这样市场经济发达国家的一位学者也认为在"有偿分
配"名义下，将毕业生"商品化"、大学与企业之间进行金钱交易的现
象"做过头"了（大塚丰，1998：2）。从后来的政策变化来看，国家对
此也有所警觉，并做出了反省与修正。如 1985 年 3 月 16 日，教育部发
出了《关于教育部部属高校一律不试行"有偿分配"的通知》。1986 年，
不再扩大有偿分配的试点范围。[①] 1989 年后不再沿用"有偿分配"毕业
生的提法。[②]

　　3. 学生参与，"婆媳"见面

　　1985 年，教育部直属院校采取上下结合的办法编制分配计划和调配
计划。具体做法是：由国家计委和教育部先提出一部分毕业生（约
20%）的分配计划草案和调配计划草案，主要考虑能源、交通、军工等
部门的需要，征求意见，通过"供需见面"后，进行调整、落实；一部
分毕业生（约 80%）在国家分配方针、原则指导下，由学校与用人单位
直接联系，提出分配建议计划，在这个基础上，国家计委会同教育部进
行综合平衡，编制出分配、调配计划并下达。一些部委和省（自治区、
直辖市）在自己所属院校中也划出一定比例（少的 10%，多的 70%），
让学校提出分配建议或由学校分配。

　　1985 年，上海交通大学和清华大学两所学校的毕业生约 3000 人，作
为改革毕业生分配制度的试点，试行"招聘、推荐与考核录用相结合"
的办法，由学校与用人单位直接联系分配。其目的是改变过去统一由国家
计划分配的做法，逐步过渡到"供需见面"的分配办法，自下而上地纳入
国家计划。1988 年，增加复旦大学和西安交通大学两所教育部直属学校为
试点，同时，其他部委、省市也选择了一些学校进行类似的改革试验。

---

① 参阅 1986 年国务院批转国家教育委员会《关于改进一九八六年高等学校毕业生分配工
作报告的通知》。

② 参阅《国家教育委员会、人事部关于印发〈关于改进 1989 年高等学校毕业生分配工作
的报告〉的通知》。

大学生第一次与"婆家"见面

1985 年，国家教委再次对毕业生分配进行试点改革。文件的出台催生了全国第一场高校毕业生供需见面会。寒假之前，几百个单位的邀请函都已经发出，约请用人单位来学校摆摊，和学生见面。清华大学王筱颖老师说："这是从来没有过的举动，学生和用人单位反应都很热烈。"

王筱颖清晰地记得，1986 年 4 月 29 日那天在清华大学的中央主楼，前厅、后厅全部摆满了桌子。里面一个圆圈，坐着的都是各个系负责毕业分配的老师，负责办理相关材料。外面一圈，都是用人单位，学生们上来，和单位一家一家谈。"从来没见过这么多的用人单位"，当时参加的有 185 家单位、500 多人，参加的学生有 1000 多人。这是大学生第一次在工作前可以与"婆家"见面，这意味着在就业这个人生的最重大选择中，学生可以参与，不再是旁观者。

这场见面会当场不签协议，但学生可以和用人单位达成意向，再将意向转达给学校，学校再按照计划进行分配，基本上只要条件符合都能同意。"那天很忙很忙"，22 年过去了，见面会的场景王筱颖仍记忆犹新，当时尚不出名的海尔老总张瑞敏也带队来参加见面会，招毕业生，王筱颖当时提醒张瑞敏，"你要记得给学生办户口啊"。（新京报社，2008）

1987 年，上海交通大学邀请了 180 家单位到校招聘，共招聘毕业生 423 名，占学校实际分配数的 42%，由学校推荐、用人单位考核录用的毕业生 586 名，占实际分配数的 58%。"新的办法调动了学校和学生的积极性，促进了学校和用人单位双方事业的发展"，用人单位直接向学生介绍情况，动员和招聘毕业生，他们比学校讲得具体、生动，比学校动员有力。学生说："过去分配毕业生是'包办婚姻'，用人单位和学生事先一无所知，一次分配定终身，学非所用很难调整。现在当面听单位介绍，情况清楚。"因而，学生思想稳定，分配和派遣工作顺利，宣布分配方案两天内，全部办完离校手续。离校前几天，师生联欢，笑语满园。临走时，毕业生与老师依依不舍，签名留念，热情话别，有的学生离校前向校内深深三警笛，场面感人。据《中国教育年鉴（1988）》记载，上海交通大学改革的具体做法如下。

第一，广泛收集社会对毕业生的需求信息。每年1月初，学校将应届毕业生人数，各专业毕业生的来源地区以及毕业生所学专业情况，采取发函的形式，向全国各省（自治区、直辖市）和国家有关部委以及企事业单位介绍。同时，组织各系和各专业的老师，结合日常业务和出差、开会等各种形式，征得社会对该校毕业生的需求信息，并了解用人单位对毕业生的使用意图和具体要求。

第二，学校拟定合理的分配比例。为了使学校的分配计划在国家宏观控制范围内，重点保证生产第一线和国家重点建设项目，学校规定分配给交通、能源等重点建设部门的毕业生不少于毕业生总数的25%；分配给生产第一线与高校、科研单位的比例约为7∶3；分配给中央部门单位与地方单位的比例约为1∶1；边远地区来的学生能学以致用的，原则上分回去；内地学生愿去边远地区的，给予精神和物质奖励。

第三，初选恰当的分配单位。为了让毕业生选好恰当的单位，学校组织毕业班的老师和指导员，对用人单位需要的毕业生的信息逐个进行分析鉴别，查考前两年各单位对毕业生的使用情况，结合毕业生的实际，在学校下达的分配比例范围内，挑选实际分配数20%的分配单位向学生公布，供学生选报志愿。

第四，邀请用人单位到高校招聘毕业生。为了优先照顾国家重点建设单位和边远地区单位，以及部分其他地区单位的急需，学校鼓励毕业生向艰苦地区流动。学校直接请基层单位到校招聘毕业生，并对招聘范围作三项规定：①边远地区的单位来校招聘毕业生，不限专业、不限人数、不限来源地区，任意招聘毕业生；②上海地区的单位，限专业、限人数，并适当限制来源地区；③其他地区的单位，不限专业，适当限人数，除边远地区外，其他地区任意招聘。用人单位在学校的规定范围内，通过放录像、张贴招聘启事、开座谈会，以及在指定地点接待毕业生咨询等形式，向毕业生介绍本单位情况，积极招聘毕业生。其间，班主任和指导员主动发挥"牵线搭桥"作用，向用人单位介绍学生情况，热情引导毕业生应聘。用人单位还通过查阅学生档案、学生成绩和体检表，以及交谈等形式进行考核，如果双方满意，就填写聘书，报学校批准。

第五，学校推荐，单位考核录用毕业生。学校将未应聘的毕业生向用人单位发函推荐，并邀请他们来校考核录用。先由班主任、指导员根据用人单位的要求，结合毕业生德、智、体综合评分情况，参考毕业生志愿，确定分配名单，向单位推荐介绍。单位通过派人来校查阅学生有关材料和找学生谈话等形式进行考核，满意后，由学校批准。若非专业使用不当，学生应服从推荐。若单位不满意，可放弃或调整。部分专业，专业性强，学校和企业双方已合作多年，互相信得过，就采用书面材料的通信方式，考核录用。（《中国教育年鉴》编辑部，1989：217~218）

二　"中期方案"：一定范围内的"双向选择"

从 1986 年起，在前几年改革试验的基础上，国家教委同国家计委、财政部等有关部门，先后召开了数十次座谈会和调查会，广泛征询组织、计划、劳动人事部门、高等学校、用人单位及其主管部门的意见，并向 100 多位专家及 5000 多名大学生发放了问卷调查。经过广泛研究论证，形成了"中期方案"（1989 年《关于改革高等学校毕业生分配制度的报告》及《高等学校毕业生分配制度改革方案》）。该报告提出了改革目标：在国家就业方针、政策指导下，逐步实行毕业生自主择业、用人单位择优录用的"双向选择"。高校招生计划分国家任务计划和社会调节性计划两部分，同时，相应地改变培养费拨付办法。方案实施初期，考虑到人才（劳务）市场还没有完全形成，毕业生主要还不是靠自己找职业，而是以学校为中介向社会推荐就业，在一定范围内"双向选择"。[①]随着其他方面改革的深化，特别是人才（劳务）市场的发育完善，定向招生逐步减少，毕业生的择业范围扩大，毕业生择业制度向长远改革方向——通过人才（劳务）市场"自主择业"过渡。因此，这份报告被称作"中期方案"。从总体来看，这是一个过渡性方案。其实，1989 年招生时就有近百所高校实施这一"方案"，部分高校参照该"方案"的就业模式落实就业计划。

此时，国家任务计划招生的毕业生仍在国家宏观调控下，在一定范

---

① 参阅 1989 年《国务院批转国家教委关于改革高等学校毕业生分配制度报告的通知》。

围内落实工作单位，而不能以"自主择业"的办法就业。① 因长期以来由国家包分配的惯性，为避免待就业的大学生产生恐慌心理，国家教委领导亲自出面，告知"双向选择"并非"自谋职业"②。

> 目前还是以国家计划分配为主，只是为了增加用人单位和毕业生的选择自由度，没有联系到工作单位的学生，只要是合格的大学生，国家还是给安排工作的。"中期方案"中的在一定范围内"双向选择"，也还是指国家计划规定了的范围就业，采取以高等学校为主收集需求信息、组织招聘会等向社会推荐输送毕业生的办法。凡毕业生自己收集到的信息，也应由学校统一掌握，而不能作为其本人就业方案的依据。

如此，大学毕业生就业的市场化，在政策文本中隐约地有了突破性进展，但是这些政策真正进入实施层面已经是很久以后的事情了。

三　"93 纲要"的目标：在 2000 年实现双轨变单轨

"中期方案"的实施中出现很多难点，如毕业生不愿去急需用人的条件艰苦的重点单位、边远省区工作；毕业生渴望扩大择业范围但人才市场发育缓慢；户籍、档案等政策不配套；等等。"中期方案"甚至出现反复，如 1989 年各级政府机关甚至被禁止直接接收应届大学毕业生，他们必须先到基层进行锻炼。③ 这个方案的超前推出，一度使毕业生就业工作进入低谷，希望寻求出路的人们终于注意到"双向选择"试点的经验。

1992 年，邓小平南方谈话以及党的十四大确立社会主义市场经济体制的改革目标。与之配套，"93 纲要"规定，"随着社会主义市场经济体制的建立和劳动人事制度的改革，除对师范学科和某些艰苦行业、边远

---

① 参阅 1993 年《国家教委办公厅关于高等学校毕业生参加社会上组织的"人才招聘会"活动等有关问题的通知》。
② 《组织人事报》1989 年 5 月 18 日。
③ 参阅《中共中央 国务院关于省级以上党政机关不直接从高等学校应届毕业生中吸收干部的通知》。

地区的毕业生，实行一定范围内定向就业外"，大部分毕业生采取"自主择业"的就业办法。为了配合就业制度目标的实现，基于高等教育属于非义务教育的认识，"93 纲要"规定"逐步实行收费制度"，由学生分担部分培养成本，从而淡化了国家任务计划和社会调节性计划相结合的招生双轨制（李岚清，2003：111～114）。关于缴费上学的原因，当时分管教育的副总理李岚清有一段回忆：

> 1993 年，我陪同江泽民同志考察海南大学时，他问校长：你们学校的学生课后都做些什么？校长答：大多出去玩了。江泽民同志又问：图书馆晚上不开门吗？校长说：开，但学生不来。晚上来看书的学生还没有灯头多呢！接着，校长建议说，现在这种公费加包分配的办法再不改不行了。国家负担不起，有些学生又不好好学习。不好好学习、出去玩的学生还算好的，有的还找碴儿闹事。

这件事激起了时任副总理李岚清的反思：

> 其实，当时这并非个别现象。江泽民同志和校长的这番对话对我触动很大。这种吃公费、混日子的局面，既误人子弟，无法为国家培养优秀人才，也严重阻碍了高等教育的发展，必须改革。这就是实行这项改革的必要性和背景。

1994 年，逐步建立起"学生缴纳部分培养费用、毕业后多数人自主择业"的机制。到 1997 年，基本实现招生收费并轨，这进一步加速了就业机制的变革。1995 年，国家教委为高校毕业生就业制度改革划定日程："并轨"后所招的大学生原则上在本系统、本行业范围内自主择业；2000 年，基本实现高校毕业生就业制度改革。

总的来说，1985～1998 年，国家政策层面开启了大学生就业制度的市场化进程，但大学生就业仍然以国家计划分配为主体。面对 1998 年第一批缴费上学的大学毕业生，国务院首次提出：积极支持和鼓励集体企业、私营企业、联营企业和股份制企业接收毕业生。这表明，上大学也是家庭和个人的人力资本投资，国家不再对个人的就业问题负责，高校也不再仅仅是"为国育才",也是为社会育才,除了公有单位外,非公有制单位光明正大地成为人才使用主体,国家也只是人才使用主体之一。自 2000 年起,教育部文件明确规定将毕业就业派遣证改为就业报到证,官方对这一证件名称进行改变,旨在从性质上确立毕业生就业的"自主地位"。2002 年,教育部又发出通知,提出取消高校毕业生跨省跨地(市)就业的限制。2007 年 4 月,随着西藏取消大学生毕业分配制度,延续了 50 多年的毕业分配制度终成往事。

第三节　资源供给与约束:以就业率为抓手
(2000~2015 年)

在世纪之交的大学生就业问题上,国家的角色定位不再是分配主体,国家退出劳动关系的确立环节。然而,这并不意味着国家退出了就业市场,国家定位出现了宏观调控和服务职能的转向。这也是从行政安置到市场选择转变的核心意义。然而,由于中国大学生就业表现出大群体、大规模集中、短时间就业的特点,大学生就业在国家眼中是关乎社会稳定的大事。21 世纪以来,为确保大学生就业这一民生问题,在实际工作中或者说行动策略上,就具体体现在确保大学生就业率这一抓手上。为确保就业率,教育部从国家层面和高校层面进行了制度设计。在国家层面体现为制度资源供给策略下规范与促进就业的政策框架;在高校层面则表现出资源约束策略下高校单位制度的延续。

一　规范劳动力市场的管理制度

由于国家不再对个人就业负责,学生必须亲自面对就业市场。让用人单位、大学毕业生等市场主体有序与规范运作,成为政府的宏观职能之一。为了保护劳动者和用人单位的合法权益,发展和规范劳动力市场,推进市场经济条件下的就业工作,2000 年 12 月 8 日,劳动和社会保障部颁布的《劳动力市场管理规定》指出,用人单位可以通过委托职业介绍机构、参加劳动力交流洽谈活动、以大众传播媒介刊播招用信息、利用互联网进行网上招聘,以及法律、法规规定的其他途径自主招用人员,并规定了用人单位招用人员时不得采用的行为。

为保障毕业生的合法权益，维持公平就业的原则，政府出台了一系列政策。2002 年 3 月，国办发〔2002〕19 号文①对中、东部地区的毕业生到西部地区工作的户籍管理、工资定级，到非公有制单位就业的高校毕业生的集体户口的审批条件，以及企业用人自主权等方面给出了详细的规定。2002 年 9 月，教育部等四部委联合发出的《关于切实做好普通高等学校毕业生就业工作的通知》规定：省会及省会以下城市要取消进人指标、户口指标等限制，取消限制高校毕业生跨省、跨地（市）就业的政策规定，取消对毕业生收取城市增容费、出省费、出系统费和其他不合理、不合法的收费等。这一规定的重要意义至少有两个：一是拆除了限制大学毕业生自由流动的藩篱，打破了人才招聘使用上的条块分割；二是让每个大学毕业生都享有平等的就业权（过去大多数大学生往往因为"一张户口本"而"从哪里来就得回哪里去"，先回到省，再回到市，最后回到县、乡、镇，从而使不同地区的大学生在就业机会和就业权利存在严重的不平等）（晏扬，2002）。通知还特别规定截止到毕业前仍未落实工作单位的高校毕业生可以将户口、档案在原就读的高校继续保留两年，两年内落实就业单位的仍可继续派遣就业。在户籍制度仍然扮演着"流动抑制角色"时期，这项制度对于大学生资源的有效配置异常重要，它保证大学生至少有两年时间可以在劳动力市场上进行磨合与选择。2007 年，国家陆续颁布《中华人民共和国劳动合同法》《中华人民共和国就业促进法》《就业服务与就业管理规定》，旨在规范就业市场、促进大学生就业。

面对人才市场中的乱象或可能存在的问题，就业安全也是政府和高校非常重视的。2001 年，作为中共中央机关报的《人民日报》提醒大学生就业时警惕"人才黑市"（陈光明、张苏，2001）。

2010 年，江西省高校毕业生就业办工作总结中，将"0 事故"作为就业安全的成绩。

二　促进毕业生就业政策的密集出台

从 2002 年起，我国就业政策目标逐渐清晰（赖德胜等，2011）。党

---

① 《国务院办公厅转发教育部等部门关于进一步深化普通高等学校毕业生就业制度改革有关问题意见的通知》。

的十六大把实现充分就业正式纳入国家发展战略，积极就业政策被正式提出。当年，党中央、国务院提出了积极就业政策的基本框架,[1] 标志着我国开始正式实施积极的就业政策。由于 2002 年政策期限原定执行到2005 年底，为保持政策的连续性，2005 年 11 月，《国务院关于进一步加强就业再就业工作的通知》对原有政策做了"延续、扩展、调整、充实"，进一步扩大扶持范围，增加扶持内容，改进操作办法，延长执行期限。2008 年底全球金融危机出现，中央提出实施"更加积极的就业政策"，其中大学生就业被摆在就业工作的中心位置。

世纪之交，高校毕业生就业制度的主要特征是"自主择业"，与此同时，政府也加强了宏观调控力度，"千方百计扩大就业"。2003 年，党的十六届三中全会通过的《中共中央关于完善社会主义市场经济体制若干问题的决定》规定：鼓励企业创造更多的就业岗位。2005 年 2 月 24日《国务院关于鼓励支持和引导个体私营等非公有制经济发展的若干意见》颁布，这是新中国成立以来第一个以促进非公有制经济发展为主题的中央政府文件。关于进一步完善非公经济的政策的持续出台极大地拓展了大学生的就业路径与空间。有学者统计，2002～2009 年，中央有关部门累计发出 49 个文件，明确了 100 多项具体政策，各地方政府也制定了大量的配套政策措施，涉及毕业生到基层就业、到民营企业就业、自主创业、就业指导、技能培训、待就业服务、失业登记、临时救助等各个方面，基本形成了动员、统筹全社会多方面力量参与，促进大学毕业生就业的体制和机制（文东茅、王友航，2010）。2009 年，为有效应对全球金融危机对就业的影响，教育部为帮助毕业生及时、全面地了解政府积极促进高校学生就业的政策，印制了 3 万张《国家促进普通高效毕业生就业政策公告》大型宣传海报并下发至各高校。该公告内容包括国家对到基层、到中西部地区、到中小企业就业，应征入伍，参加国家、地方重大科研项目以及家庭困难的五类大学毕业生分别给予的各种优惠

---

① 在短短的一年间，有关部门相继出台了 25 个配套政策文件。此阶段积极就业政策包括五个方面的重点：一是以提高经济增长对就业吸纳能力为取向的宏观经济政策；二是以重点促进下岗失业人员再就业为取向的扶持政策；三是以实现劳动力与就业需求合理匹配为取向的劳动力市场政策；四是以减少失业为取向的宏观调控政策；五是以既能有效保障下岗失业人员基本生活，又能积极促进再就业为取向的社会保障政策（张小建，2010）。

政策。这是教育部首次以公告的形式宣传、告知高校毕业生就业政策。这一公告可看作21世纪以来国家促进高校毕业就业政策的集大成者。现录入如下：

国家促进普通高校毕业生就业政策公告①

一、鼓励高校毕业生到基层、到中西部地区就业

1. 对到农村基层和城市社区公益性岗位就业的，给予社会保险补贴和公益性岗位补贴；对到农村基层和城市社区其他社会管理和公共服务岗位就业的，给予薪酬或生活补贴。

2. 对到中西部地区和艰苦边远地区县以下农村基层单位就业并履行一定服务期限的，由政府补偿学费，代偿助学贷款。

3. 对有基层工作经历的，在研究生招录和事业单位选聘时优先录取。

4. 对参加"选聘高校毕业生到村任职"、"三支一扶"（支教、支农、支医和扶贫）、"大学生志愿服务西部计划"、"农村义务教育阶段学校教师特设岗位计划"等项目的，给予生活补贴，按规定参加社会保险；项目服务期满并考核合格的，报考硕士研究生初试总分加10分，高职（高专）学生可免试入读成人本科；今后相应的自然减员空岗全部聘用参加项目服务期满的高校毕业生。

二、鼓励高校毕业生应征入伍服义务兵役

5. 由政府补偿学费，代偿助学贷款。

6. 在选取士官、考军校、安排到技术岗位等方面优先。

7. 退役后参加政法院校为基层公检法定向岗位招生考试时，优先录取。

8. 具有高职（高专）学历的，退役后免试入读成人本科；或经过一定考核，入读普通本科。

9. 退役后报考硕士研究生初试总分加10分；荣立二等功及以

---

① 《国家促进普通高校毕业生就业政策公告》，http://www.moe.gov.cn/jyb_xwfb/xw_zt/moe_357/s3581/moe_2684/moe_2688/tnull_45424.html，最后访问日期：2019年12月31日。

上的，退役后免试推荐入读硕士研究生。

三、积极聘用优秀高校毕业生参与国家和地方重大科研项目

10. 高校毕业生在参与项目研究期间，享受劳务性费用和有关社会保险补助，户口、档案可存放在项目单位所在地或入学前家庭所在地人才交流中心。聘用期满，根据需要可以续聘或到其他岗位就业，就业后工龄与参与项目研究期间的工作时间合并计算，社会保险缴费年限连续计算。

四、鼓励和支持高校毕业生到中小企业就业和自主创业

11. 对企业招用非本地户籍的普通高校专科以上毕业生，各地城市应取消落户限制（直辖市按有关规定执行）。

12. 为到中小企业就业的高校毕业生提供档案管理、人事代理、社会保险办理和接续等方面的服务。

13. 从事个体经营符合条件的，免收行政事业性收费并享受国家相关扶持政策。

14. 登记失业并自主创业的，如自筹资金不足，可申请5万元小额担保贷款；对合伙经营和组织起来就业的，可按规定适当提高贷款额度。

15. 参加创业培训的，按规定给予职业培训补贴。

16. 灵活就业并符合规定的，可享受社会保险补贴政策。

五、强化对困难家庭高校毕业生的就业援助

17. 就业困难和零就业家庭的高校毕业生，享受公益性岗位安置、社会保险补贴、公益性岗位补贴等就业援助政策。

18. 机关、事业单位免收招聘报名费和体检费。

19. 高校可根据实际情况给予适当的求职补贴。

20. 对离校后未就业回到原籍的高校毕业生，由各地公共就业服务机构免费提供就业服务并组织就业见习和职业技能培训。

三 就业率制度执行中的高校单位制的延续

1. 就业率制度的缘起

自1993年建立高校毕业生就业率统计制度以来，统计方法和内容都

相对简单，且统计结果只作为教育主管部门或各高校的内部参考，而不对外公开。1999 年，教育部公布的《1999 年中央部委所属高校毕业生一次就业状况》仅列了专业名称、毕业生人数、就业方案落实人数和初次就业率四个栏目，未对就业率统计方法和截止时间等进行说明。公布就业率的目的在于促使高校改变只重招生、不重就业的办学观念，以此来考核、评价、推动和促进高校的人才培养工作。从 2000 年起，教育部公布的数据将截止时间定为当年 6 月，就业人数以 6 月各高校拿到教育部签发的毕业生就业报到证的人数为准。此次公布的就业率将教育部原部属高校就业率划分为 95% 以上、90%～95%、85%～89%、80%～84%、70%～79%、70% 以下六个区间段，将 2000 年新划归教育部的高校本专科毕业生的就业情况按 90% 以上、80%～89%、70%～79%、60%～69% 四个区间进行划分。教育部有关文件规定，从 2002 年起，各省、自治区、直辖市要定期公布本地区范围内高校毕业生的就业率和就业情况。①

2. "以提高就业率为中心"：就业率的资源挂钩政策

就业率公布制度的实施，"犹如在高校竞争中又竖起新标杆"。2000年，教育部在高校毕业生就业工作总结会议上明确提出，要把就业率作为一项重要指标来考核高校。2001 年教育部文件再次重申了这一政策，②2002 年则进一步提出"政府有关部门要切实做好高校毕业生就业工作，以提高就业率为中心"。③ 2003 年 4 月，教育部公布了被就业工作者称为就业率的"18 条挂钩"政策，④ 这 18 条政策中几乎每一条都是与高校甚至地方政府生存与发展紧密相关的"紧箍咒"，举例如下：

（1）把毕业生就业状况作为地方和高校确定高等教育事业发展规模的重要依据。坚持年度招生计划安排与毕业生就业率适度挂钩，对就业率明显偏低的地方和高校，区分情况，原则上要减少招生、控制招生或调减增幅。

---

① 参阅《教育部、公安部、人事部、劳动保障部关于切实做好普通高等学校毕业生就业工作的通知》。

② 参阅《教育部关于做好 2001 年全国普通高等学校毕业生就业工作的通知》。

③ 参阅《国务院办公厅转发教育部关于进一步深化普通高等学校毕业生就业制度改革有关问题的意见的通知》。

④ 参阅《教育部关于进一步深化教育改革，促进高校毕业生就业工作的若干意见》。

（2）把毕业生就业率作为评议高校设置的主要依据和参数。对毕业生就业率低的地区，控制新增高校的数量。从 2003 年开始，对连续三年本专科 7 月份毕业生就业率低于本地区平均就业率的高校，控制其专业总数。

（3）把毕业生就业状况纳入高校评估指标体系。凡就业率低的学校，一般不得评为优秀，甚至"把高校毕业生就业工作作为考核高校领导干部政绩的重要内容"。

（4）将学位工作与毕业生就业率适度挂钩。在审核新增硕士、博士学位授予单位工作时，将各有关高校本科毕业生和毕业研究生就业率作为依据之一。在新增学位授权点（主要是硕士点）审核工作中，将各学科以及各有关高校毕业研究生就业率作为增列硕士点的重要参考因素。

2011 年 11 月 22 日，教育部明确指出，对就业率连续两年低于 60% 的专业，调减招生计划直至停招。从此，高校毕业生就业率作为一个统计指标，已经突破了仅仅用来评估一个地区、一所高校毕业生就业工作情况的限制，在高校"自主办学权"日益扩大的同时，俨然成为评估高校办学的非常重要的指标（武毅英，2009）。至此，就业率统计制度成为悬挂在各高校领导和就业管理者头上的一把达摩克利斯之剑。教育部学生司负责人在"2005 关注中国大学生就业"系列活动上说，高校毕业生就业率要达到 73% 以上，不低于上年水平（方奕晗，2005）。2009 年 1 月 5 日，人力资源和社会保障部在官方网站公布的《关于开展 2009 年就业服务系列活动的通知》中提出，力争应届普通高校毕业生初次就业率达到 70% 左右。

3. 就业作为"一把手工程"

为了实现"理想"的就业率，新中国成立以来一直行之有效的单位体制得以延续。为了确保就业率指标的完成，教育部多年来一直下发通知，要求高校的"一把手"亲自抓就业。据笔者所见，把毕业生就业工作作为高校领导的"一把手工程"，最早见于 2002 年 12 月 31 日颁发的《教育部关于进一步加强普通高等学校毕业生就业指导服务机构及队伍建设的几点意见》。

毕业生就业工作是怎么抓的呢？我告诉你，就是一级抓一级。国家抓教育部，教育部抓省里，省里呢，就盯着教育厅，就抓我们，我们就抓学校，至于到了学校，就是校级层面抓院系，各院系抓班级，班级抓具体的学生。我们的就业工作就是采用这样一级盯一级的方式抓起来的。学校肯定要听我们的，国家有文件规定了就业率和高校的18项指标挂钩，什么专业设置啊、招生规模啊等等，最要命的是和学校领导的"乌纱帽"挂钩。（摘自2011年4月田野笔记）

就业工作为什么要实施"一把手工程"？笔者随同北京大学毕业生就业研究团队调研时，北京大学一位教授就这一问题与江西省高校毕业生就业工作办公室的一位负责人进行了一番探讨。

文老师：当年许（智宏）校长退下来的时候，我数了数，他有20多个"一把手工程"，什么消防、安全、计划生育、信息、人事、国际交往等，就业招生估计也是。即使这样，人们还在继续提"一把手工程"，是不是说明"一把手工程"还是有作用的。你们厅长、各高校校长肯定要管很多事，但是有一个一把手哪怕只是说一句话，效果还是会不一样。（摘自2011年6月11日田野笔记）

当地干部认为，像在A省这样高等教育不发达、经济发展也不发达的地区，必须搞"一把手工程"。比如北大、清华及上海的名校也一样，不可能让教授去抓就业。A省的学校层次比较低，211学校只有一所，所以我们就要求实行"一把手工程"，而且这也是按国家要求来做的，不是我们自己的创造发明。

我是这么理解"一把手工程"的，国家有文件了，这就是一个尚方宝剑。我们就可以大张旗鼓地去宣传，要求他这么做。但真正来讲，还是要求具体措施跟得上，否则的话，一把手也是空的，他说一声就是，传达一下就完了。

我们这个"一把手工程"呢，要落实还真的不容易。我们还要有具体措施，比如，周报、月报制度。周报、月报制度是我们省领导要求这么做的，我们省做得比较早的，其他省很少有这么做的。这个周报制度，每个礼拜都要编一期，编到 15 期之后就实行月报制度了，每一期要报给省里的主要领导，省委书记、省长、分管（教育）的几个副省长，还有教育厅领导，还要发给每个学校的领导。他们看后，他们就没办法坐得住了。省领导会过问，那个学校是怎么回事，这些数据排得这么靠后，赶快召集他们的一把手过来开会，说明原因。这样他们就坐不住了。每个层级都是一把手，教育厅、学校、院系等都是，这样的话要钱要人就容易到位。比如二级管理系统，这个收集学生就业信息很方便，要购置服务器等设备要投资七八万元吧，好多学校尤其是不太大的学校根本就不想干，二级院系也要搞，但因为是"一把手工程"，就（被）逼得去搞。（摘自 2011 年 6 月 11 日田野资料）

A 省这位高校毕业生就业工作办公室的负责人接着介绍了省委书记、省长等一把手如何重视就业的事。

　　我们这个"一把手工程"啊，还真是实实在在的。因为省委书记就非常关心，对于就业工作常常有很长一段的批示。从省委书记、省长开始就实行"一把手工程"。2009 年，省委书记来我们这巡视，就在我们这里一楼。本来安排的巡视时间就 1 个小时，结果他在这里总看总看，还找边上在场的学生不停地谈话，搞了 2 个小时。……结果，那一天他都在视察就业工作，一直到晚上 6 点。为教育系统的某一个分支的时间花这么多精力是从未有过的，以前哪怕是整个教育方面花一上午就不得了。那天是安排他早上 8 点出发，8：15 到我们这里，结果他 8：10 就到了。

　　还有我们的省长也是一次一次地开这个会。这些也就说明了"一把手工程"了。所以这个学校就是坐不住的。我们的吴省长很关心创业教育。前年吧，他就安排得好急，一想到这个问题就马上要办，搞了两年了，今年还没有开始。"毕业大学生的创业典型"回到校园里报告，遴选 10~12 个典型，到 10 所左右大学去宣讲一个礼拜。这个宣讲很有效果，我们一开始以为不会有什么用。省长讲啊，那些典型不要毕业太久的，两年的吧，也不要太有成就，但又做了一些工作，让学生可以学，但不要那些大老板，既没有用，学生也没有办法学。这些人（这些典型）啊，省长亲自接见他们，他说很高兴，结果一讲就讲了好久。本来是安排随意接见一下，五六分钟就可以，因为紧接着他要接见香港的企业家，秘书又催他，他说不要紧，等一下。一讲就讲了半小时，他好高兴呀，也不顾时间了，结果又讲了一小时，跟那些典型们又讲了自己的经历，自己是怎么走过来的……

4. 难在找"好"工作与高校就业工作者的劝诫

大学毕业生一直属于劳动力市场的优势群体。萨伊定律认为，大学毕业生能否找到工作不是"真问题"，只要肯降低求职期望总可以找到工作。然而，就业部门的老师们不止一次地告诉笔者，"现在讲就业难，实际上是指就业质量低，要找好工作难"。NIT 大学国际教育学院 L 副书记告诉笔者："去年我们的校园招聘会提供了 6000 多个岗位，都是经过学校论证、筛选过的，但只有 1000 多名学生走上我们提供的岗位。学生对于就业并不急，用人单位在招聘大厅里等，但没有学生去应聘，岗位比人多。但用人单位也不急，它们从你这里招不到学生，可以到其他学校去招人。"（摘自 2011 年 4 月 13 日田野笔记）某师范大学就业处 H 主任告诉笔者："学生大多喜欢有编制、有资源、有地位、有保障的单位，如果是这样的单位来招聘，大家积极性很高。但是没有编制的单位，学生就不急于应聘。我私下问了几个关系比较密切的学生为什么会这样，他们说毕业以后这样的工作很容易找到，这么快绑定自己，何苦呢？这样，我校的就业率就很难提高了，要完成上面下达的 70% 以上的指标就必须做'工作'了。"（摘自 2011 年 5 月 12 日田野笔记）

"先就业，后择业"本是权宜之计，但随着就业率越来越成为高校生存与发展的核心指标，这句话成为常用劝诫语，试图引导大学生转变就业观念。其指导思想是，毕业就业是人生第一次就业，在整体就业环境不乐观的情况下，不应该对单位过分"挑拣"，先找一个单位就业是最为务实的做法。与毕业生距离最近的要数班主任、辅导员等学生工作人员，"所有的就业数据都由他们收集，而所有责任也最终落实到他们头上"（2011 年 4 月 27 日，某中医药大学就业处负责人 Y 处长）。NIT 大学就业中心主任 X 老师也在无奈中反省说："真正的就业辅导应该是为学生分析某个单位的优缺点，岗位与学生的个性特征、生涯规划是否匹配，而不对学生说这么好的单位你都不去呀，或者为了就业率，劝学生赶紧签就业合同、就业协议。"（摘自 2011 年 4 月 1 日田野笔记）笔者在一个毕业班的 QQ 群里发现，就在毕业生离校前的四五月份，辅导员为了就业率问题而"呕心沥血"。

四　就业率制度的不良后果

国家对高校毕业生就业率"下指标"，这是一个备受就业管理者质疑但又不得不面对的任务。如有专家认为，"把应由社会承担的就业重担压给高校有失公允""虚高的就业率对政策制定和调整有不良影响"（杨学坤、吴树勤，2004）。硬性指标是计划经济时代的产物。"指标管理"也可算是中国的一大特色，不管做什么事情总是"指标先上"，先下一个指标，然后级级分派（盛翔，2005）。既然是教育部门提出的"要求"，"被要求"者当然只能是高校，而不是用人单位。这样一种制度设计与实施，导致的不良后果直接表现为对高校教育教学职能造成了冲击。

第一，"千军万马搞就业"：以就业率为中心的学校工作。一位省级就业管理干部形容，如今高校是"千军万马搞就业"。2007 年天涯论坛发布了一篇广为关注的帖子——《作为高校教师，我来告诉你就业率是怎么提高的》。[①] 因这篇帖子的内容被一些高校的教师和学生告知也真实地发生在自己学校，现摘录如下：

> 一次又一次，学校和院系领导在会议上反复强调：一定要严把就业关，保证就业率在 90% 以上！不明内情的人一定会有疑问：就业率是由人才市场的供求决定的，学校只是供求双方之一方，这就业关是学校想把就能把得住的吗？把得住的——只要从上到下齐心

[①] 《作为高校教师，我来告诉你就业率是怎么提高的》，http://bbs.chinahrd.net/thread - 110433 - 1 - 247.html，最后访问日期：2019 年 12 月 31 日。

协力、同抓共把，就业率是一定能把得住的！

学校制定了就业率指标，每个学院都要力争达到或超过这一指标。学校自有一套相应的激励机制：将各项经费与各学院的就业率挂钩，就业率高的分得多，低的分得少；领导获得的奖励和教师的福利也都与本院毕业生就业率挂钩。这样一来，各学院就纷纷想方设法提高就业率，一时形成"比学赶超"的竞赛局面。

第二，"承担了分外之责，却误了分内之事"：教学质量下滑。以学校为重心的就业机制严重冲击了高校人才培养的基本职能，"缺斤短两"现象突出。传统观念中，大学最后一年，一般均应进行毕业设计（论文）、论文撰写等，目的是让学生理论联系实际，提高学生独立思考、独立工作的能力，这是十分重要、必不可少的教学环节。最近几年，在一切为了就业的背景下，这些教学环节被淡化甚至只是走过场。学生实际能力明显降低正是与这类环节的缺失有关，最后一学年学生始终处在混乱状态中，结果"就业率提高了，教学质量却下滑了"（徐敏，2009）。学校领导对此也表示很无奈：

> 你跟学校领导谈就业率啊，学校领导是很反感的。（他们会说）我们是学校啊，只有把学生的能力提高，真正的能力提高才利于国家。现在这样至少要耽误一年时间，本科四年就变成了三年，专科三年变成了两年。首先认认真真地学，毕业后再去认认真真地找工作。现在是10月初就来招聘会了，搞得学生都没有心思读书了。为了应付招聘会，学生在10月之前就开始搞简历之类的。（摘自2011年6月11日田野笔记）

第三，无奈的"被（逼）就业"。一段时间以来，"被就业"成为社会上一个流行词。百度百科对其解释是："被就业"，中国特色黑色幽默。在当今高校统计就业率的背景下，部分高校的毕业生"被就业"，即学校要求没就业的毕业生自己随便找个章盖在协议书上，证明自己就业了。也有学校自己想办法弄到一些企业的虚假证明，给毕业生开出就业证明，而学生自己被蒙在鼓里。这种现象其实在"就业工作者的劝诚"中也能发现端倪。其实，大学生能否毕业主要看其是否修完教育教学计划规定的内容，德、智、体是否达到毕业要求。这不但是教育惯例，也是国家的政策规定。近几年，部分高校却把发放毕业证与其是否就业挂起钩来；否则，即便学业优秀，那也"对不起"了。因此，"被就业"也往往被理解成"被逼就业"。

2011 年 12 月 29 日中午，笔者去 NU 大学办完事漫步在校园里，听到前面两个女生正在为毕业离校前一系列办手续问题发牢骚，其中就有关于被就业的内容。笔者赶紧上前搭讪："也就是说，就业协议书一直放在你们手上，但还没有签，也没有上交。你们只上交了两份合同。"两女生异口同声地说："是的，是假合同，我们是被就业。"笔者反问道："哈哈，上交假的合同，良心会有不安吗？你们可以选择不上交呀？"两位女生接着道出心声：

> 不交不行呀，学校会设置很多关卡。不给我们办离校手续，比如不转组织关系，不开报到证，甚至不给毕业证等。其实，这尽是些没有用的废章，但不盖又拿不到离校手续。（2011 年 12 月 29 日中午，NU 大学办公楼前）

高校如此提高就业率的做法无疑损害了教育系统形象。对此，如果说教育主管部门无所作为，有失客观和公平。2011 年 11 月 22 日，教育部发出通知，一方面强调就业率连续两年低于 60% 的专业将减招直至停招；另一方面要求高校不准以各种方式强迫毕业生签订就业协议和劳动合同，不准将毕业证书、学位证书发放与就业签约挂钩，不准劝导毕业生签订虚假协议，不准将顶岗实习材料作为就业证明材料。这个通知被称为"四不准"，这些禁止性内容早在当年 6 月 11 日教育部下发的文件中就提到过。教育部还建立了高校毕业生就业数据库和就业率抽查举报制度，对就业率作假的高校实行"一票否决"，不能评优。A 省教育厅在 2011 年高校毕业生就业工作新闻发布会上介绍了就业率核查的主要三种方式：

> 一是通过将毕业生签约单位与省工商局、质监局的数据进行比

对的办法，凡未经工商注册和组织机构代码验证的用人单位，不列入就业率统计。二是电话逐个核查。凡毕业生就业协议书上的用人单位联系方式与用人单位不符的，不列入就业率统计。三是登门拜访抽查，凡毕业生就业协议书上的用人单位办公地点和实际拜访抽查不一致的，不列入就业率统计。

第四节　有序：国家改革行动的一个策略准则

在制定制度或规则时，既要重视目标，又要重视执行和过程。各个阶段的就业制度如何有效落实，除了通过话语逻辑、组织进路之外，行动策略同样是不可或缺的。为了稳妥起见，国家在改革行动中全程可控。从理想类型上看，制度变迁可划分为强制性制度变迁和诱致性制度变迁。然而，在现实中却是难以划分清楚的。制度变迁是内生演化和人为设计共同作用的结果。就业制度执行中的渐进策略这一不走极端的做法就是共同作用的体现。国家力量保障制度的出台与推行，考虑到各地区、各群体的接受程度，必须既渐进又分权。

一　有准备的统包统配制度

就新中国成立初期国家发展全局而言，统包统配制度是理性决策，能达到"人尽其才"的配置状态。在这一制度形态下，从制度设计到制度实施，国家都是最重要也是最强有力的行动者，一直保持着较强的社会控制与动员能力。在人力资源配置过程中，当国家与个人的追求目标不一致时，政府通常通过思想和政治动员产生的政治压力及社会规范压力促使毕业生放弃其个人的价值目的，必要时以行政强制作为补充。

在典型的计划经济体制下，人才归国家所有，而不是为社会所有。大中专毕业生作为国家培养的高级专门人才，其人力资本也只能归属于国家，毕业生也只能为国家所用。国家急需人才时期，学校为国家培养人才，用人单位按国家计划和指示接收高校毕业生，"单位是国家的，学校是国家的，包括人也是国家的"，高校毕业生作为社会建设的"一块砖一片瓦"，必须服从国家的分配。在组织控制、思想教育与政治动员的洗礼等背景下，社会主义建设的热情空前高涨，毕业生几乎没有条件也没有勇气不服从国家分配（后面仍将论述）。至此，大学生就业不再是"就业"而是"分配"，大学生就业中的"市场"与市场机制均退出历史舞台。国家对大学生包分配还包当干部，体现了一种"负责到底"的"父爱情怀"。企业等用人单位因为同属国家用于控制社会的单位组织，在毕业生分配中也只拥有接收毕业生的权力，而不服从分配的大学生将面临失去大学生身份甚至无业可就的境地。

二　就业制度市场化步伐契合于经济体制改革

1978 年以来，中国进行了以经济体制改革为中心的渐进式改革，大学生就业制度的市场化改革便契合其改革步骤。从总体上看，党的十一届三中全会以来，学界、民间与政府均认识到大学毕业生统包统配制度的活力不足、机制不活，以及国家控制得太多、社会包袱过重等问题。面对诸多问题，大学生就业的市场化改革并不是在改革之初就提出了"一揽子"解决方案，甚至没有提出改革的目标，而采取双轨制基础上的"渐进式改革"，改革路径也是与国家经济体制改革的演变路径并行不悖的。这种改革方式的优点是政府比较容易控制改革的进程，把改革自上而下的战略部署与基层自下而上的创造积极性结合起来，通过试错及时总结经验和教训，校正改革的步骤，使改革在不断深入的同时保证社会的稳定。1985 年前后，大学生就业方面引入市场理念，在计划分配的大框架下进行供需见面试点。在试点基础上形成了"中期方案"，该方案虽规定了改革的目标，但多受波折。1992 年邓小平发表南方谈话和1993 年"93 纲要"的颁布，双轨变单轨的改革目标最终确定了。从中我们可以看到，大学生就业的市场化改革试点与目标的确立都是为了经济体制改革而配套实施的。

"市场弹性"有赖于国家的保障与推动。改革前，高校与学生虽有改革的冲动，但如果没有党和政府层面改革意识的觉醒，这一项涉及全国高级人才分配制度的改革是不可能进行的。为了使改革在政府的可控范围内推进，国家放权"松绑"的进度也是逐步的。

第一阶段的试点虽然叫"供需见面"，但见面的方式和见面的主体发生了变化。1983 年，国家虽然允许少数学校试点，但依然只允许高校与企业见面，毕业生却依然不能走到前台，仍然是典型的计划分配，被称作"父母包办，亲家见面"。当时的"供需见面"只是停留在高层次的接触上，作为毕业生分配工作的主体——毕业生和基层用人单位都未直接参与，他们的权利被学校和用人单位的主管部门代表，甚至有些学校的权利被有的地区行业的主管部门代表。由于用人单位的主管部门对基层的实际需要不够了解，学校或学校主管部门对学生的情况也不完全清楚，纸面上落实分配计划难免出现分配计划与实际需要相脱节的现象。1985 年推行"招聘、推荐与考核录用相结合"的试点，部分毕业生可以走到前台了，实现了第一次学生参与的"婆媳"见面。但这种形式的出现也必须由国家政策推进，需要国家的"一纸文件"才能保障见面的合法性。而且，这一阶段的供需见面只是计划编制方法的改进，并不是取消计划分配制度。[①]

"中期方案"虽规定目标是社会选择就业制度，在政策文本上有了突破性进展，但国家通过考察当时的改革条件，规定近期实行一定范围内的"双向选择"。这一做法还是国家计划范围就业，而且学生与用人单位的联系也必须通过学校。以高等学校为主收集需求信息、组织招聘会等向社会推荐、输送毕业生，毕业生自己收集到的信息也由学校统一掌握，而不能作为其本人就业方案的依据。但这毕竟体现了国家的松绑、高等学校的权力增加。

在"双轨"并"单轨"之初，为避免大学生的准备不足，政府领导出面安抚，做出政策解释："双向选择"并非"自谋职业"，原则上还是以国家计划分配为主，只是为了增加毕业生和用人单位选择的自由度。只是到了世纪之交，第一批缴费上学的大学生毕业，国家鼓励非公经济接收毕业生。这表明上大学也是家庭和个人的人力投资，国家不再对个人的就业问题负责，高校也不再仅仅是"为国育才"，而是为社会育才，非公有制单位光明正大地成为人才使用主体，国家也只是人才使用主体之一。经过漫长的改革，至此，大学生就业市场的主体基本归位了。从中也可初步看见，大学生就业的市场化进程中国家有形之手的力量。

---

① "在改革开放初期，我们并没有改变人才资源配置方式的意图，希望在旧体制的框架下，能适应新的发展。"据何宪副部长回忆，新中国成立后，国家对人才资源配置一直采取以行政手段为特征的统一计划调配方式（何宪，1999）。

三　通过"组织"管控就业率

"单位组织"和"单位体制"被认为是极富中国特色的组织与制度。随着计划经济体制向市场经济体制过渡，形成于 20 世纪 50 年代的单位制度发生了剧烈变动。因此，有学者提出单位体制"消解论""终结论"。如曹锦清、陈中亚（1997）强调市场化改革与再分配体制的对立，认为"随着资源配置手段和社会结构的变革，单位体制的解体和个人化的发展是同样不可避免的"。另有学者认为，单位已经不是原来的单位，即使形式相仿，内容也发生了实质性的变化（Lee，1999）。田毅鹏等甚至认为单位社会的最核心特征是"国家－单位－个人"的纵向联结控制机制，"单位社会"的终结是近年来中国社会最具根本性意义的转变（田毅鹏、漆思，2005）。

李路路、苗大雷和王修晓（2009）认为，要回答当前是否还存在单位体制，很有必要详细了解具体的制度改革过程，尤其是 1998 年以来全面推行的国有企业改革、教育改革、住房制度改革和医疗卫生改革，以及当下逐步深入展开的事业单位养老保险制度改革、全面聘用制改革和医保改革等。通过对高等教育扩张与高校毕业生就业制度的市场化变革后大学生就业问题的初步考察，笔者发现，高校仍具有较典型的单位特征（通过国家－高校－个人的单位体制来保证"理想"就业率任务的完成，将就业问题尽量在学生毕业离校前解决），比较明显地具有"社会控制"特征；依然是典型的单位组织，仍然处于一种完全的行政隶属关系之中。国家对单位组织领导人的任免权是国家在社会转型中依然保持对单位组织强有力控制的基本手段。按照布鲁斯（1989）的说法，借助于对人事任免权的完全控制，就形成一种所谓的"完全依赖性结构"。这样，"一把手工程"在实现社会控制中成为新时期的有力工具。这样一来，虽然避免了国家与个人的直接冲突，但不管主观动机和初衷如何，国家都在客观上用制度化和结构化的方式，将冲突和矛盾转移到单位（高等学校）内部。

在市场化就业制度中，国家退出了微观领域的劳动关系确立环节。我们看到，用人单位等社会组织的活力释放出来，但对高校仍加强管理。通过就业率制度，国家本意虽在促使高校改变只重招生、不重就业的办学观念，然而在维护社会稳定的意识形态下，在大学生就业管理中，通过国家－单位－个人的管理体制，整个国家的"社会稳定"责任被分割到学校组织，这给高等学校带来了"千军万马"搞就业、教学质量下滑、被（逼）就业等非预期后果。

第六章　从集体主义到个体化转向：教育目的转向与大学生择业行为变迁

从制度变革的结果来看，制度变革伴随着高等教育的目标转向——由"为国育才"到"为市场/社会育才"。大学生在择业态度与行为上也发生了转向——从集体主义到个体化。在统包统配制度期间，服从分配属于主流类型，虽然同样有少数学生不服从分配或"组织服从思想不通"或通过"关系"获得工作岗位，但在双轨制过渡过程中，大学生逐渐获得择业的主体性并不断增强，既有涌向体制外的冲动，也有离开"保险箱"的恐慌。进入 21 世纪以来，大学生择业心态和择业取向发生了个体化转向，常用的择业策略大致可划分权力维系、市场能力、寻找社会资本与"通吃"四种类型。在由"国家分配"向"自主择业"的制度变革中，大学生职业获得的自致性因素与先赋性因素一直并存，只是在不同阶段各居主次地位。

第一节　统一分配制度的结果：服从的大多数（1950 ~ 1985 年）

经过 1949 年后的一系列改造，国家在大学毕业生分配中处于支配地位。从理性主义的角度来看，制度是由知识精英或者权力精英根据他们宣称的理性原则制定的，代表人类进步和发展的方向，因此处在主体地位，拥有支配和改造生活的无限权力，它遵循单一理性（李友梅，2008）；生活则是受限于多元理性的普通大众的行为流，常常缺乏效率并面临"失序"的可能。然而，制度在实际运行中，其效果究竟如何呢？具体到大学毕业生分配中，大学毕业生作为被分配的对象，他们在这一制度实践中的行动策略和态度究竟如何，值得关注。因为大学毕业生在制度实践中的行为与态度直接说明了制度运作的效果。笔者通过分析发现，国家的强力主导者地位与能力保证了社会秩序、经济建设等大部分愿望的达成，然而大学毕业生毕竟是活生生的人，制度的理性设计也往往会导致不少负面后果。

一 热情高涨的学子：无条件服从组织安排

从人类社会的发展过程来看，制度都是以规训为目的的。虽然国家层面的制度同普罗大众的日常社会生活看似相距甚远，但国家可以通过组织设计、运行机制的设计等渗透于个体生活。

计划经济时代，社会生活中的一切资源配置、运转几乎都是通过国家计划规划、调节的。从个体层面来说，新中国初期的大学生被认为是天之骄子并不为过，但是这些骄子也都要遵循一个就业的守则，就是"服从组织安排"。这从当时流行的关于就业的一句话可以看出"组织安排"的方式——"我是革命的一块砖，哪里需要就往哪里搬"。另外，对于大学毕业生的要求还有"一颗红心两种准备"，服从祖国的召唤。[①]当时就业的大学生对职业还是比较满足的，他们的要求不像今天的大学毕业生这么苛刻，当时人民的生活水平都差不多，社会心态比较平和，那一代人被称为"幸福的一代"。山东省实验中学的胡洪智老师如是回忆（韩相河，2010）：

> 如今我已满头白发，是年逾古稀的退休教师了。十多年前，我跟学生的一次"对话"中，有一个学生递上一张纸条，上面写着："假如时光倒流，您有第二次选择，您还会选择当老师吗？（请说实话）"显然，当时的学生并不看好教师这个职业，他认为我会后悔当教师，在回答时不说实话。
>
> 我是南京大学化学系毕业的，学的是分析化学，毕业后组织分配我来到山东省实验中学当教师，这的确不是我原来的志愿，因此，我不是主动要来当教师的。但我们那一代年轻人是在苦难的环境中长大的，那时刚解放，人民生活很苦，国家很弱，党领导搞建设，年轻人都盼望祖国富强，都有浓浓的报国热情。当时我们这些大学

---

① 它在20世纪60~80年代曾经是青年教育尤其是毕业生教育中的主导口号，要求青年把个人志愿、情感、价值认同与党和国家的意志、要求统一起来。

毕业生向组织的表态就是：到祖国最需要的地方去！我是在"支援教育，支援老区"的号召下来到山东的。我当时认为：既然组织分配我到中学来，既来之，则安之。我一定要在这里生根、开花、结果。所以，从那时起（我）就做好了当一辈子教师的准备。我安心教学工作，并且努力争取当一名好教师。这是我在教师之路上迈出的第一步。

新中国把民国时期"毕业即失业"的普遍问题解决了，颇得民心，人们建设社会主义的热情空前高涨，在马克思主义理论框架的指导下，当时的政治环境几乎杜绝了表现自我意识的可能性（在第五章第一节中已有描述）。那时，"奇货可居""个人爱好"是要受到社会"批判"的，因为那些被认为是"个人主义"与名利思想。此时，国家在大学毕业生分配中完全处于支配地位。2010 年夏季，A 省高校毕业生就业管理工作的一位已退休的负责人向笔者诉说了他毕业时组织与个人对于国家的依附关系："工作单位是国家的，工作岗位是国家的，学习与工作中的衣食住行发生的费用是国家的，包括我们人——大学生——本身也是国家的。"当时的报纸对经过思想教育、转变了对统一分配的认识、服从国家分配的大学毕业生事例做了大量报道。如 1952 年 9 月 1 日《解放日报》报道，上海有位学生，丈夫死后，她一边抚养四个子女一边在复旦大学中文系读书，夜间在某会计专门学校学习，希望将来"收入会高一些""孩子们的生活也好过一些"。在第一次毕业生调查表中，她在工作单位一栏中仅填写"上海"，第二、第三栏志愿都没有填写。但是，经过思想改造后，在第二次分配志愿调查表中，她填写了服从祖国统一分配。

因为工作分配问题，如果遇到家庭不理解、来学校说情则会让毕业生本人羞愧难当。20 世纪 50 年代毕业于华中工学院的"雾冷云祥"，在半个世纪后如是回忆自己待分配时母亲来校求情的一幕：[①]

得知我要远赴大西北并且将要在那里生活一辈子的消息，父母

---

① 《我的大学生活》，http://blog.sina.com.cn/kindkin001，最后访问日期：2019 年 12 月 31 日。

都强忍住内心的痛苦……大家都还在等待公布分配名单。把这么多学生逐个安排到位，可能不是简单的事情，需要时间。突然一名同学告诉我：你母亲来了。我真是大吃一惊。母亲长期患高血压和胃下垂的毛病，身体虚弱，骨瘦如柴，又是一双小脚，而且大字不识一个。她老人家在我大学五年中，从来没有到学校来过。这次她是怎样颤颤巍巍一个人走这么远的路找到学校的呢？她又是怎样找到我们宿舍的？

　　我想，她一定是来找学校老师求情的。这些天，她一定在家里为即将又要失去一个儿子而悲痛万分，一定是翻来覆去地想能不能请组织上照顾照顾，把身边唯一的儿子留给她。

　　她，一个没有文化、一生没有参加过工作而又瘦小的老太婆，出来找我的组织讲话，表达做母亲的要求，在当时，的确需要非凡的勇气。只有对儿子强烈的、依依不舍的爱，只有母爱，才使她敢这么做。当然，在那个年代，一个母亲自私的请求是苍白无力且不会奏效的。一个家庭小小的难处怎么能够比得上国家的需要和组织部署的分量呢？

　　我的处境十分尴尬，我感到羞愧，因为我有一个拖后腿的母亲，而且说不定别人会认为我一边向组织表态志愿去最艰苦的地方，一边又安排自己的母亲出面找组织求情留我在大城市，是何等的虚伪！母亲要我带她去见负责分配的老师，我坚决不肯，还是同寝食的一位调干生带她去的。至于她对老师说了一些什么，结果怎么样，我都一概不知。母亲就这样一个人直接回家了。

我们从国家层面来看，可以说当时的毕业生分配制度实践取得了极大的成功。计划经济体制阶段的大学毕业生就业政策（统包统配政策）的历史作用：一是有利于国家对人才的宏观调控和使用，保证国家重点建设项目及老少边穷地区的人才需要。中国的经济发展在历史上就存在地区不平衡的问题，人才的地区分布不合理古已有之。编制分配计划时，国家实行保证重点、统筹安排、区别轻重缓急政策，给经济重点建设部门、地区和单位分配大批急需的毕业生。一些边远省份经济发展缓慢，虽然资源丰富，但是缺乏吸引科技人才的生活物质条件。国家通过定向招生、定向分配，有计划地进行互相补充、调剂余缺，对于来自这些地区的毕业生仍将他们分回原籍，号召和分配内地毕业生去边疆。1965年，北京地区毕业生总数为27000多人，而被分配到新疆、宁夏、甘肃、青海、内蒙古等10个边远地区的就有7300人，占毕业生总数的27%（徐晓艳，2007）。当然，政府干预人才流向的行为在世界历史上并非没有先例，但具体干预的手段各有不同。在欧美一些国家，政府引导人才时采取经济奖励资助、地区薪酬优惠、减免个人所得税等手段。

二是有利于社会稳定。伴随着计划经济体制的产生和完善，大学毕业生统包统配制度的实施的确改变了旧社会大学生就业难的状况，对新中国经济建设、社会发展和社会主义制度的巩固发挥了重要的作用。大学毕业生顺利就业，是学校发展、社会稳定的重要前提。在"知识分子走与工农相结合的成长道路"的社会思想指引下，大学毕业生报效祖国、艰苦奋斗的心理准备充分，因而既能安心学业，又能够积极服从组织分配，在社会各条建设战线上建功立业。

二　制度的负面效果：不服从的少数

黙顿的结构紧张理论告诉我们，社会生活中的行动者在面对制度压力时的行动选择是，要么遵从，要么创新，要么形式化，要么消极地退却，要么阳奉阴违。除了遵从外，其他选择都是以一种"弱者的武器"的抗争方式在改变制度或者制度的目标。甚至，即使简单的遵从也有可能在破坏生活逻辑的同时使制度设计无法达到目标。正如克罗齐耶所言："我们从来就没能按照我们所渴望的方式成功地改变社会。除非我们能够说服我们中的大多数接受我们的领导，否则我们就不能成功地为社会制订一部计划，因为社会、各种人类关系以及社会系统都太复杂了。"（Crozier，1982：1）从个体层面来说，大学毕业生在面对分配现实中，我们可以看到一些非正式抗争的影子。有位上了年纪的大学毕业生告诉笔者："记得我在上大学和大学毕业的时候，不论是在上学的志愿表还是在毕业的志愿表上，都必须填上一行字：'服从国家分配'。"在当时的大学毕业生分配中，国家没有考虑到学生个体的具体情况，而毕业分配毕竟是一个人人生中的大事，因此，也有小部分不服从的例子。笔者从C省档案馆1952年大学毕业生分配的资料中了解到：

1952 年，中央原分给该省大学生 105 名，经派人在政务院人事局指导与帮助之下，共动员来省工作的有 56 名，其他的 49 名没有来。分析主要原因就是：有的害怕乡村艰苦，坚决不离开京、津；有的身体有病，认为在京、津治疗方便而不来；有的为了多得薪金，自己找到了职业。当时有关部门总结分析大学生的思想情况是："一般具有革命热情，有为自己所学而终身服务的思想，认识到服从政府分配是光荣的，由于他们大多是富家子弟，长期生活在城市，存在着清高自大、个人主义、害怕艰苦等缺点，但大部分缺点是可以改变的。"来河北的学生均按照中央"学以致用"的原则被分配了工作，"分配中绝大多数都能服从分配，也有个别人挑地区、挑工作，愿意到城市而不愿意到农村，愿意到京津附近，愿意做技术工作，不愿意做行政工作，还存在要求薪金、好高骛远、不求实际等问题"。如电机系的学生韩某先分到工业厅机电处工作，他不干，又被分配到发电厂，后来他说："河北省厂子太小，不需要我们这样的人才，中央不该分（我们）到河北省，河北省不该要（我们）……"面对这样的情况就需要耐心说服，指定专人进行长期的谈话动员才予以分配，并对必须照顾而又可能照顾的适当给予了照顾。（张蕾，2007）

这些少数案例，至少可以被划分为以下几种类型。

第一，"组织服从，思想不通"型。一些上了年纪的大学毕业生表示，他们在毕业的志愿表上填"服从国家分配"，"至于是不是人人都是真心诚意地愿意去远方、去吃苦，无怨无悔地接受祖国的挑选，40 年以后的我现在知道可能并非如此"。1957 年《人民日报》[①] 报道：好多学生到了工作岗位只是"组织服从，思想不通"。

据国务院人事局从 1953 年到 1956 年的部分统计材料（1953 年 8~12 月，1954 年，1955 年上半年，1956 年 8~12 月），高等学校

[①] 《高等学校毕业生分配工作中有些什么问题？》，《人民日报》1957 年 6 月 2 日，第 3 版（引用时略有改动）。

毕业生中有一万一千八百三十四人在工作分配以后要求调整他们的工作，占这个时期毕业生总数二十一万九千一百七十五人的5.4%。毕业生们不断从全国各地来信或亲自到北京来申诉，认为分配给他们的工作不合适，要求重新调整。从去年12月15日到今年3月底为止，给人事局写信要求调整工作的毕业生仍有六千七百二十三人。高等教育部门和人事局去年下半年接待来访学生，最多的时候一天达一百多人，现在人事局每个接待日还要接待五六十人。

要求调整工作的学生最多的是因为学用不一致，毕业以后就改了行。高等教育部在去年8月份对来信来访的一千一百一十七个毕业生反映的情况分析，使用不当的有六百七十人，占来信总人数的59.98%。使用不当大部分是用非所学。在要求调整工作的学生中，有数学系毕业生被分配到工厂作俄文教员；物理系毕业生被分配到出版社作校对；电机系毕业生被分配到电影洗印厂担任安装电灯、小马达等工作；有机化学专业学生被分配到自行车厂做同他所学完全无关的无机分析和电镀工艺方面的工作。同济大学一个结构系毕业生分配到一个工程单位以后，竟被安排作接电话、收发、刻蜡纸、复写、印文件等工作。

第二，"权力择业"型。部分有"关系"的人借助社会网络突破制度壁垒，实现有限而艰难的职业流动。1954年入读同济大学的"Lilin309"表示："除了极少数留在城市里的名额被最有权势的人理所当然占有外，其他人都被分配到建筑生产的基层施工单位。"[1] 有研究表明，1978年以前，大约10%的人利用自己的社会资源而进入正式就业体制（郑杭生、刘精明，2004）。即使到了20世纪80年代，虽然国家三令五申"不准干扰大学毕业生分配工作"，但是负责毕业生分配的干部们常常因为众多请求关照的"条子"和"关系"而苦恼。"各院校目前都收到要求照顾毕业生分配的信函一二百件。发函的单位很广，上至党、政、军领导机关、厂矿企业，下至街道办事处、生产大队。"（景杰敏，1981）

---

① 《一个五十年代大学毕业生的庸碌人生》，https://club.kdnet.net/dispbbs.asp? boardid = 1&id = 821091，最后访问日期：2019年12月31日。

第三，"不服从"型。虽然不服从分配可能受到极大的惩罚，但不服从分配的事例也并不难找到。1953 年暑期，B 市高等学校毕业生不服从国家统一分配的有 143 人；据初步了解，1955 年，B 市高等学校不服从国家统一分配的毕业生共 562 名。[①]另据 1951 年 8 月 20 日《星岛日报》报道，当年广东省高等学校举办的学习班结束后，工业专科学校和华南联合大学的 6 名学生反对统一分配，离开班级，始终未归。格华（1964 年 7 月毕业于北京师范学院）在博客中回忆：[②]

> 反正当时我缺心眼儿是真的。一些同学在慷慨激昂地表态的同时，私下又找领导大谈其如何困难，要求照顾，有的甚至写信把家长叫到北京，家长哭天喊地地让学校把孩子分配回家乡工作。这些人的家乡当然不是穷乡僻壤，而是像天津、唐山这样的大中城市。

即使超越学生个体层面，从国家与社会层面来看，众多研究也认为，统包统配政策存在一些弊端（徐晓艳，2007）：一是分配计划不可避免地带有盲目性。完全由主管部门下达"指令性"计划，毕业生和用人单位不见面的分配办法使供需双方均无选择权、自主权。由于忽视用人单位的要求，采用"高压配额"毕业生的方式也让用人单位背上了"包袱"。加之长期以来对人才"管"的色彩多于"理"的色彩，很容易产生学非所用、用非所需的情况，影响人才合理使用与流动，造成人才培养的浪费。二是制约了高等教育的正常发展。计划经济体制下，学校按照国家指令性计划招生，使用统一的教学大纲甚至教材；国家不仅统包分配工作，还统包学习费用。在这种政府行政主导型运行机制下，行政计划处于主导地位，学校处于从属地位；学校与社会缺乏直接沟通的渠道，政府成为学校与社会联系的中介。这在客观上造成高校"惰性"办学，只需负责培养，无须考虑社会需求。三是严重影响学生竞争意识和自主意识的形成。学生学习积极性大为减弱，不思进取。毕业生只要有

---

① 《关于对不服从国家统一分配毕业生情况调查与处理意见（1953）》，B 市档案馆 B23 - 2 - 183（长期卷）。

② 《酸甜苦辣的大学生活》，http:// blog. sina. com. cn/ zzqilxj，最后访问日期：2019 年 12 月 31 日。

毕业证书，国家就包分配。进了大学的门，就是"公家的人"，就有了"干部身份"，给不了"金饭碗"，至少给个"铁饭碗"。

　　我对待学习的态度似乎与众不同，原因有三。首先是未来职业的考虑，招生简章及入学后的教育都告诉我们毕业后将从事的是中等教育，即将来要做一名中学教师。现在所学的知识不会直接用于未来工作中。其次是我对数学并没有特别的兴趣，有兴趣才会产生动力，有兴趣才会投入更多的精力，我自然不会投入很多的精力。第三，我有一点小聪明，就所学的这点数学不用老师讲自己就可以弄明白。基于以上几点考虑，我在学习上采取了一种以自学为主的方式，即课前把老师要讲的部分先看了，并做笔记，而上课时做一些别的事情。这样学习的效果肯定不好，因为你自己看的结果绝不能代替老师的课堂教学，而课堂教学是老师多年辛勤研究的结晶。这一点是在我自己当了老师以后才认识到的。[①]

第二节　市场经济中的"天之骄子"：主体性初显（1985～2000年）

　　市场化过程中，在国家政策变革的作用下，大学生就业市场中的高等学校、用人单位、国家（政府）等组织的行为及其地位发生变化。本节我们将考察市场形成中一个更微观的主体，以了解获得职业选择权的大学毕业生在政策变革中行为态度的转变过程。

　　20世纪八九十年代的大学生被称为"天之骄子"并不为过，从普通高等教育毛入学率变化情况来看，长期处于精英教育阶段。1993年之前，我国普通高等学校毛入学率基本保持在5%以内，扩招政策出台之前的1998年也仅为9.8%，远未达到大众化阶段15%的门槛。当时的大学毕业生就业虽然在政府主导下逐渐向市场化迈进，但绝大部分学生还

[①]《酸甜苦辣的大学生活》，http://zzqi1005. blog. 163. com/blog/static/1034300732008112
011313845/，最后访问日期：2019年12月31日。

是在国家计划内就业。计划内招收的生源中，只有部分学校部分专业的部分学生有机会参与供需见面甚至自主择业，但仍然属于包分配的性质。20世纪80年代，社会上关于大学生张华舍身救人事件的大讨论（文锦，2008），足以衬托出大学生在公众心目中的崇高地位。然而，就是这群天之骄子在面对改革进程中的就业时却呈现人生百态。

一 包分配："饭不对胃口，也得往下咽"

在双轨制的年代里，大部分学生还是由国家包分配的。在没有选择的空间里，做好被安排的工作是大多数人的唯一选择。

改革开放之初，黑龙江八一农垦大学地处北大荒。现为中国人民大学国际关系学院的张鸣教授当年就就读于此。他在博客（张鸣，2012）中谈起自己所经历的毕业"分配"经历时坦言："严格讲，是没有择业这回事的，当时毕业还是统一分配，分你去做的工作，无论跟你所学的专业有关还是无关，都是革命工作，没有多少还价的余地。"虽然当时的顺口溜说"我是党的一块砖，东南西北任党搬，放在大厦不骄傲，搁在茅厕不悲观"，尽管不可能真的不骄傲和不悲观，但个人的选择余地实在很小。"我们学校那届的毕业生，70%左右都直接被分到了农场的基层连队。四年大学，结果是这个样子，同学们都很灰心，连散伙饭都没心思吃。但是大吵大闹、大哭大叫的也没有。"同为黑龙江八一农垦大学1987级农经专业的学生"山外有山"回忆说："我是1991年毕业的，尽管是统一分配的，但统一分配的不想去。原来想到乡、镇或县级去服务农村，结果什么也不是。"

张鸣如是说："当年的我们的确有天之骄子的自我感觉。上好大学的人，骄子的感觉等级高些，像我们这种别人眼里的烂大学的学生，骄子的等级就低些，但也是一个'骄'字，都是骄子。"如果说黑龙江八一农垦大学的天骄等级不算高，那么北京大学堪称顶级了。处于象牙塔尖的学子虽说要完全服从国家的安排，但实际上大多可以自己主动联系用人单位，平均每人有五六个就业选择，也都会得到积极反馈，"不要说拒绝，就连'考虑考虑'的托词都没遇到过"。即使是文学专业，也一样炙手可热。1985年北京大学中文系毕业时有51名同学，只有六七个人回家乡工作，其余全留在北京，大致去向为媒体、国家机关或事业单位、企业，其理想程度依次递减，因为他们大多希望在专业领域内有所作为。然而，那个班的邓映如用"碗里的饭不对胃口，也得往下咽"（曹之菲，2009）来比喻当时的就业。邓映如的理想是做一名"铁肩担道义"的社会新闻记者，所以他也早早联系好了几家媒体，准备做进一步选择，却没想到一个"国家指令性计划"改变了他为自己设定的人生轨迹。"国家指令性计划"又是一个富有计划经济时代特色的名词，通俗地说，这是国家亲手包办毕业生与某些用人单位之间的"联姻"。打个比方，假如煤炭部所属的淮南煤炭学院想引进北京大学的毕业生，那么可以通过向煤炭部申请要人，摊上指标的毕业班就必须有一个人顶缺，而一般情况下，来自用人单位所在省份的大学毕业生会成为首选。

　　　那一年，一个湖南的"国家指令性计划"指标落在了湖南籍毕业生邓映如身上。

　　　"铁饭碗"在这个时候显示出了它的弊端——固然不愁没有饭吃，但倘若碗里的饭并不可口，也只得硬着头皮往下咽。"当然，不是不能拒绝国家的安排，但那同时也意味着无法获得学校开出的介绍信，无法证明自己是北大毕业生的身份和社会关系，更无法到其他任何一家用人单位报到。"

　　　年轻的邓映如在沮丧和无奈中度过了1985年的三四月份，原本一心想留在北京的他只得打点行装准备回湖南，去他从未期望过也全无了解的单位奉献青春。……虽然在他离京的前一天，学校分配办突然通知他已经另有人顶上了"指标"。可毕业生办理户口留京手续的截止日期过了，北京已注定不再是他所能停留和大展身手的舞台。

　　　二十多年之后，邓映如回忆起当时的情形还是不胜唏嘘。……他回到湖南，在从前一位老师的建议下选择了与自己专业比较对口的湖南文艺出版社做编辑。时光一晃就到了现在，记者梦成了他一生难以释怀的遗憾。（曹之菲，2009）

也许晚几年毕业，邓映如的选择和命运都将有所不同。比邓映如晚几年毕业的师弟——北大中文系1984级的韩敬群在毕业二十年聚会纪念册后记里写下这样一句话："一代人有一代人的江湖。"

二　自主选择：涌向体制外

20世纪80年代末，"中期方案"推出，那是一道大门被打开的惊喜。韩经说，"现在学校直接作为参与因素了，真是一个进步"（刘杰，2008）。"就像旧时婚姻，结婚前双方是不知晓对方的。"此前，从大学毕业生到用人单位，就职前双方无法相见相知，要经过两重大门——高校、教育部。

> 王浩维，1988年毕业于复旦大学数学系，是第一批实行"双向选择"的大学生。他回忆，从他们那届开始，学校不再统一包分配，但会向用人单位推荐，毕业生找工作以"自主择业、双向选择"为主。他班里的同学有一部分经学校推荐，还有一部分自己找工作。而王浩维是通过亲戚介绍进入了一家国有企业——上海某动力机厂工作。他曾在车间工作过，还干过仓库管理、计算机数据编程等，但因为工作缺乏挑战性、工作量日益减少而选择辞职。之后，他通过招聘会、朋友介绍等方式实现市场就业，先后在一家电器研究所、某软件系统有限公司等工作过。他深有感触地说："我们这一代人工作选择有了主动性和自由度，可以根据市场行情、行业发展等因素来选择适合自己的工作，觉得工作不合适可以跳槽，而不像上一代人那样不管工作是否合适，就在一个工作单位'绑定'一辈子。"（上海市人力资源和社会保障局，2009）

教育部的分配指标只针对国有单位，外企和民企尚不在列。然而，北京、上海、深圳、广州等大城市的外企、民营企业、私人工厂越来越多。这些企业几乎招不到大学毕业生，只能用那些辞职的人，或者没有上过大学的人。邓小平南方谈话后，许多毕业生毅然打点行装，来到深圳、广州等南方城市，还有很多人到外企、到民营企业去，有的人自己创业。尤其是外企，那里待遇较高，在事业单位拿400元月薪，在外企能拿1000元，而且经营理念先进，有国际职业规范。其实，这种情况在1985年清华大学就发生过，虽然面对外企争夺人才，学校一般动员毕业生选择国企，然而"有什么办法说服学生不做月薪 5000 元的工作，而做 500 块的工作？"（刘杰，2008）随着政治经济形势的变化，1989 年共青团中央研究室对辽宁省部分高校调查发现，应届毕业生具有"务实"的择业倾向：由向往大城市、大机关、大企业转向去中小城市和中小企业；从政热淡化，从事专业工作思想逐步强化；对家庭的依赖导致一大批学生要求回家乡（苏丽、王建中，1989）。

　　20 世纪 90 年代中后期，很多高校开始举办大型校园招聘会。就业（劳动力市场）的两个主体直接沟通，双方手中都有了选择权，这是真正意义上的求职，不仅是进步，更是质的飞跃。几百家用人单位在学生食堂或操场等空阔之地搭起小摊子，有事业单位、外企，还有民营企业。学校里千余名毕业生手里拿着自制的简历来到现场，遇到有意向的单位就递上一份。北京科技大学的韩经表示，当年的招聘会，本科毕业生的签约率约为 90%。当时，毕业生的目光也开始投向突飞猛进的民营企业，不再单一地趋向外企。时逢改革中的国有大中型企业则少有人问津。

　　　　翟晖，1991 年毕业于上海大学商务日语专业。那时候中国刚刚启动对外贸易，外语系的毕业生最吃香。翟晖班上 35 人中有五六个劳务输出去了日本；五六个去旅游公司当了导游；翟晖和几个同学通过外国航空服务公司进了日航；余下的大都进了外贸公司、服装进出口公司、木材进出口公司这类企业。在那个年代，父辈也都是刚刚经历从保守转向开放的变革期，不过他们对子女的跳槽并不担心，因为工作机会确实很多。我父母手上都有很多可以就业的机会，再不济还有个"顶替"。当时我父亲在上海手表二厂，我想进去很容易，不过他自己都觉得没什么意思，外面的工资那么高，为何不去闯一闯呢？在我们毕业那会儿，体制内的机关单位和国企，很少有人会去。邮局、供电所什么的，会被人看不起，税务局又觉得劳心劳力。（访谈对象翟晖，2011 年 12 月 7 日）

兰州大学毕业的一名学生后来如此回忆自己的毕业岁月：①

---

　① http://www.chinareform.org.cn/gov/system/Practice/201107/t20110701_114618.htm.

1995 年夏天，中央国家机关首次向社会招考公务员。从 1995 年到 2000 年，全国参加公务员考试的总人数不过 4 万人，但 2001 一年，仅报考中央机关公务员考试的人数就蹿升到 3.3 万人。因为是首次，所以竞争并不激烈。经过笔试、面试，1995 年 10 月，我成为国家司法部政治部的公务员。远在湖南农村的父母知道自己的儿子成了"官家人"，自然高兴，但生活质量并没有什么改变。那时候中央财政很紧，中央机关的公务员待遇很差，居住条件也不好，许多处级干部还两家合住一套小两居，我每月拿到的薪水不到我新婚妻子（在中日合资企业工作）的一半。1996 年 5 月，部委机关终于搬迁到朝阳门南大街的新办公楼。我刚调入时，听说了广东一带流行的段子："父母教育孩子：你不好好读书，长大了就只能去当干部……"，似乎当公务员是没本事的表现。

三　进取的个体：为竞争做准备

1988 年——在许多大学毕业生眼里是具有标志性意义的一年。从这一年起，大学毕业生不再完全由国家"包分配"，"双向选择"这个词开始进入广大家长和毕业生的视野，"工作找我，我找工作"。从这一年起，一些地方开始尝试举办毕业生和用人单位的"双向选择会"。改革之后，人们常用"压力与选择并行"来描绘"双向选择"。

周一峰，重庆工商大学（原渝州大学）自动化与电子工程系（以下简称"自电系"）1991 级学生，1995 年大学毕业，曾在某局工作，现从事 IT 销售工作。在周一峰的记忆里，毕业那年已没有太多"分配"的名额（自电系毕业生 90 来人，最后靠分配留校和到公安系统等单位的仅一成），国家虽不完全包分配，但还是要介绍工作，但需要用人单位和毕业生互相选择，确定去留。对多数同学来说，要接受突如其来没"分配"的未来，一时间还真难接受，压力是巨大的，"毕业是否就失业？"一种前所未有的困惑与恐惧令人紧张。虽然大家也隐隐意识到未来的社会将完全取消分配，走向自主

择业，但在当时，求一份长期而稳定的工作，在 1995 年大学毕业生的意识里，是一种神往。（樊国生，2004）

他们的这种紧张感是有现实依据的。前已述及，1987 年就遭遇大学毕业生分配后被退回的"寒潮"。单位人才相对饱和是用人单位退人的重要原因，进人出现新趋向：专业对口，择优录用。大中城市的一些用人单位已不是大面积缺人，而是个别岗位缺人。所以录用新人要反复筛选，要选最合适的，否则宁缺毋滥，没有半点儿含糊。虽有近乎苛求的例子，但更一般的情况是：大学生们本身条件差，在竞争职位时败北。所谓本身条件差，包括：未获得学士学位；几门功课不及格或补考科目较多；眼高手低、挑三拣四，讲价钱较多。南方一所大学，被退回 43 人，其中 23 人是因为学习成绩差或表现不良。从退人的学校类型来看，综合性大学比其他院校突出；从专业类别来看，主要是社会上不太紧缺的专业，如光学、激光、中外历史等。出现这种局面虽然是由于刚从统包统配的计划体制中走出，长期各自封闭的高校和用人单位一旦供需见面而显示出的不适应性，不仅用人单位不了解高校，高校同样不了解用人单位究竟需要什么样的大学生，因此有人呼吁大学生毕业分配改革"双向选择"必须"双向了解"（宋斌、江钱峰，1989）。但是，这一变革给了学生很大的触动：在校不努力，离校徒伤悲，即使混得一张文凭，在竞争意识日益强烈的社会上，又有多大用处？

教师们大多做出如下比较：大学生自己交费上学，而且毕业不一定包分配，毕业后存在失业的可能，其学习比以前不用自己交费的学生认真多了，表现在上晚自习的明显增多，甚至出现了在图书馆、阅览室、教室里占位置的现象。笔者于 1994～1998 年进入大学学习，印象中，大一大二时同学们很积极地加入社团，入党的积极性很高，图的是为今后的求职增加筹码。到了大三大四，将近一半的同学加入考研的行列。一位同班同学回忆说："当时我们的学风非常好，但大都功利心很强，并不是真的想学东西，而是想通过考研找更好的工作，学计算机、第二专业等，也是图将来找个好的工作。"在笔者的田野笔记中，记录着当时一位叫"天才"的同学的故事。

"天才"的求职故事

"天才"是个男生，出生于上饶的农村家庭，家境不太好，经常不吃早餐，其中有省钱的原因，虽然有一米七多的个子，但体重甚至不到100斤。刚入大学时，"天才"表现得很活跃，因为他知道今后要找到好的工作，必须好好地利用这四年大学时光多长本事。军训的时候他就拼命地表现自己的"开朗"，用不是太好的嗓子与女生、男生拉歌。他被选为班上的文娱委员。第一学期，"天才"有声有色地干着班级工作，同时也在思考一系列问题："学前教育这个专业，毕业后干什么，去幼儿师范学校当老师吗？幼儿师范学校就那么几所，我能去得了吗？去当幼儿园的"男阿姨"，也太失身份了吧！教育学、心理学本是很有意思的课程，可他却认为教材生硬。美育课没有一点儿美感，我能学到什么呢？如果我也以这种方式去教育我的学生，岂不误人子弟？"

说起来，"天才"还真有与众不同的地方。20世纪90年代中期，虽然计算机还很不普及，但是他却对计算机很着迷，常常出入于电脑培训公司（那时还没有网吧）。那时，他花了不少钱去购置电脑书籍，一心想要掌握最新的高科技，以便将来找工作时能大展身手。让人印象深刻的是，在国家对师范生的补助每个月不到50元的年代，他却买了一本标价为99元的《C语言程序设计》。"天才"由于对专业课的不认真，综合测评曾经排名班级倒数。然而，他竟然是第一个找到工作的，他找的工作还让人匪夷所思：温州市职业中专的计算机专业教师。

说起他那次找工作，还真让人有回味之处。毕业那一年，中央推行精简机构改革。政府机关的人员需要分流一半。那一年，不管有工作的人还是没工作的人，都心存岗位恐慌。

只要一有招聘单位来校，毕业生们便蜂拥而至。已经是1998年春天了，毕业生们丝毫闻不到春的气息，因为再过几个月就要离校了，可依然没有招聘单位来招教育类专业的学生。温州市职业中专展台前的信息吸引了"天才"的注意。原来，他们要招聘一名计算机专业的教师。抱着试试的心理，"天才"带上简历来到了温州市职业中专校长面前，校长收下了简历并告诉他只招计算机专业的学生。没过多久，校长基本上确定了录用人选，那就是计算机系一名多次获得奖学金的班干同学。

"天才"并不死心，他知道，自己的综合测评很差，学校老师是不可能为自己推荐就业机会的。再者，按正常渠道，计算机专业的岗位也不会向自己开放，怎么办呢？拼了！"天才"早早地吃了晚饭，带上简历，守在温州市职业中专校长住宿的宾馆门口，也许是诚心打动了校长，校长停下来和他聊一聊。"天才"告诉他："我虽然不是计算机系毕业的，但我的专业知识并不比科班的差，你可以考我，而且我还有我的优势。一是我的动手能力比科班的强，这些也正是职业中专所需要的。不信的话，我带你去电脑培训公司让你瞧瞧我的作品，这些作品是科班那些只重理论的同学们做不出来的。还有一个优势是我学了学前教育专业，我文娱活动水平还可以。"校长在他的坚持下，跟随他来到了电脑培训公司，"天才"打开一台电脑，展现出一幅幅作品，并亲手操作自己编制的一系列程序和开发的局域网。校长终于承认了他的能力，把计算机系的那名学生从名单上划掉而补上了"天才"的名字。

"天才"终于松了一口气，事情至此似乎要画上一个圆满的句号了。我们对"天才"肃然起敬：文科生居然抢了理工科生的技术性饭碗！然而，校长返回温州的当夜就给"天才"打电话："有人反映你不遵守校规校纪，我们不能要你。""天才"由喜悦的高峰突然摔入谷底，他立即召集几个哥们商议对策，并采纳了"立即奔赴温州进行解释争取工作"的建议。"天才"努力解释自己的性格、为人，经过争取，校长认可了"如果我遵守纪律的话，我能把计算机学得那么好吗"的反问性解释。

工作是保住了，但"天才"也明白了一件事情——自己得罪了人。得罪了谁呢，他不得而知。但他不遵守校规校纪也确是常有的事。他把大量的时间用来学习和练习计算机，也不太和同学交朋友。据说一位分管学生工作的领导对"天才"非常反感，甚至当面手指"天才"的额头说："如此一个破坏分子，老是破坏我们的教学秩序，你这样的人是不能顺利毕业的！"

笔者把"天才"的故事讲给很多人听，听故事的人大多表示"天才"确实是个值得敬佩的人，并纷纷聊起自己当年找工作时动过的各种心思和做过的各种准备。但不管如何，大学毕业生为获得一份好职业，都或多或少地表现了其主体性。他们或与父母抗争，或在学校的管理规章制度中游戏，或与国家的各项就业政策玩弄擦边球。

第三节　"自主择业"：大学生的就业观念与行为（2000～2015 年）

在统包统配时期，大学毕业生的工作均由国家安排，在人们观念中进入国家部门工作才算就业。持这一观念者在今天也不乏其人，甚至有的大学生就业指导书籍中认为：大学生就业与一般就业不同，如果找到的工作是临时性的，或与学历不相符，则不算真正就业（姜海花，2010：3）。有人形象地比喻：二三十年前，当人们碰到一个大学毕业生时，问的第一句话就是："有女/男朋友了吗？"他们的第一冲动是给对方介绍对象。进入新世纪，当人们碰到一个大学毕业生时，问的第一句话便是："找到工作了没有，或者就业了吗？"这一对比形象地说明随着大学毕业生就业的社会变迁，大学毕业生就业日益受到社会关注。然而，就像学术界对"就业"一词缺乏明晰界定一样，社会各界对这一词语同样存在着各种理解。价值观多元化的今天，就业已成为一个多义词。笔者认为，对就业的认识与理解，是考察人们就业观念的核心指标，有利于了解各行动主体（尤其是大学毕业生）就业观念的变迁。

一　就业：一个多义词

1. 就业等于非失业：官方的解释

什么是就业？按照国家的相关规定，所谓"就业人员"，是指男在 16～60 岁、女在 16～55 岁的法定劳动年龄内，从事一定的社会经济活动，并取得合法劳动报酬或经营收入的人员；其中劳动报酬达到和超过当地最低工资标准的，为充分就业。作为就业率统计部门的政府和高校持此定义。因此，从政府和高校层面来说，纳入就业率统计范围的，主要由以下三类毕业生构成：一是与用人单位签订正式就业协议或劳动合同后到用人单位工作，如到党政机关和国有企事业单位就业的毕业生、参加国家和地方基层就业项目的毕业生，这种就业一般称为协议就业或常规就业；二是与用人单位签订劳动合同，通过聘用的方式到用人单位就业，如到三资企业和中小企业就业、自主创业或自由职业等，这种就业方式比较灵活，所以被称为灵活就业；三是通过专升本，考上硕士研究生、博士研究生等方式继续深造，不需要就业或出国出境等高校毕业生。① 从这个意义上来说，官方统计的就业率概念相当于非失业率，因为第三类学生在统计当年是不需就业的，这类学生 2004 年约占 11%，此后逐年下降，2008 年约占 7%（全国高等学校学生信息咨询与就业指导中心、北京大学教育学院，2009：38）。

不少媒体常常报道说国家公布的就业率在 70%～80%，市民认为没有那么高。某省高校毕业生就业管理干部王先生认为这反映了当前社会上对什么是就业的一个典型认识误区，即认为到体制内工作才算就业，除此以外都不是。2010 年夏天，王先生向笔者讲述一件发生在他身边的事：王先生的大学同学在电话中说，他有一个亲戚，学的是建筑专业，大学毕业几年了还没有就业，到现在还在私企打工，他觉得这样下去不是个办法。王先生问，他每月能赚多少钱？对方回答，开始是 1500 元，现在 4000 元左右。但还是在体制内的单位工作稳一点儿，打工没什么意思。王先生不失幽默地说："老同学，他每月赚的比你我都多，还说没就业，那我们岂不是失业 20 多年了？"王先生解释道："这里面有几个问题，一是他靠自己的劳动取得合法收入，能够正常生活，你能说他没就业？二是他的收入在不断增长，这就说明他的专业知识和业务能力已经得到单位的认可，你能说打工没意思？三是这一干就是几年，单位没有解聘他，你能说他工作不稳定？四是与我们比，我们倒是稳定了 20 多年，但我们在工作的前几年能取得像他目前一样的工作和生活成果吗？"王先生最后总结道："从我们这些从事就业工作的人员的眼光来看，他不仅就业了，而且就业的稳定性和质量都比较高。如果不是要进行更高层次的创业，我建议他不要放弃自己目前已取得的成果而重新开始。"

---

① 参阅内部资料《全省高校毕业生就业情况通报稿》（2009 年 7 月 10 日）。

2. 就业就是找到有"质量"的工作：大学生的心声

大学生自身是如何认识"就业"这一概念的呢？笔者曾在一次毕业生座谈中就"在你们的理解中，怎样才算找到了一份工作"展开了讨论。他们虽然认为笔者的问题"很傻"——他们认为"傻"，概因这一问题太天真了，在大学生群体中是一个尽人皆知、根本不需要讨论的问题，但"出于研究的需要"，他们都很认真地做了回答。

> 看心态吧，就是你觉得你在这个单位有意思，比如说有潜力、有上升的发展空间，就差不多了。待遇即使不高，但能体现我的价值，有上升空间，我也可以在这里做，慢慢稳定下来吧。如果你一进去就想干事儿，又想拿多少钱，那肯定是不行的，这样就找不到工作。真的是要看心态。——女生甲，班长

> 像我和我们班长就不一样，她比较有激情，而我觉得作为一个女孩子，我追求安稳（工作），收入不错，能够双休啊，就挺好的。比如我现在就算找到了一份工作，暂时不想离开吧，当然我不可能一辈子就在一个单位呀，这事到时候再去考虑。——女生乙

> 稳定的，当然我暂时没有找到，不能谈论这个问题。月薪能够达到自己的期望，还有就是自己能够胜任。——男生甲

> 我现在在实习（工作），已经一年了，但我不认为已经找到工作。我也可能去深圳找工作。当我哪一天去了一个公司，它确实有发展前景，但必须符合我自己的实际能力，工作一段时间后我可以上去，我上升了一点点，如提到了一个领班，领导又重视，都很满意，站稳脚跟的话，那就算找到一份工作。像那种临时性的，就不能算找到工作。——女生丙

从访谈情况来看，大多大学毕业生认为"有较稳定的收入""工作有发展潜力""能发挥自己的能力"，就算找到一份工作（摘自2011年6月14日访谈录音）。而这也印证了高校就业管理者"现今就业难是指找好工作难"的说法。这个话题讨论快结束时，有个大学毕业生马上反问笔者："老师，你觉得怎样才算找到了工作？"笔者说："有事做、有收入就可以了。我没有你们的要求高。"学生们马上反问："如果一年360

天，让你工作290天，你也愿意吗?"笔者回答说："这是一份工作，但不是好工作。"大学毕业生的反问提醒我们，大学毕业生眼中的就业是指找一份"好"工作，而不仅仅是做一份有收入的工作。

3. "读书无用论"：媒体的声音与当事人的质疑

时下新闻媒体大肆渲染农民工起薪追平大学毕业生，并大有掀起"读书无用论"的势头。就这一现象，在笔者的接触中，负责就业工作的老师们纷纷表示，这是媒体为了吸引眼球而已。学生也大都感叹这是记者们的个人观点。看来，大学毕业生的起薪与农民工相差不大这一舆论并未在学生中产生太多负面影响。受访的很多大学生觉得是情理之中。如下是笔者2010年冬天在对NIT学院水动专科专业毕业班8名学生开展焦点团体访谈时的记录。

一位唐姓男生认为，社会价值观有问题，过于看重经济收入："关键是现在对一个人的价值是从他挣钱的多少来衡量，实际上是社会观有点问题，这个社会太现实了。"

仅有的一位女生王同学表示："这是不一样的，一个是体力劳动，一个是脑力劳动，主要是看自己的人生规划。首先人家是放弃一些读书的机会，用他很多年积累下来的工作经验才拿到1500元，而我们是一出去就有1500元。还有就是，我们的上升空间很大，他们也许就是做到一个点之后就不太能前进了。"甚至有人表示，碰到自己喜欢的工作，1000元也愿意做。大学生的如下表述可以表达他们的自我认同，不能将读书的价值狭隘地以工资收入来衡量。这位女生进一步表示："其实这根本就没有什么，虽然人家没有读大学，拿那么高的工资，人家也是靠很努力地工作换来的，很辛苦。就像他刚刚说的那个背麻袋的工人一天就背100多袋，但是你知道人家的麻袋是怎么扛的，一天工作那么多小时，又累，工资还是比较低，因为付出了那么多的劳动。我们就不一样，虽然工资低，但是我们每个月有正常的假期，还有这样那样的福利、这样那样的补贴，相对而言工作就轻松得多。所以你付出的劳动少了，工资低一点儿也是很正常的。我觉得，如果你读大学就一定要拿到高工资的话，这是根本不成立的。"

同班的曾姓男生："读书还是有用处。毕竟在大学校园，接触的人和事都不一样嘛。读了书和没有读书，走出去的话，一个人的内涵都不一样啊。"

与上述舆论相伴随的是，面对"读书无用论"的重新抬头，作为读书人的大学生同样与社会大众有着不一样的理解。如有的学生将"读书无用论"理解为"纯粹的书本教育、课堂学习是学不到什么有用的技能的"。

> 涂：我感觉从小学义务教育到大学教育，纯粹的书本教育的话，如果你纯粹搞研究工作，这些知识有点用处。假如你创业的话，用处就不是很大。学习只不过是一个过程，就是把自己从无知通过某种方法变得聪明的一个过程。比如你学习到待人接物的方法，比如与人打交道。我感觉，学习是一个过程，而不是学到某一种东西。
>
> 女生：对于我来说，读大学根本就学不到很多很有用的东西。真正懂得实际的操作技巧之类的，是在你实际工作之后才慢慢地积累起来的，靠书本根本就达不到这种程度。读大学主要是使自己的意识得到提高、能力的提高，根本就不是书本上知识啊什么的，是一种技能和意识的提升。一个读过大学和一个初中毕业的人相比，他的意识和价值观就不一样，读大学主要是改变一个人的意识和价值观，提升自我的学习能力。
>
> 涂：我感觉这个读书无用论，单纯把书当成书，其实这根本就不是书，那种理解太狭隘了，社会也是一所大学。他已经进入社会——最好的大学，已经在里面学习。他现在取得了那样的成绩完全是因为自己很努力，已经有能力来拥有这份财富。我觉得没有什么不平衡，他们赚那么多钱完全是他们应该得到的。我想如果我出去工作那么久，也不会很差，没准儿那些读了本科的人会羡慕那些读专科的人呢。

笔者根据后来多次在人才市场上的采访，发现一些人力资源经理认为，在书本上学到的知识和职场上需要的知识是不一样的，不能说知识无用论，只是从学校到职场少了一个台阶。大学生的知识储备在未来还是会为他带来更多的提升空间。只是现在社会比较浮躁，很多人希望将学到的知识迅速货币化，能够迅速回收，这是比较短视的表现。

二　大学生择业的个体化转向

"流动"历来被政府认为是社会不稳定因素。《叫魂》（孔飞力，1999：55）中，下层无业流动人口被官方认为是破坏社会秩序的群体。教育作为社会分流稳定器的理论模型在大学生就业研究中受到关注。廉思将"蚁族"看作第四大弱势群体，认为：

> 相比于农民工、下岗职工和农民，"大学毕业生低收入聚居群体"有着许多不一样的特点，他们受过高等教育，职业期待高，民主和平等意识已经觉醒，适应城市生活的能力较强。但同时，他们的教育条件和家庭限制，使他们的综合素质和竞争能力远不及同龄的城市青年或家庭背景好的青年，这就形成了一个巨大的心理落差。这一群体中的许多人已经意识到，大城市"经济上吸纳，政治上排斥"的模式对自己是不公平的，这让他们对社会不公平有一种刻骨铭心的体验。强烈的身份认同容易形成政治共识，而这是社会运动的重大诱因。（廉思，2009：22）
>
> "蚁族"是青年中受过高等教育，能够明确表达自己社会诉求、主体意识最强的活跃群体。如果这样一群"精英候选人"无法参与社会，或者社会使他们"走投无路"，让他们以年轻脆弱的心灵和一无所有的经济能力裸露于经济危机之下，必将对我国社会的和谐与稳定构成潜在威胁。（廉思，2009：28）

据作者言，关于"蚁族"的调研报告得到温家宝、刘延东等中央领导同志的高度重视（廉思，2009：21）。近年来的研究中，持上述观点者不是孤例。张翼（2004，2008）曾指出大学生失业导致他们过渡到中产阶层的道路受阻，作为失业大军的不稳定因素激化社会冲突意识。张静（2010）在一篇研究论文的"讨论"部分指出，大学生获得的实际地位与文凭教育给他们的身份预期形成强烈反差的连年积累加剧着"愤青"现象，必将破坏教育作为结构分流之社会稳定器的自然职能。

上述文献关于影响社会稳定的观点属于预判未来的推论，或者是一个尚待检验的预设。本研究将"大学生就业"作为"社会分层/流动事件"来考察，通过对工作岗位的供给与就业市场的分层原则、大学生对于就业市场分层原则的态度与回应等指标的观测，检验上述推论在本研究范围内是否成立。

1. 反求诸己，关注公平

在统包统配年代，国家力量和自身的先赋因素在工作分配中起主导作用，大学生本人不必考虑找工作的问题，一取得大学生身份就基本上拿到了"铁饭碗"，具备国家干部身份（"包当干部"）。市场选择背景下的高校毕业生就业政策的实施，受影响最大的是大学毕业生。市场转型后，对于就业岗位的配置，实行市场机制。作为就业主体的大学毕业生群体，正处于接受教育并面临就业的流动阶段，不久的将来要走上标志不同身份的工作岗位。笔者通过初步调研发现，大学毕业生虽然对高校的教育教学心存不满，对学校的就业管理措施心存不满，但认可用人市场的选才原则（主要调研区域的高校毕业生在体制内单位的就业率不足15%，大部分在体制外单位就业，即使体制内部门录用员工也不全看重非能力性因素），只要符合规则、公平竞争，失败则归因于能力不足，不会怪罪于社会或他人（"没本事，这是件丢人的事情"）。大学毕业生认可"能人统治"原则，如一位网名叫"一个人的战役"的三本毕业生得知笔者在研究大学毕业生就业问题，直率地说："大学生就业有什么好研究的，说来说去就是那么回事：优胜劣汰。"（摘自 2011 年 11 月 3 日田野笔记）一位财经大学的毕业生毫不避讳自己在找工作时"家里帮了忙"，并进一步解释"关系只是敲门砖，最后职场上能否成功还得靠自身实力"。一位单位负责人也表示，"即使有关系，也要达到基本的硬性指标，如学历、笔试成绩过关等"。为了获得就业成功而积累各种资本，在资本积累①过程中他们不断与学校的教育管理发生冲突。与父辈相比（在调研区域，大部分是农村生源），大部分人相信自己处于向上流动的过程中。只要自身努力，相信子女也将享受自己积累的家族荣光。因此，笔者认为，如果社会结构能够给予大学毕业生就业主体性适当的发挥空间，就有利于其合理的社会流动，高等教育依然可以作为社会分层的稳

---

① 文化资本不只是一个能把握文化的"被形塑结构作用"的静态的、具有社会决定论色彩的实体性概念，同时也是一个能充分理解行动者"形塑结构的作用"并反映各种变化的动态的运动体（朱伟珏，2006）。

定器。

北京大学教育经济研究中心通过近 10 年的大型调研（岳昌君，2012）发现，毕业生就业的影响因素中能力因素排第一位，工作能力、职业规划（有相关实习和工作经历、目标的执行力、对职业的了解和自我定位等）、应聘技巧等与就业直接相关的因素显得格外重要；学习成绩、热门专业、学校名气地位等与高等教育直接相关的因素的重要性有下降的趋势；亲朋好友、党员干部、性别、户口、送礼人情等与社会资本、政治资本、人口特征相关的因素被毕业生认为最不重要。基于这种认识，目前大学生学习积极性、自觉性普遍提高，许多学生都在各种必修课程之外主动选修"双学位"，或者学习一些有利于就业的选修课，参加各种职业资格考试等。

表 6 - 1　大学毕业生心目中的就业影响因素排序

年度影响因素	2003 年	2005 年	2007 年	2009 年	2011 年
工作能力强	1	1	1	1	1
有相关实习和工作经历	6	2	2	2	2
目标的执行能力	—	—	—	7	3
了解职业要求及特点	—	—	—	9	4
目标选取的恰当与适时调整	—	—	—	11	5
了解自己，扬长避短	—	—	—	3	6
应聘技巧好	7	6	4	4	7
形象气质好	—	—	5	13	8
学历层次高	2	3	3	6	9
就业信息和机会多	5	8	8	10	10
热门专业	3	5	6	12	11
学校名气、地位高	4	4	7	5	12
学习成绩好	8	7	10	8	13
往届毕业生的声誉好	11	11	14	19	14
老师的推荐	—	—	11	14	15
亲戚的帮助	9	9	9	15	16
朋友的帮助	—	—	12	16	17
拥有就业地户口	10	13	15	17	18
为学生干部	—	—	13	18	19

续表

年度影响因素	2003 年	2005 年	2007 年	2009 年	2011 年
性别为男性	13	12	17	21	20
为党员	14	10	16	20	21
送礼买人情	15	16	18	22	22

资料来源：岳昌君（2012）。

笔者的调研发现与如下调研发现一致。南开大学通过对 99 所高校 5201 名学生的调查发现，一半的学生把就业的责任归于自己（陈杰等，2011）。而农村出身的学生同时经历了地域移动和阶层移动，且他们的这种移动是通过高考——这个当今中国最公平的竞争所实现的，因此我们不难理解他们重视自身责任的态度。[1] 最为矛盾的是，这些农村学生，一边强调自身责任一边以严厉的目光看待社会问题。因此，可以认为，农村学生比其他社会阶层对社会公平更敏感。

2. 大学生就业的价值取向：物质主义

随着改革的深入，免费上大学成为历史。从此，个人的人力资本投资由家庭（个人）承担大部分，"大学读下来得花五六万块呢"。更严峻的是毕业后即使找到了工作，住房、交通等一切问题都要自己解决，而这些在过去都是由工作单位解决。与此同时，新旧择业观念的剧烈冲突，择业过程中出现的一些新情况、新问题，对大学毕业生的价值观、择业观带来很大挑战。笔者在调研中发现，大学毕业生择业时的价值取向更加多元，比如责任与脸面（"一个人的责任啊！长这么大了你不工作不丢人吗？你不可能让父母一直养着你""书读完还是要找一个工作，给父母脸上也添光嘛。父母也不求我们挣多少钱，还是给父母脸上增光。毕竟父母把我们养这么大，还是要为他们考虑一点。对于我来说，我是男生，出去之后责任重大嘛，以后还要娶妻生子"，摘自 2011 年 9 月 7 日田野笔记）、经济收入（"赡养父母啊，还有组建美好的家庭"，摘自 2011 年 9 月 7 日田野笔记）、实现自己（"希望有朝一日出人头地"，摘

---

① 如果考虑到他们的性格，我们就可以理解那些来到城市却找不到工作、过着辛苦生活的、被称为"蚁族"的人，为什么不会向政府表达不满，而将残酷的环境认为是自身的失败，忍受着生活的现状了（廉思，2009）。

自 2011 年 9 月 7 日田野笔记）。但这些价值取向更多的是关注个体与家庭层面，尚未考虑到国家与社会层面。在国家不再负责大学生就业的政策环境下，大学生择业的价值观发生了变化：由"集体主义"主导转变为个人主义主导。

如今，"读大学就是为了更好地就业"的观念深入人心。笔者在与大学毕业生的三次座谈中发现，他们都表示在填报高考志愿时就已在考虑找工作的问题，哪些专业好就业，哪些不好就业，哪些专业体面，甚至有个别毕业生因没被录取到符合理想职业的专业后而感到迷茫甚至沉沦。《2009 年中国大学生就业报告》（就业蓝皮书）指出，从大学毕业生期待的就业城市来看，无论哪种类型院校或哪个地区的 2008 届大学毕业生，最愿意去的就业城市是直辖市和副省级城市，最不愿意去的是区县类城市。但是从大学毕业生半年后的实际就业城市来看，有一半左右的大学毕业生去了地级及以下城市就业。大城市虽然就业机会多，但是求职竞争也非常激烈，相当多的大学毕业生会降低期待，到中小城市甚至是区县就业〔麦可思（MyCOS）－中国大学生就业研究课题组，2009〕。

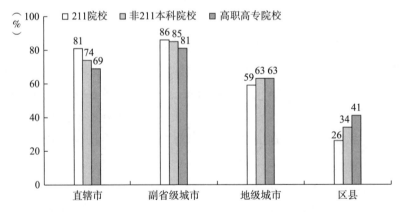

图 6－1　各类型院校 2008 届大学毕业生期待的就业城市分布

资料来源：麦可思（MyCOS）－中国大学生就业研究课题组，2009。

当今大学生就业的物质主义取向还有一个重要表现是"重回体制内"，这是与 20 世纪 90 年代很大不同的现象。从国家公务员考试网公布的数据表明，1994～2000 年，全国参加公务员考试的总人数不过 4 万人，但 2001年，仅报考中央机关公务员考试的人数就蹿升到 3.3 万人。此后报考人数快速增加，2005～2008 年，报考中央机关公务员考试的人数及平均招录

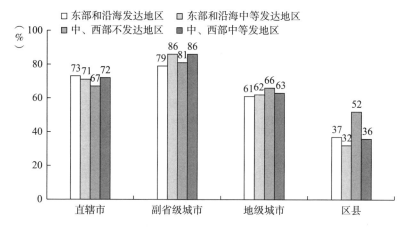

图 6 - 2　各类地区 2008 届大学毕业生期待的就业城市分布

资料来源：麦可思（MyCOS）- 中国大学生就业研究课题组，2009。

比例分别为 31 万人和 37∶1、37 万人和 48∶1、53 万人和 42∶1、64 万人和 45∶1。140 万人报考了 2011 年国家公务员考试，竞争最激烈的前 6 个职位考录比例超过 3000∶1（周鑫、王军、胡炳林，2007）。体制何以在 20 年后又爆发出了对大学毕业生强烈吸引力？也许能在国家统计局的数据中找到一些答案：1995～2006 年，国家财政支出中行政管理费增长了 6.6 倍，由 996.54 亿元增加到 7571.05 亿元；1978 年，行政管理费占财政总支出比仅为 4.71%，1995 年则达 14.60%，2006 年上升到 18.73%。大学毕业生投奔体制，那里象征着权力、声望以及稳定可观的收入，足以构成体面生活的全部所需（张雄、钟瑜婷，2011）。越来越多的人包括刚入校门的新生都明白，创业投资和自谋职业的风险越来越大，把目光转向体制才是最稳妥的。

第四节　制度变迁下大学生主体性的崛起：
一个历程性小结

一　总体性社会下的集体主义

在统包统配年代的大学毕业生就业中，国家是居于支配地位的。大学生受教育的成本由国家承担，毕业后的去处自然由国家决定。在统包统配年代，中国没有劳动力市场或者说劳动力市场被国家垄断，在这种

"权威型国家劳动力分配模式"（Wang，1998）下，与资本和其他生产要素一样，劳动力并不是私人商品而是国家资源。"我是革命一块砖"这一话语深刻揭示了这一内涵：组织与个人对国家的依附。这必然导致劳动者不是就业市场上的主体。只有极少数有"关系"的人借助社会网络突破制度壁垒，才能实现有限而艰难的职业流动。如果联系到20世纪50~70年代上半叶的时代背景，政府几乎作为唯一的资源配置者和决策者，这种宏观的理性主义政策取得了前所未有的高效率。从宏观层面来看，中国的经济社会建设取得了不俗的成绩。然而，如果进入微观视野，"在高度刻板的制度体系下，社会仍然具有一定的自主性"（李友梅等，2008：46），在分配过程中，同样出现了大学毕业生对于分配的不服从以及企业对于大学毕业生的争夺等现象，即使在双轨制年代，那些包分配的大学毕业生也多有"碗里的饭不对胃口，也得往下咽"的感受。

　　自由主义思想家托克维尔、波普尔、哈耶克曾对乌托邦社会工程提出批评，在现代社会中，存在着各种各样的政治理性主义或科学主义思潮，这些思潮的信奉者认为，随着科学地掌握自然规律，人们可以理性地设计社会的秩序。他们渴望建立一套高度简单化的、合目的的"自然和社会的管理制度"，特别希望使用国家的权力为人民的工作习惯、生活方式、道德行为、世界观带来巨大的、乌托邦式的变化。斯科特的研究表明，建构理性主义制度并以之安排社会生活的努力，其效果并不总是完美的，当然并不是说制度没有改变社会生活，或者没有达到规训社会生活中行动者的自主性的目的，而是说，制度虽然破坏了生活的原生态，却不能成功地如其所愿地安排和规训生活，没有能够让有自身逻辑的生活乖乖地进入制度预设的模子，完全按照制度的逻辑运转、生长。这种制度效果的不完美是由制度逻辑的简单性与生活逻辑的复杂性之间不可规避的冲突或者抗衡决定的（李友梅等，2008：10~12）。通过对大学毕业生分配制度运行效果的分析，我们可以发现，制度的运行与实践使我国的经济社会建设取得了不俗成绩。然而，在分配过程中，同样出现了非预期的不良后果，如人才配置与岗位的不适应，学校与社会的联系被割断，关门办学，教育效果难以得到实践检验，学生分配时"听天由命"、缺乏学习动力。正是这些不良后果的积累，为后来的市场化改革奠定了一定的基础。也即，前一阶段的强制性制度变迁导致非预期不良后果积累到一定程度，诱致后一阶段的强制性制度的生成。

二 大学生的主体性：一个应势而生的倾向

在双轨制的年代，大部分大学毕业生还是由国家包分配的，做好被安排的工作是大多数人的唯一选择。但对于另一部分学生来说，又有了双向选择的自由，虽然自由度还不是太高，但毕竟有一种"大门被打开的惊喜"，至少行政命令不再过多干预大学毕业生择业，"就业的两个主体直接沟通，用人单位和毕业生手中都有了选择权"。

竞争促使大学毕业生在劳动力市场中强化自身素质。"压力与选择并行"的双向选择中，大学毕业生增强着的主体性表现在两个方面。一是务实的择业倾向。如市场经济大潮中，许多大学毕业生毅然打点行装，来到深圳、广州等南方城市，开创一片新的事业。不仅仅是到南方，还有很多人到外企、到民营企业去，或自己创业。二是面对劳动力市场竞争的自主性增强。市场化变革给学生以很大触动：在校不努力，离校徒伤悲。因为交费上学且不一定包分配，学生们的学习认真多了，积极性很高，就是为今后的求职中增加筹码。如从"'天才'的求职奇迹"中甚至可以看到学生主体性表达中出现了校方不可控的诸多因素。

改革使中国在各个方面都发生了巨大的变化。学界多从政治和经济方面入手，研究中国在改革开放前后的差异；即使有研究从社会角度切入，也多关注市民社会、社会分层等宏大叙事，少有关注中国个体道德观和价值行为方面变化的研究。在本研究中笔者发现，随着国家的松绑和市场化的进程，就业市场中的大学毕业生个体逐渐增强于中国社会。改革前，在总体性社会结构下，国家垄断了包括就业机会在内的几乎全部重要资源（孙立平等，1994）。大学毕业生就业，由改革前的国家行为转变成如今的企业行为、个人行为，伴随而生的是主体性增强的大学毕业生在就业市场中主流价值观的变革：由"集体主义"主导转变为个人主义主导。然而，这些变化蕴含着一条主线，即国家政策推动下的个体主体性逐渐增强。

主体性增强是大学毕业生在就业市场变革中一个应势而生的倾向。相比于西欧那样的个人与社会关系的范畴转型，中国的个体化核心是个体与国家之间关系的变迁。20世纪90年代中期是分水岭。此前，在经济发展上，比如就业、社会流动等，只要国家"松绑"，给人们带来的基本是正面的东西，所以个体能动性特别强，积极参与其中。这时，国家该如何吸引大学毕业生到社会需要的地方比如边远艰苦的地方去呢？如何让大学生在择业时达到"利"与"义"的统一，把个人利益与社会利益、国家利益统一起来呢？时过境迁，事过境迁，仅靠当年的政治动员和道德教育是远远不够的。

第七章　结论与讨论

从宏观层面来看，本研究属于社会变迁/制度变迁主题。这一主题的核心问题是由谁"主导"变迁，实际上反映的是对秩序组成及来源的分歧性假定：对于人类生活秩序的组成和变动方面，究竟是国家还是社会因素的解释力更强？人们应当如何理解包括国家在内的社会秩序的形成？（张静，1997）涉及中国研究，有两种针锋相对的观点。一种认为，政府主导型社会的特征是理解中国的一条主要脉络（李强，2007，2008）。研究中国社会的任何方面，如果不从中国共产党努力改造中国社会这一背景出发，那简直是无意义的（麦克法夸尔、费正清，1990：3）。魏昂德（Walder，1996）把工厂视为国家在基层的控制组织，国家通过它将权力深入社会底层，这种新传统主义的关系模式本质上仍是国家自上而下的管制。另一种观点则持相反立场。许惠文（Shue，1988）认为，所谓自上而下的管控关系只存在于这个结构的表面层次。他把农村地方视为自治的实体，认为它的"地方主义"特性对国家的直接控制构成障碍，使想象中的国家强势实际上并不多见。总体上看，持前一观点者占多数。诚如戴维斯和哈瑞尔（Davis & Harrell，1993）所指出的，中国的"国家权力与政策推动了社会转型，而不是社会转型推动了国家政策"。政府的政策对于社会结构和社会生活的影响十分巨大。"就业关乎政治"，关乎民生。本研究的经验考察发现，政府在大学毕业生就业制度变革中起着关键性的作用，但也从没忽视对民意的关注、重视与吸纳，努力将强制性制度变迁与诱致性制度变迁结合起来。

世纪之交以来的巨大就业压力驱动学术界高度关注大学生就业问题。然而，当前研究大多关注现状的考察与市场转型的后果，而对于这些问题是如何历史生成的则缺乏追问。即使从历史视角考察中国大学毕业生就业制度变迁的学者，也大多自觉不自觉地持一种断裂史观，如认为1949年新中国成立是新、旧中国大学毕业生就业制度的分水岭，将改革开放作为新中国成立70年的高校毕业生就业史上的一个转折事件，其预设中似乎新中国成立初期计划型就业制度的生成与运行就不属于"改革"之列。其实，政策文本中的"改革"与学理意义上的"改革"并不完全一致。制度变迁的核心问题就是制度创新如何产生、旧的制度安排如何过渡到新的制度安排。近代以来，在中国，制度一直是核心议题。"改革"并非改革开放年代的专利，就大学生就业制度变迁而言，统一分配与市场化择业均为国家针对当时的社会背景与发展愿景而做出的、由政府主导的、自上而下的就业制度改革。新中国的大学生就业制度发生了重大变革，总体而言，"去市场化"到"市场化"是其突出特征和最重要轨迹，"去市场化"与"市场化"只是两个不同的改革方向以及在不同的历史阶段表现出不同的特征。

本书研究大学生就业制度与市场的变革历程，意在表明在过去的半个多世纪，国家或政府在社会变迁/制度变迁中的作用、制度设计与制度演化的轨迹。与先发的西方国家现代化相比，中国的现代进程中，国家承担着更繁重的任务。国家角色对于中国"社会转型"或者"社会变迁"尤其重要。本书尝试从长时段历史的视角观照中国的大学生就业制度改革史，国家在历次变革中均起着关键性作用，不同阶段的改革机制均通过话语、组织体制与行动策略等体现政府主导逻辑。当然，如果就此认为各阶段的大学生就业制度变迁皆由国家主导，强有力的政府操控了制度供给与实施，也即中国大学生就业制度变迁属于强制性制度变迁，政府角色的转换也是自主意志决定的，这种观点同样有失偏颇。就本书对大学生就业制度变迁的经验资料考察而言，其制度变迁呈现明显的强制性制度变迁与诱致性制度变迁相结合的特点。各阶段的政府主导逻辑同时也是对前一阶段制度实施中尚未解决或长期未解决的问题以及制度的某些不良后果或制度失败的反应方式。作为公共物品的制度安排，如果没有足够的、广泛的内在需求，大规模的制度变迁就不可能发生，新制度也不可能实际地产生并生下根来，改革体现了中国制度变迁需求的内生性特征。

在前面几章的基础上，本章拟进一步总结探讨国家为实现大学生就业制度的变革而采取的转型路径，分析长期居于强势地位的国家在就业市场的历次变迁中其角色是否有所改变，以及其角色改变的缘由或动机。接下来笔者结合在欠发达省份调研获取的经验资料讨论市场化改革之后大学生就业中"穷人的孩子早当家"这一现象是印证了市场转型论还是印证了权力维系论，最后对当下大学生就业市场中的国家角色定位进行反思。

第一节 话语、组织体制、行动策略：国家主导的制度改革机制

就业制度的历次变革存在时间节点，有着较大的政策导向上的分界线。但在制度变迁的同时，我们也可看到一些明显的延续性的因素，那就是从历次重大变迁（包括市场化变迁）中都可以看到国家所起的关键作用，国家在主导历次变革。中国经济体制改革是在中国共产党的领导下，为完善社会主义制度而进行的自上而下的制度变迁，国家的政策、法令主导着改革的方向和路径。也就是说，单一的市场转型理论与路径依赖理论对中国就业制度的理解，并不完全符合中国现实。它们预设了两种极端的制度形态，二者相互排斥与对立。市场转型理论将"双轨"并存等现象看作转型过程中的暂时现象，并没有超出市场转型的范畴，最终会随着不断深化的市场改革而消失，最后形成市场机制。尽管路径依赖理论关注市场化改革过程中计划经济延续的现象，然而却似乎有意识地忽略经济体制的巨变，无法将市场化变迁的现实纳入解释框架，所以也不符合中国市场化变革的现实。通过对大学生就业制度历次变革的梳理，我们发现，各阶段的改革机制均由国家通过其话语、组织体制与行动策略构成，呈现较明显的政府主导逻辑。

一 制度变革中的国家话语：就业关乎政治

一般而言，话语是指已经说出来的话，而没有说出来的则不称为话语。相当于索绪尔所指的言语，即我们在日常生活中的说话行为（索绪尔，1980）。和语言不同，人们的说话行为除了受到语法规则约束之外，还受到其他如社会规则等的约束和限制。1970年，福柯就任法兰西学院院士时发表著名的就职演讲《话语的秩序》，他指出话语即权力，我们需要探究那些"已经说出来的那些话"为什么会以这种方式而不是别的方式被说出来，其背后的支配规则是什么（王治河，1999）。话语意味

着社会成员或组织依据一定现成规则将其意义传播于社会之中，并通过这种方式来确立其社会地位，并为他人或社会所认识的过程。相应地，这种话语权可被看作一种潜在的权力，体现的是一种社会关系，正因为如此，我们把"话语分析"看作对那些已经说出来的"话"到底是以怎样的方式以及按照什么样的规则被说出和被传播的过程加以分析（谢立中，2010）。从新中国大学生就业制度变迁的国家话语转变中我们可以看到，话语其实是国家实现制度变革的关键工具之一，国家通过其话语传递改革的合法性诉求、体现改革的意志，也借此彰显国家的责任。

1. 话语传递改革的合法性诉求

在每个阶段的变革之初，国家通过官方文件、领导人讲话、包括党报党刊在内的新闻媒体释放出内含合法性诉求的话语。社会学的反身性原则（principle of reflexivity）主张人类社会的认识有直接和即时的实际后果。也就是说，人们如何看待社会变迁，是驱使他们行动的一个极为重要的因素。三个阶段的话语变迁都反映了国家对就业问题的认识，并向社会透露了改革的方向，而且引导人们认识大学生就业制度。

国民政府时期，大学毕业生自谋生路，失业普遍，他们甚至发起了向政府要工作的请愿。新中国成立之初，在党的意识形态中也确实不存在"合法解雇"的概念。中国共产党强调新社会的优越性，提出终结"毕业即失业"的局面，以稳定社会秩序。从实际效果来看，毕竟新政权把旧政权没有做好的事做好了，是颇得民心的（统包统配阶段）。官方认为，就业就是政治问题，也是国家现代化建设的问题。随着统一分配制度的运行，人们发现，政治无法解决市场问题，市场意识逐渐深入。然而，市场化改革不是一朝一夕可以完成的，它是一段长期的历史发展过程。大学生就业制度市场化与经济体制改革演进路径高度契合。最初十余年，改革一直纠缠于"计划"与"市场"的关系。"文革"结束后的经济体制改革一开始便受到了计划经济体制惯性的巨大阻力。邓小平曾说"经济工作是当前最大的政治，经济问题是压倒一切的政治问题"（邓小平，1994），这一论断是改革不竭的强心针。国家领导人逐渐认识到"毕业生的分配，实际上是就业问题，要按社会就业对待"。再加之，当时官方的意识形态中，认为经济就是最大的政治，自然地推导出就业制度改革需要国家政治为其疏通与护航，市场化改革兴起。在世纪之交国家不包分配的就业压力背景下，官方话语中同样体现出就业并非纯粹的经济问题，仅仅依靠市场也无法解决就业问题，就业更是涉及国计民生、社会秩序的社会公共问题。官方话语向社会昭示国家必须介入就业治理。至此，我们就可以理解新中国官方话语从终结"毕业即失业"到"就业关乎政治"这一变迁轨迹中的政治逻辑。

2. 话语体现改革的意志

在一定程度上，从新中国成立之初一直延续到 20 世纪 80 年代的大学生统一分配制度可以看作对民国时期大学生"毕业即失业"现象的一种制度回应。再深层分析可以看到，制度设计者所焦虑的国家现代化诉求需要。新中国实施大学毕业生统包统配制度更多的是国家诉求至上。新中国成立后百废待兴，诸多重大项目工程需要大量技术人才，高层领导日益感到知识分子的匮乏。"国家需要人急，国家需要才专"，就大学毕业生统一分配体制的建立而言，国家经济绩效的合法性诉求更重要。在改革开放前的"政治经济学"背景下，社会主流观点认为，大学毕业生是国家的主人，而人不是商品。

改革开放之初，我国依然沿袭毕业生统一分配制度。"文革"结束和党的十一届三中全会召开，中国历史实现了又一次伟大转折，中华民族又迎来了一个百废待兴、百业待举的局面。中央领导人正在考虑将工作重心转移到经济建设上来，因"文革"使高层次专业人才培养工作耽误了整整十年，各条战线均出现了严重的人才断层危机。整个社会对人才极度渴求，但毕业生分配工作却出现诸多不顺利。大学毕业生分配工作中出现种种"苦恼"，人们的关注点不免引向毕业生分配制度中来。至此，我们可以看到，人才分配工作的"苦恼"为党和政府进行制度改革奠定了民意基础。高层领导逐渐认识到统招统分统配的结果是"学校吃政府的大锅饭，学生吃学校的大锅饭，学生只要考进大学，就像进了保险箱"，也意识到"取消大学生的统分统配是迟早问题""毕业生的分配实际上是就业"，要按社会就业对待。随着中央大量政策文件的出台、中央领导人的发言与讲话以及部分高校毕业生分配工作改革试点的推进，国家将不包分配，"上大学不等于端上铁饭碗、进保险箱"的观点逐渐被人们接受，为后来"自主择业"制度奠定了意识形态基础。

3. 话语彰显国家责任

新中国成立之初，恢复社会秩序成为当务之急。劳动力市场上的总量供给严重过剩，但人才资源却严重匮乏。在社会经济运行过程中，当一种资源或产品供不应求而靠市场调节成本过大时，政府往往采取行政手段调控。人力资源尤其是大学毕业生在社会经济建设中极端匮乏，由此，政府为了恢复生产、满足现代化建设的需要，在资源约束的环境下，对大学毕业生先于其他劳动力资源实行统筹分配政策。作为制度的设计者，新中国对于高等教育的目标设定是为国家培养"接班人"和"建设者"，而不是为"社会"培养人才。

在改革开放时期，部分学生积极面对市场就业的市场化改革潮流，也有不少学生因为历史积累而成的"依赖"心理而感到恐慌："国家是不是不管我们了？"为此，教育部领导适时宣布了"国家责任"：对于找不到工作的学生，只要服从分配，国家是会负责分配工作的。世纪之交，官方明文规定不再包分配。随着经济体制改革的推进，大学生就业市场也成为买方市场。又适逢高校大扩招，就业压力倍增，每年大学毕业生离校时未就业人数甚至逾百万之众。面对如此庞大的就业大军，国家不得不投入更多关注的目光。党的十六大报告提出"就业是民生之本"的口号。党的十七大报告做出"提高高等教育质量""积极做好高校毕业生就业工作"的相关部署，"加强高校毕业生就业指导和服务"也被写入2008年的政府工作报告。虽然2007年颁布的《中华人民共和国就业促进法》明文规定了"公平就业"的条款，但2009年国务院办公厅发出的《关于加强普通高等学校毕业生就业工作的通知》依然要求各地区、各有关部门"把高校毕业生就业摆在当前就业工作的首位"。这都表明大学生就业工作在党和政府心目中的分量。在"就业成为毕业生个人的事情"的年代，国家并没有退出就业领域，反而将这一经济领域的问题当作政治问题来对待，加强就业治理，进而将高校毕业生就业政策进行从"管理"向"服务"的转变，同时治理人才市场乱象，保障就业安全。

二　就业体制改革方向与组织进路：集权与放权

国家要实现就业体制的变革，必须借助组织结构的设计与运行。在这里，组织体制的变革包括行政部门、高校、雇主等在与就业相关的组织机构的变化以及人员编制、组织隶属与功能变化等。本研究发现，在大学生就业制度变革中，国家为实现不同的改革目的（如改革方向从"去市场化"到"市场化"的转变）必须借助正式的组织基础，并且随着组织体制设计上的转变而实现其功能变化。在这个政府主导型社会，国家为了保证改革朝着这两个方向——集权与分权进行，几乎依赖相同的组织要素进行设计，只是改革的权力指向不同。

新中国成立之初，指导思想上是新民主主义理论，现实生活中是多种经济成分并存，这使得劳动力市场不以人们的意志为转移而客观存在。为了使大学毕业生分配制度能够顺利实施，新中国在组织进路上进行了总体性的设计。首先，通过对非国有经济成分的改造将用人单位统统纳入国有部门，劳动力市场退出了历史舞台，契约式的劳动关系变成了依附式的身份关系，几乎所有的工作岗位都有国家控制的部门提供。通过对劳动力市场的消解，排除了大学毕业生个人谋生、自主择业和创业等在国家单位外组织就业的可能性。其次，通过对大学组织的改造，将高等学校变成国家的一级组织，成为毕业生分配的执行单位。最后，在分配体制上进行科层式的设计，明确国家各级各类组织在大学毕业生分配中的职能分工，试图使大学毕业生分配工作能够有序进行。在这种政权威力、资源约束背景下，大学生在分配问题上通过依附高校而依附国家。在国家的控制下，国营企业、高等学校作为一种组织，除了担负经济生产、教育教学的职能之外，还担负起整合社会秩序的职能。如此，保证了党和国家的政令通畅，也为毕业生统一分配制度执行中落实"国家－高校（单位）－个人"的社会调控机制奠定了组织基础。国家通过单位组织整合与控制社会，以组织化的方式来确立宏观社会联结结构（杨晓明等，1999；崔月琴，2010），整个社会秩序的整合和现代化建设的动员，单位制从组织上提供了非常有效的保证。

为实现大学生就业制度的市场化，改革开放以来大学生就业体制改革几乎朝着与上一个阶段相反的方向进行。为今后实现双轨向单轨的转变，国家开始对就业体制改革中的组织松绑，如向用人单位放权、允许多种经济成分的重生、允许高校扩权等，国家通过在与企业（含允许非国有部门的存在）、高校、学生的关系中松绑，让大学生就业市场获得了流动性。经济体制改革之初，企业的放权让利是改革的核心，试点企业改革中，企业成为相对独立的商品生产者，逐渐获得了聘任权和解聘权；随着公务员制的实施，机关事业单位逐渐获得用人自主权。这标志着官方的就业目标已经从追求"社会主义的全民就业"转为"同时考虑经济效率和社会稳定"。《中华人民共和国劳动法》的出台与劳动合同制度的实施改变了以往用工依靠行政手段分配、管理的体制，使劳动关系双方真正成为平等的主体，政府不再强制分配毕业生；相应地，大学毕业生拥有了自主择业的权利。人们的就业观、就业意识也在发生变化："铁饭碗"被打破了。总之，随着国家与企业关系的松动，劳动力市场中国家从微观领域中退了出来，把工作调配权归位于用人单位与劳动者，企业拥有对劳动者的选择、考察、解雇等权利。

改革开放之初，政府明白仅仅依靠公有经济无法解决失业问题，因此允许发展多种经济成分。中国向市场经济的转型导致市场资源的发展，在一定程度上为组织和个人的社会独立提供了可能性和现实性。因为多种经济成分的存在，大学生的职业获得来源就不仅仅是改革之前的国有部门了。这也就为大学生的就业选择路径和方向增加了选项，正是这种多元依赖环境的产生，大学毕业生才获得了自身行为的自主权和较大的自由度。

计划经济体制下，高校作为事业单位，办学自主权不足历来被诟病。大学生就业制度的市场化改革，使高校在毕业生分配中的权力增加，办学积极性和责任感也增加了。统一分配体制下，国家用行政手段调配毕业生，大学生就业指导既没有存在的必要，也没有生存的社会环境。改革开放以后，用工制度的改革以及人才市场的重现，在国家政策要求下，大学生的就业指导工作日益受到重视，学生就业指导中心被称为"在学生、学校、社会之间架起的桥梁"。当然，也可看到此时的就业指导依然有很强的计划时代色彩，如动员学生放弃外企高薪而选择国企等现象。无论如何，国家和学校设立就业指导机构还是为学生适应就业市场做出了努力。

在市场化过渡阶段，我们看到的是国家松绑以及对市场的容纳释放了社会组织的活力。值得注意的是，世纪之交的现实告诉我们，国家对于高校仍有极强的控制力。国务院确定教育部归口管理高校毕业生就业制度改革，组织实施高校毕业生就业工作。在实际运作中，通过就业率制度，政府本意虽在促使高校改变只重招生、不重就业的办学观念，然而在"国家－单位－个人"的管理体制中，通过一级管一级的手段，整个国家的"社会稳定"责任被分割到了学校组织，这种上下分治的体制几乎也把矛盾都集中到了学校内部。这一现象可以回应中国社会学界关于"单位制"续存的争论。如今，高校因其行政隶属关系，仍具有较典型的单位特征（通过"国家－高校－个人"的单位体制来保证"理想"就业率任务的完成，将就业问题尽量在学生毕业离校前解决），比较明显地具有"社会控制"根源。国家对单位组织领导人的任免权是国家在社会转型中依然保持对单位组织强有力控制的基本手段。这样，"一把手工程"在大学生就业中充当着社会控制的政策工具，如此冲突和矛盾被转移到单位之中。国家与高校之间"领导"与"服从"的这种关系尚未得到很大改变，不利于高校办学自主权的成长，也不利于高等教育质量的提升。

三　制度变革的行动策略演进：从统治到治理

在大学生就业制度改革的设计与实施中，国家一直是最重要的行动者。国家对于市场的态度与策略经历了"排斥市场－容纳市场－治理市场"的转变。在消解"市场"的大学生就业制度中，国家地位至高无上，其行动策略是通过组织进行统治。市场化改革初期，党和政府的制度结构中逐渐恢复和重建市场及相应的制度安排，大学生就业市场逐渐形成并发展，随着市场的分化、主体的归位和制度的完善，治理理念与行动显现出来。

在统包统配制度中，作为国家培养的高级专门人才，大中专毕业生属于极为稀缺的人力资源。为此，中央提出了"统一计划、集中使用、重点配备"的方针，对于"学用一致"也必须"适应国家建设需要的基础"。尽管这一制度后来做过局部调整，但并未发生过根本性改变。此时，国家全面占有和控制各种社会资源，处于一种绝对的优势地位，进而形成对单位的绝对领导和支配。这样一来，国家在对其社会成员进行行为规范和价值取向的整合和控制时，根本不需要也不可能直接作用于社会成员，而只需要通过控制其隶属的单位就能实现行为目标。同样的道理，国家虽然在毕业分配上有许多政策文件，但对于大学生进行思想、价值观的教育和改造上也不可能亲力亲为，而必须通过已经单位化的大学进行。当政府行为和毕业生个人愿望协调一致时，分配工作就进展顺利。当两者追求目标不一致时，政府通常采用思想政治动员、行政强制、经济调控等手段，使之尽可能地趋于一致。从新中国成立之初到改革前形成的政治气氛使动员非常有效。"单位是国家的，学校是国家的，包括人也是国家的"，高校毕业生服从国家的分配。在组织控制、思想教育与政治动员等背景下，社会主义建设的热情空前高涨，毕业生没有条件也没有勇气不服从国家分配。动员所产生的政治压力及社会规范压力极易使毕业生放弃个人选择。至此，大学生就业不再是"就业"而是"分配"，大学生就业"市场"中的市场机制退出了历史舞台。加之，企业等用人单位因为同属国家用于控制社会的单位组织，在毕业生分配中也只拥有接收毕业生的权利，而不服从分配的大学生将面临失去大学生身份甚至无业可就的境地。

1978 年以来，中国进行了以经济体制改革为中心的渐进式改革，大学生就业制度的市场化改革便契合这一改革路径。从总体上看，党的十一届三中全会以来，学界、民间与政府均认识到大学毕业生统包统配制度的活力不足、机制不活，以及国家控制得太多、社会包袱过重等。面对诸多问题，大学生就业的市场化改革并不是在改革之初就提出"一揽子"解决方案，甚至没有提出改革的目标，而采取双轨并行的"渐进式改革"。1985 年前后，在计划分配的大框架下进行供需见面的试点。在试点基础上形成了"中期方案"，又经 1992 年邓小平发表南方谈话和党的十四大后"93 纲要"的颁布，终于确定了"双轨"变"单轨"的改革目标。从中我们可以看到，大学生就业的市场化改革中，国家起着至关重要的作用。改革前，压抑的高校与学生虽有改革的愿望，但是如果国家没有充分认识到改革的必要性与紧迫性，这一项涉及全国高级人才分配制度的改革就不可能进行。为了使改革在可控范围内，国家放权的进度也是逐步进行的。第一阶段的试点虽然都叫"供需见面"，但见面的方式和见面的主体前后发生了变化。1983 年，国家虽然允许少数学校试点，但依然只允许高校与企业见面，毕业生依然不能走到前台，仍然是典型的计划分配。由于用人单位主管部门、学校主管部门对各自的基层情况也不完全清楚，难免出现分配计划与实际需要的脱节（潘阳、胡守律，1992）。1985 年，"招聘、推荐与考核录用相结合"的试点使部分毕业生终于可以走到前台，这一阶段的供需见面也只是计划编制方法的改进，并不是取消计划分配制度。"中期方案"规定目标是社会选择就业制度，在政策文本上有了突破性进展。在"双轨"并"单轨"之初，为避免大学生在心理上准备不足，政府领导出面承诺，国家依然承担毕业生分配的责任：只要是合格的大学生，又服从国家的分配，国家还是给安排工作的。

21世纪，中国宣称建立起自主择业的就业制度，国家不包分配。无论从市场供求角度还是从国家放权的角度来看，用人单位都已获得就业市场上的用人决定权。随着企业市场意识的增强与高校毕业生就业买方市场的形成，用人单位的用工模式从传统的人事管理逐步向现代人力资源管理转变。在国家包分配的年代，国家力量和自身的先赋因素在工作分配中起主导作用；市场转型后，对于就业岗位的配置以市场机制为主。愿意进入高校校园招聘的企业大多看重高校毕业生作为劳动力的高素质、无经验特性，它们在招录员工时更看重的是毕业生的能力或培养潜质、是否符合其企业文化、能否给企业带来效益，而不是看重其学习成绩等偏书本和理论性的东西。然而，转型期经济领域的"去政治化"并不意味着国家从大学生就业市场中抽身而退。面对大学生就业的买方市场特征，在追求社会秩序和谐的意识形态下，国家依然将大学生就业问题作为政治问题来抓。除了宣传口号上体现对大学生就业的重视外，高校毕业生就业已被纳入国家的整个就业体系中来，国家已制定一系列政策措施。通过政策文本我们可以发现，国家政策主要集中在两方面：一是规范劳动力市场；二是促进就业。这表明在大学生就业问题上，国家的角色定位不再是分配主体，而是完成宏观调控和服务职能的转向。这既表现在就业管理的政府部门归口与组织架构上，也表现在劳动力市场的规范保证就业市场秩序与促进就业的政策框架上。相比于计划经济时期，政府作为行政安置的主体，大学生只是行政安置的对象，这是一个巨大的变化，也是从行政安置到市场选择转变的核心意义。

第二节　国家角色演变与就业市场主体的合分

新古典经济学将制度、机制视为给定，寻求在什么样的经济制度环境条件下能达到资源的最优配置或做出最优决策。如果调整一下制度分析的方向，回到中国社会具体的历史脉络和社会情境中，我们可以发现，中国经济体制改革的成功之处明显地体现出诱致性制度变迁的特点，在考虑国家能力的同时，将经济环境视作给定（比如充分考虑国情和现状），研究如何创造一定的互动规则（机制或制度）来实现期望目标。中国经济体制改革的成功之处并不在于单纯的强制性制度变迁，也不完全是自发秩序的产物，而是诱致性制度变迁和强制性制度变迁相结合，在充分发挥自发性改革和基层单位主动性和创造性的同时，坚持中央政府自上而下的领导、组织和协调。上一节笔者总结了国家为就业制度变革的实现而遵循的转型路径，从中可以看到，历次重大变迁中国家都处于主导地位。本节笔者将分析改革中的国家角色与市场主体之间的关系：随着大学生就业制度的历次变革，国家角色的变化以及因应国家角色演变而出现的市场主体的聚合与分化状态，国家从再分配领域退出之后个人与国家关系的重构。

一　强国家传统在改革中起关键作用

通过回顾历史我们可以发现，自近现代意义的"大学生"或"大学毕业生"诞生以来，国家在大学生就业中就扮演着重要的角色，强国家传统延续至今，国家主导的就业制度变革对于大学生就业市场的转型就一直起着决定性作用。

在晚清"强国"和"救亡"的社会背景下，朝廷和政治精英开办高等教育的主要目的在于"师夷长技以制夷"，大学生肩负着为民族、为朝廷解除困难之重任。国家能力较为虚弱，国家的意志却在大学毕业生就业市场上得到明显体现，大学生具备类似于新中国成立之初的"国家干部"身份。民国时期，因市场制度下高等教育为社会培养人才，"自谋生路"的学子在"生路"难谋之际发起"向政府要工作"的请愿运动，国家不得不考虑大学生的要求并试图落实相关政策。国民政府虽推出不少举措以缓解就业压力与安抚民心，但终因战争频仍而有心无力。新中国成立之前的这段历史可以看作一段传统的"浮现"，说明国家与大学生就业之间自始就有着复杂交错的关系。

新中国成立后，为了满足现代化建设的需要党和国家集中有限的人力资源，以宏观理性主义为指导统一规划全国高校学生的升学与工作分配，在国家全能控制下，消解了包括大学毕业生在内的劳动力市场，高校、用人单位与大学生都依附于国家，体现了再分配经济的典型特征，这一阶段国家的政策导向决定性地解散了大学生就业市场。市场化过渡阶段，民间虽然体验到分配工作的"苦恼"，在改革开放的背景下，官方与民间的市场意识都逐渐深化，但只有国家才能成为大学生就业改革的关键推动者，而且大学生就业的市场化改革也契合于国家经济体制改革的进程与目标。也只有国家的政策保障，才能推动劳动力市场的产生并获得活力。世纪之交的"自主择业"阶段，国家虽不负责学生就业，似乎退出了大学生就业市场，但即使是官方宣称的"自主择业"，也是国家市场化改革推动的结果。此时，虽然在政策的限制下，国家对企业与大学生不能起直接的管控作用，但国家作为社会秩序的提供者，对于劳动力市场起着宏观调控作用，而且国家可以通过组织控制推行就业率统计制度，从而对高校起着较强的控制作用。

二 大学生就业市场主体的聚合与分化

从人类社会的发展过程来看，制度都是以规训为目的的。虽然国家层面的制度同普罗大众的日常社会生活相距遥远，但国家可以通过组织设计、运行机制的设计等渗透于民众的生活。在探讨中国"国家与社会"关系的文献中，大多限于强/弱国家、弱/强社会的争论，其中大多持强国家、弱社会的观点，这也符合中国数千年历史发展的判断。然而，这其中隐藏着一个假设：强国家传统中，国家一直保持着强势角色而未有变化。在此，结合大学生就业市场转型的探讨，笔者认为，虽然国家一直主导着大学生就业制度的变革与市场的转型，但国家的角色并非一成不变。新中国成立以来，大学生就业市场历经的消失、重生与改革、深化，并非自发秩序使然，而是随着当时的社会需要（经济体制改革需要）和国家能力而有所调整。总的来说，新中国成立以来的大学生就业市场变革中，国家角色的改变轨迹为由主宰者到治理主体。

概而言之，新中国成立之初，一改民国时期的市场制度，实行统一分配制度，国家成为大学生就业"市场"的主宰者，高校、用人单位、大学生均成为国家的依附者。改革过渡阶段，国家的角色变成了大学生就业改革的推动者和保障者，高校、用人单位、大学生在国家改革政策中逐渐获得活力，主体性逐渐生成。世纪之交，在国家不包分配的"自主择业"阶段，国家并不是作为旁观者，虽然在劳动力市场的微观领域退出，但在就业压力大增的背景下，其作为社会秩序提供者将大学生就业作为"重大政治问题"来对待，政府既是市场交易的主体，也作为维护社会秩序的权威主体。由此可见，国家虽然一直保持强势地位，但在大学生就业市场的历次变迁中，其角色并非一成不变，而是随着社会背景以及制度的有效运行而做出调整。

新中国成立之后，百业待举、人才奇缺之际，政府对劳动力市场实行了力度较强的调控，针对初中以上特别是大学毕业生就业实行国家统一管理。高等教育的目的在于为国家培养"接班人"和"建设者"，而不是为"社会"培养人才。为了保证大学生统一分配体制能够得到有效实施，国家为完善其组织条件，对于涉及大学毕业生就业的相关主体如用人单位、高等学校以及分配（就业）体制都进行了改造，使相关主体成为隶属于行政体制的一级组织，从而将本已存在的劳动力市场挤出历史舞台，高等学校成为国家控制社会的一级单位组织，消除了计划经济不能接触到的死角，奠定了国家实施统一分配体制的组织基础。政府对高校毕业生分配的强力调控不仅体现在大政方针的确定上，对分配权力的控制程度、毕业生的搭配等细节也给予了具体的规定。而这些措施实施的客观表现便是劳动力市场的消解，大学生就业市场自然也就消失了。新中国实施大学毕业生统包统配制度更多的是国家诉求至上，考虑国家的诉求而不是个人的诉求。在统包统配制度中，从制度设计到制度实施，国家都是最重要也是最强有力的行动者。在计划经济时代，大学生这一稀缺资源被国家持有并统一分配，在某种意义上，对其使用的竞争就不受约束，并且在现实资源稀缺的情况下，这种类型的公共产权很难被发现，这样大学生就成为国家的一种垄断性资源而任其安置，每一个人的个性要求和用人单位的要求都得不到照顾，更谈不上人职匹配。

20世纪80年代，改革成为国家高层与民间社会的共识。但是，有能力推动改革的依然是国家机构。"文革"结束后，面对全国就业问题、返城知青问题、大学毕业生分配的种种苦恼，国家高层终于意识到就业/失业问题的存在是一个严酷的事实，如果解决不善，可能危及社会稳定。

因此，改革在政府的可控范围内逐步开展。1983 年，国家虽然允许少数学校试点"供需见面"，但依然只允许高校与企业见面，毕业生依然不能走到前台，仍然是典型的计划分配，被称作"父母包办，亲家见面"，毕业生和基层用人单位都未直接参与，他们的权利被学校和用人单位的主管部门所代表，甚至有些学校的权利被地区行业的主管部门代表。作为就业主体的学生，还是没有直接参与到求职过程中。这个僵局的打破，依然需要国家一道行政命令。只是到了世纪之交，第一批缴费上学的大学生毕业，国家鼓励非公经济接收毕业生。这表明，上大学也是家庭和个人的人力投资，国家不再对个人的就业问题负责，高校也不再仅仅是"为国育才"，而是为社会育才，非公有制单位光明正大地成为人才使用主体，国家也只是人才使用主体之一。经过漫长的改革，至此，大学生就业市场基本生成了。从中也可初步看到，大学生就业的市场化进程中"国家"或"政府"这只有形之手的力量。

20 世纪 90 年代中后期，就业制度由典型的计划经济转变为由市场机制主导的体制，高校毕业生市场呈现买方市场特征。这一形势表明，无论从市场供求角度还是从国家放权的角度来看，用人单位都已获得就业市场上的用人决定权。加上大学教育的投资主体发生了根本性变化，国家明确规定不负责大学生就业，市场中各主体归位。21 世纪，政府是国家治理主体，既要履行政府职能，也是市场的交易主体，即国家部门招录毕业生也是通过公务员招考、事业单位招考等市场机制。过去国家（政府）的要求和想法往往通过道德劝勉、行政命令的方式去达成，而如今则通过政策或经济激励进行引导，回到了"交易"的层次上，政府（国家）和大学生（个人）成为平等的市场主体。然而，这并不意味着国家退出了就业市场；相反，由于中国大学生就业表现为大群体、大规模集中，短时间就业的特点，出于民生和社会稳定的政治考量，高校毕业生就业工作在政府工作中的地位日益上升。相比于计划分配时代，政府作为行政安置的主体，大学生只是行政安置的对象，这是一个巨大的变化。然而，促进高校毕业生就业政策的文本中，尽管大学毕业生的就业岗位绝大多数都不属于体制内单位，但政府在政策理念上依然将这些组织机构视为与政府部门有着隶属关系的政策对象，强调的是"领导者－服从者"的关系。

　　至此我们可以看到，强制性制度变迁与诱致制度变迁的结合不仅有效地推动了中国经济体制改革的进程，而且这种结合还有内在的必然性。大学生就业制度相比于国家的整个制度结构而言，是具体而微的，但它却是嵌入国家的整个制度结构中的，需要契合整个制度结构的全面改造，而不是原有制度结构中个别安排的局部改变；也不是对现行制度规则的运行过程作实际上的微调，而是全部经济秩序和经济生活的根本变革。在这样一个巨大而又深刻的变迁过程中，个人和团体的制度变迁成本之大足以扼杀所有自发性的创新冲动，在诱致性制度变迁满足不了社会对制度的需求时，国家通过有组织、有步骤的强制性制度变迁，不仅可以弥补制度供给的不足、降低制度变迁的组织成本和实施成本，还可以以其强制力为后盾，在全社会普遍推行与经济生活相适应的新制度安排，从而缩短体制转轨、社会转型过程。

第三节　择业资本类型多元化："市场转型"还是 "权力维系"之争的微观体现

一　择业资本变迁的学术简史："市场转型"还是"权力维系"？

　　在导论部分，笔者就社会变迁的根源进行了学术史的回顾，并通过后续研究，认识到国家在就业制度变革中的主导作用，以及制度转型中的路径选择等。接下来笔者结合调研资料以及最近在网络上披露的一些大学生招聘事件，从相对微观层面来探讨以"再分配经济"为基础形成的分层机制在市场转型中是否持续发挥作用，最终回到社会分层中的"市场转型"与"权力维系"这一问题的讨论中来。

　　伴随着市场改革，在人才培养目标上，高校由为国家培养人才转为为社会培养人才，就业政策发生巨大变革，分配工作的计划体制转变成了市场配置导向的岗位竞争机制。进入21世纪以后，国家明确规定不再负责毕业生的就业。笔者的调查表明，大多学生把就业责任归于自己，不会归于政府。对于具有选择权的学子们来说，竞争敦促着他们在劳动力市场中强化自身素质。在"压力与选择并行"的双向选择中，毕业生的主体性崛起体现在两个方面：一是务实的择业倾向；二是面对劳动力市场竞争的自主性增强。世纪之交，笔者调研的地区为经济欠发达省份，调研的对象大多是农村子弟，出身于较低的社会阶层，85%以上的学子面向体制外单位就业。然而，在笔者所接触到的学子中，他们面对就业时心态非常乐观，追求找到一份能体现自我价值、有上升空间的有"质量"的工作，对于时下新闻媒体大肆渲染的"读书无用论"，他们颇为质疑与不屑，坚信接受高等教育的意义，在就业中更多的是"能力归因，关注规则公平"。这和北京大学组织的调研发现——大学生将能力排在就业因素的第一位是吻合的。再言之，面对工作岗位体制外供给的就业市场，雇主们也采用能力至上的"实用主义"原则。这些现象似乎说明了市场化就业的今天，市场成为工作岗位配置的主要机制。笔者也曾经为此感到欣喜，乐观地认为，市场转型使分配权力向市场领域转移了，市场激励机制终于奏效了，"穷人的孩子也可以当家了"。然而就在笔者刚刚完成预答辩的那一天（2012年12月12日），网络上披露了济南招行招聘的"拼爹门"事件，这又让笔者陷入了沉思。

再回到学术史中，波兰尼（Polanyi，1944）认为，市场经济是自律性的市场制度，不依赖外部干预而自行组织整个经济生活，是通过市场价格来导向的经济，生产者与消费者直接通过市场交易发生横向联系。20世纪80年代以来，市场转型与分层机制成为中国社会学家关注的主题。倪志伟（Nee，1989）持市场转型论，提出三个相互关联的论题，指出由再分配经济向市场经济转型所导致的有利于直接生产者而非再分配者的权力转移、人力资本回报提升与政治资本回报下降的激励机制以及开辟新社会流动渠道的机会结构变化。在再分配体制向市场体制转换的过程中，分配权力向市场领域转移并产生了新的分层机制，市场开辟了不为权力所控制的向上流动的新渠道。

尽管市场转型理论提供了清晰的理论框架，但是它仍然遭到很多批评，直接的有："权力维持论"（Bian & Logom，1996）认为，再分配经济体制下形成的分层机制具有延续性，昔日权力精英可以优先在市场中得到实惠，继续处于优势阶层地位；"权力转化论"（Rona-Tas，1994）强调政治权力向经济优势的转换，再分配权力因长期经营的基础而积累了丰厚的社会资源，权力资源从而转化为社会资源。白威廉和麦谊生（Parish & Mechilson，1996）则突破了"权力"与"市场"之间的界限，认为中国市场制度的建立遵循一种政治逻辑，从而产生了一种"政治市场"，因为路径依赖，掌权者的权力并没有被贬值，而是通过政治市场的讨价还价能力获得更多的好处。总之，这一方观点反对市场转型理论，不认为市场转型会导致权力贬值。孙立平等（1994）也发表过"权力通吃"论，刘欣（2005）提出权力衍生论的解释。关于市场转型的论争启示人们：市场转型所带来的结果是多元的而不是单一的；"谁赢谁输"是一个非常复杂的问题，很大程度上要视市场和国家之间不同的制度安排而定。正如 Wu 和 Xie（2003：429）、吴晓刚（2006）所指出的，"劳动者是动态的社会行动者，他们并不是简单地受市场决定，而是通过积极地寻找他们在劳动力市场上的位置来回应市场化的影响"。如此看来，"穷人的孩子早当家"这是一句笼统的话。在这里，可以将"当家"这一俗语换成一个社会学术语——职业机会获得，也可以理解为"谁能找到好工作"。具体到大学生就业领域，时至今日，在从高等学校转向劳动力市场的过程中，哪些因素在其中起着决定性的作用？具有哪些特征的毕业生在劳动力市场上能够顺利地找到工作？我们有必要细分一下，在职业获得中究竟哪些群体在使用权力资本，哪些群体更倾向于或不得不使用市场能力，哪些群体又可能两者通吃。从人力资本理论的视角来看，这些问题最具有代表性。然而，在由计划经济体制向市场经济体制转轨的特殊时期，在劳动力市场尚未发育成熟的背景下，人力资本之外的社会关系也在一定程度上承担了工作找寻以及与就业岗位匹配的功能，如不能将其纳入解释框架，将具有一定的局限性（丁小浩，2004）。高校毕业生作为工作找寻的主体，在求职过程中的主观感受能很好地反映人力资本和社会关系所发挥的真实作用。

二　当下大学生的择业资本类型学

根据权力维系与市场转型的论争，以及本研究收集的经验资料，笔者对择业过程中大学生的资本使用类型作一简单划分，大致有以下四类。

1. 权力维系型就业

有媒体称，"父亲就业时代"的潘多拉魔盒已被打开。我们没有"有多少求职者是通过关系就业的"统计数据，但据 2008 年 2 月 18 日的《中国青年报》报道，共青团中央学校部、北京大学公共政策研究所联合发布的"中国大学生就业状况调查"显示，有41.61%的学生认为通过家庭和个人的社会关系、托熟人是最有效的求职途径。在来自大城市的学生中，这一比例则高达51.29%。一位毕业生告诉笔者这样一种情况，自己看到招聘信息时，第一时间就与公司联系，但被告知"已经招满了"。通过在那个负责招聘的学姐获悉"领导迫于关系压力，闲职已被其他人挤占"。2012年12月，网络披露了济南招行招聘中的"拼爹门"事件。

> 济南招行招聘完整版名单中共有466名应聘者，其中有45人后面都用显著颜色标明有"某行长亲戚关系、银监局领导关系、某处长孩子、省政府朋友""面过就行、百分之百确保通过"等关系户和要求的备注，占应聘者总数近1/10。另有819名考生曾入围第一次面试，被疑只是"走过场"，成了"陪太子读书"的角色。（本段资料根据人民网消息整理而成）

再联想到上海交大"招生门"事件、某外资银行招聘实习生被指拼爹事件、众多的萝卜招聘事件等，笔者不禁反思，市场化就业的今天，社会分层机制中的权力因素是否真的转移并由市场能力替代了呢？"爹"这个词，在此并不仅仅是指法律或人伦意义上的"爹"，而是被赋予了社会学的意义，象征着家庭（家族）所拥有的社会资本以及所能激活的政治权力和社会资本等。如今，公务员"逢进必考"操作空间相对较小，事业单位成"曲线就业"新途径。机关事业单位和很多国企都讲究"按资排辈"和"衙门作风"，这样的"老人文化"和"官场文化"并不受年轻人欢迎。有专家认为，事实上事业单位俨然成为"权力就业"的后院（乔新生，2011）。据笔者调查，大学生最想到国家机关谋取公务员职位或事业编制，看中的是附着在国家机关、国企的权力资源以及权力资源带来的社会资源、垄断性福利和高收入、高福利。权力维系型就业对整个社会造成了非常大的伤害。

2. 寻找社会资本型就业

社会资本可以有两种：一种是先赋性的，另一种是自致性的。由于中国是一个人情社会，关系取向明显，加之就业市场尚未发育成熟，大量劳动力供给需求信息交流以及用人单位雇用员工的决定过程仍属于非制度化或半制度化的阶段，缺乏一定的公开性、规范性。因此，关系网络在一定程度上是人力资本的替代物，可以承担相当一部分求职者与就业岗位匹配的功能。实际上，人们普遍认为社会网络对于获取社会资源的影响在中国社会具有非常重要的作用，随着高校毕业生规模的扩大、就业难度的增加，一些年轻人不仅害怕自己没有足够的知识、技能，而且常常对于自己没有足够的社会关系、没有可以利用的权力而产生恐慌。在笔者的调研中，有不少来自农村的学子为了在求职中有社会资本可用，不断发挥着自己的主体性。他们认识到"毕业求职，不仅仅要展示你的能力，还要展示你的人际关系""找关系是一种腐而不败的求职方式""有钱有权，办事不难，找工作也是如此。我不怨自己无权无钱，因为人是活的，我可以通过自己的努力在这方面有所斩获"。就在不久前，一位信息提供者（毕业班学生）向笔者询问"你认识某某单位的高层领导吗？我想在他们单位找个工作"。最近这段时间，他碰到熟人就要问问能不能找到关系，在他看来，有关系更容易找工作。

社会关系网络是个体或者社会组织所拥有的血缘、地缘、业缘、趣缘等各种正式和非正式关系的总和，是社会资源和社会资本存在的载体。我们可以看到不少学生为找工作而通过老乡关系，与学校中有人脉的老师、掌权者套近乎的例子。华中师范大学一位社会学研究生发挥其专业优势，写下了为求职准备而进行社会资本积累的宝典，其中就分为对已有社会资本的维护和社会资本的拓展两部分。在已有社会资本的维护策略中，首先是信用的维护至关重要；其次是资源和信息在网络中的分享（"互惠性的人际关系是维护社会关系网络不可或缺的部分。大学生给予他人自己能够提供的帮助"）；最后是保持经常性的联系（"经常性的互动会加固已有的社会关系网络，在动用社会资本时才能获得及时的、多样的社会资源的支持"）。他还总结出大学生拓展社会资本的四种实用方法：第一，采用滚雪球的方法；第二，参与学校、社团和其他组织，在社团与组织中拓展自己的网络；第三，主动寻找各关系的节点；第四，增加自己被利用的机会和曝光的机会，使自己进入一个更广阔的人际领域，以扩大自己的社会联系，增加自己的社会资本（邹光剑，2007）。

大学生社会资本作用的发挥是以就业市场信息不完全、就业市场竞争实际存在以及以关系为本位的中国传统为前提的。因此，实证研究大学生就业时对人力资本和社会关系网络重要程度的感受是一个非常有趣的课题。诚如丁小浩（2004）所指出的，由于中国高等教育规模的扩大，高校毕业生就业难在一个时期可能会愈演愈烈，社会关系网络的运作空间会越来越大，同时随着市场化程度的不断加深，个人的人力资本在工作找寻中的作用也应该越来越重要。人力资本和社会关系网络的相对重要性会是什么样的走向，有待进一步的实证检验。

3. 市场能力型就业

不可否认的是，市场化就业的确为无权无势家庭的子弟在一定程度上提供了向上流动的渠道。至此，我们似乎可以得出这样的认识："穷人的孩子早当家"的现象，如第四章中"'天才'的求职故事"、第五章中为求职竞争而准备的进取的个体都说明了教育对于他们的意义。北京大学教育经济研究中心通过近10年的大型调研（岳昌君，2012）发现，毕业生对于就业的影响因素中：①能力因素排在第一位，工作能力、职业规划（有相关实习和工作经历、目标的执行力、对职业的了解和自我定位等）、应聘技巧等与就业直接相关的因素显得格外重要；②学习成绩、热门专业、学校名气、地位等与高等教育直接相关因素的重要性有降低的趋势；③亲朋好友、党员干部、性别、户口、送礼人情等与社会资本、政治资本、人口特征相关的因素被毕业生认为最不重要。基于这种认识，目前大学生学习积极性、自觉性普遍提高，许多大学生都在各种必修课程之外主动选修"双学位"，或者学习一些有利于就业的选修课，参加各种职业资格考试等。

正如笔者偶遇到一位在商场发传单的大学生（专科二年级、会计专业）所说的那样："我父母都没有什么本事，爸爸是下岗工人，妈妈是农村的，再加上自己只是专科生，学历本来就低，没有竞争优势，先积累一点儿销售经验吧。毕业以后是做会计还是销售就顺其自然。"一位屡败屡战的国考"考霸"认为相比于其他求职渠道而言，国考还是最公平的。为了向上流动，这部分人除了努力提升自己的人力资本，别无他凭。马莉萍和丁小浩（2010）的实证研究发现：高校毕业生所积累的人力资本是他们在工作找寻中最关键的影响因素，而随着就业形势的逐年严峻，社会关系也越来越被重视。与人力资本相关的各个影响因素中，工作能力被认为是影响工作找寻的关键因素，学历和专业的相对重要性程度逐渐下降。作为一种非正式的社会制度，"社会资本"所能扮演的只能是一个对于正式制度起"拾遗补缺"作用的角色。但是，这种代表着"特殊主义"规则的非正式制度所起的作用毕竟是有局限的，一旦劳动力市场制度得到确立，"普遍主义"规则成为社会的主导规则之后，社会资本的地位和作用也就无法继续保持下去了。当然，社会资本在未来的市场经济社会中也不会完全失去效用。因为大量研究已经表明，即使在市场经济高度发达的社会，人们在市场中的各种经济行为也无法脱离代表"特殊主义"的社会关系网络而存在。总的来看，社会资本的作用在劳动力市场制度确立后将受到越来越大的限制，这也是其非正式制度的特性决定的。

4. "通吃"型就业

孙立平（2002）曾经分析过转型期精英形成中的"不拉空"现象，他杜撰了一个很典型的个案，然而，这一个案在实际生活中却有着经验事实的支撑，其中的演变在大学生就业故事中不时出现。笔者也曾遇到几位高干子女，在毕业之际为了证明自己的能力而极力抵制家庭对他们择业的帮助而毅然到外面的世界去打拼，可经过几年的职场打磨之后，又要求回到父母的"保护伞"下。"体制内和体制外，是完全不同的两条道路。体制外面对的是无时不在的压力，任何事情都得靠自己去拼。而体制内意味着稳定，有国家作为后盾在保护着你，同时意味着无形的社会资源。这些社会关系对将来看病、小孩入托都很有帮助。"20世纪80年代的市场化改革之初以及90年代，对于大多数大学毕业生来说，体制外的经济回报远远高于体制内单位。"外面的工资高，靠'顶替'找一份工作没什么意思，为什么不去闯一闯呢？"可直到如今，在读研究生王琪还表示："几乎所有人都会说，找工作靠家里关系会破坏公平原则，激化就业矛盾。可当就业的压力实实在在地压到自己头上时，只要能'开发'父母关系的，几乎没人不去利用。"张锋是某大学的应届本科毕业生，他本可以依靠父亲的关系在当地电视台找到一份不错的工作，可他却拒绝了父亲提供的便利，靠自己的努力在北京某影视公司找到了一份工作。张锋的想法是："我其实很想向父母证明自己的实力，现在回去我感觉挺没出息的……但也难说，我们上一届就有师兄在外面混了一年，最后还是回老家干了家里给安排的工作。"某师范学院英语专业应届毕业生赵冉说："如果在省城有关系，找工作就会简单得多……"她自己连续4个月到6家大型企业应聘，但无一成功，愿意录取她的都是一些小公司。赵冉现在已经开始收拾行囊准备回老家进父母替她安排好的大企业工作。

通过以上类型划分我们知道，不同的群体在面对就业时，是借助权力还是市场能力，不能一概而论。在目前大学生就业中，存在着学生的自致因素与先赋因素共存的现象。读书受教育，知识改变命运。市场化就业的确为无权无势家庭的子弟提供了一定的向上流动的渠道，他们既可以借助人力资本也可以借助社会资本来获取。权力阶层的子女在择业时既可能依靠社会资本，也可能借助人力资本，当然也可能两者"通吃"。在此，笔者只是做粗浅的分析，需要更细致的后续探究。

第四节　治理视域下国家角色定位的再探讨

一　重新认识国家与社会之间的关系

在中国改革的进程中，学术界展开了一场关于"国家与社会"关系的讨论，不少学者从马恩著作中寻找"小政府－大社会"依据（廖逊，1986），主张中国建构强调自发秩序的"小政府－大社会"关系模式（韩竹林，1989）。其实，此时中国的市场经济还处在构建之中，需要政府的强制力量提供市场经济运行最基本的条件（贺东航，2005）。改革之前，中国政府对社会的高度控制扼制了社会的发展，如果在毫无社会发展基础的背景下，国家突然抽身而退，就可能令社会组织与个人无法适应，也将伴随巨大的社会风险。改革开放之初，社会各界均认识到大学毕业生统包统配制度的活力不足、机制不活，以及国家控制得太多、社会包袱过重等。然而，这些民意基础如果没有以国家高层意识觉醒为前提，改革就缺少一个最重要的推动力量。市场化进程中的各项试点工作也必须在政府允许改革的环境中展开。如曾经出现的"有偿分配"争议、双向选择政策颁布之初政府为消除误解而进行的安抚等事实，也说明了国家在改革中的保障作用。就业市场化制度的启动、试点、目标的确立等以及市场化曾经受阻这一现象，也是在邓小平发表南方谈话和党的十四大召开之前才起步并大步向前的。如此等等，说明政府才是改革的主要推动者和直接主体，当然改革的动力和阻力并存于政府内部。

长期以来，西方国家的政界和学界、中国的部分政府官员和主流学者都一致断言：中国是典型的"强国家、弱社会"。大量文献分析了社会转型期中国国家与社会关系的变化问题，并出现了一些不同观点。一类观点认为社会转型中国家的权力与过去相比有所弱化（Nee, 1989；Nee & Lian, 1994）；另一类观点则认为，国家对社会仍然保持着相当的控制能力，国家仍然保持着对社会强大的动员能力（孙立平，1994，2000；萧功秦，1993、2000）。还有一种观点，从"国家"与"社会"是相互塑造、彼此制约的关系（Migdal, Kohli & Shue, 1994）这一假设出发，认为"强国家 - 弱社会"格局的形成关键在于"弱社会"。如社区观察发现，居民自治意识淡漠、组织松散的"弱社会"可能肇因于社区组织与多数居民间不存在明确的利害关系，所以在推动居委会直选中，居民事不关己、被动参与（桂勇等，2003；桂勇，2008：257 ~ 267；林尚立主编，2003：64 ~ 65；Liu，2005）。传统中国国家的政治权力渗透到社会生活的每一个领域，社会长期处于国家笼罩之中。新中国成立之后，社会生活政治化的色彩并没有淡化。通过 20 世纪 80 年代以来的改革，国家与社会的关系悄然发生变化，由国家与社会高度一体化向良性分化转变。大学生就业市场中的主体不仅仅是国家，虽然在就业管理层面国家与高校之间依然保持领导与服从的角色关系，但用人单位、大学生成为真正的微观主体，国家除了提供宏观的就业市场秩序以外，甚至也成为市场的交易主体之一。可见，国家与社会自治空间之间并非一定是此消彼长的关系，而是有可能处于一种共生共长、良性互动的关系态势。在市场经济条件下，居于统治地位的市场制度也可能造成社会不平等，在这种情况下，国家凸显其责任则有助于消除市场导致的不平等。盲目地认为依靠政府就可解决问题而忽视最基本的经济制度应作为前提条件，或者盲目地推崇社会自发秩序及机制演化观而否定制度设计（改革或规则的重新制定），这些认识上的误区、误会，其现实危害性不容忽视。

二 重新认识发展与稳定之间的关系

党和政府一直高度重视大学生就业问题，概因其关乎民生、国家建设与社会稳定。在"自主择业"的社会背景下，国家依然是市场与社会秩序极有力的维护者，故解决大学生就业问题需要新的思路，合理协调"稳定压倒一切"和"发展是硬道理"这两条基本的国家运行逻辑。当前的制度创新已从外围进入核心，从"浅水区"进入"深水区"，改革已经从单项突破到整体调整的阶段，国家必须对改革做出整体规划、统一部署，否则单兵突进难以有大的作为。不忘初心，牢记使命，我们有必要回过头来，重新审视历次改革的核心目标。

当前，发展与稳定之间的关系问题最受教育一线、用人单位与大学生群体的关心。在政策制定与执行上，对"稳定压倒一切"的理解存在很大偏差，如就业率制度。邓小平同志提出的"压倒一切的是稳定"是对"经济发展首先需要满足参与性约束条件"直白而具体的解释。"文革"结束之际，中国社会物质资源严重匮乏，人们还很注重个人利益，因此只有市场化改革让老百姓获利，得到绝大多数人的拥护，个体才愿意根据这一制度安排进行生产、交易、分配和消费，社会才能稳定发展。社会不稳定往往与社会不公紧密相随，如收入分配、就业机会、就业质量方面存在差距，容易激起就业中的或沉默或抗争情绪，从而导向社会不稳定。另外，个体自利性使得每个人都天然地追求自身利益最大化，做出自己最优的选择，但该选择不会自动地实现改革的目标。如果大家都不做有利于社会、有利于提高效率的事，那么社会就无法发展，也不可能长久地稳定。因此，一个制度安排必须能让好人、能人、勤人得到奖赏，使坏人、庸人、懒人得到惩罚，而不是相反。这其实就是"发展才是硬道理"和"稳定压倒一切"的本质（田国强，2010）。

三 制度创新过程中完善国家的教育责任

就中国的大学生就业制度改革而言，无论是新中国成立初期的统包统配制度，还是20世纪80年代开启的市场化改革，其制度创新的主体虽然包括个人、团体和国家（或政府），但国家都处于核心地位，是最大的制度供给者。政府作用的有效发挥缩短了制度转型的过程。在市场经济条件下，经济运行主要借助市场交易来达成人类经济活动的目的，实现社会资源的优化配置。如今，大学生就业制度已经实现市场转型，政府已经退出就业配置的微观领域，市场已经成为资源配置的基础性机制。然而，市场不是万能的，"即使市场机制是完全地发挥作用，也解决不了全部问题"（野尻武敏、百百和，1990：24）。为此，中国下一步改革的关键在于实现政府职能的根本转变：从全能政府向让市场充分发挥作用的有限政府转变，从发展型政府向公共利益服务型政府转变（田国强，2012）。

前已述及，历次的改革均并非纯粹的强制性制度变迁，也不是纯粹的诱致性制度变迁。如今，在改革进入深水区之际，国家可以从制度需求方面进一步干预和推动制度创新，也可以通过强制性制度变迁主动进行制度创新。中国是社会主义国家，它的基本功能是推动经济社会全面发展，实现全体人民共同富裕的目标。国家选择强制性制度变迁实现制度创新，在市场经济条件下，实现社会资源的优化配置。笔者认为，在"自主择业"的今天，国家仍应关注高等教育教学质量、学生的择业价值观、就业管理的路径依赖等问题。

1. 高等教育的职业化倾向

前已述及，高等教育大众化的今天，就业率俨然成为评估高校办学的关键指标，"就如同高考是高中学校的指挥棒一样，就业率成了高等学校的指挥棒"。教育部文件甚至明确规定就业率若低于一定数字，将对相关学校、专业减少招生数量甚至停止招生。如此，就业率几乎成为衡量高等教育质量的唯一指标，并主导着高校教学改革（周辉，2011）。针对如今高等教育的职业化倾向，我们必须思考以下问题。

一是高校办学是不是都应以就业为导向。在大众化教育背景下，有的高校，比如目前的 985 高校，需要坚持精英教育的定位，重视学生的通识教育，不能陷入功利性教育中，只对学生进行技能教育；而另外一些高校，比如应用型本科院校、高职高专院校，则应以市场、以就业为导向，突出学生的职业化教育、技能教育。因此，以就业情况来确定是否开办某个专业，更适合于后一种类型的学校，而不适合所有的高校。用就业导向评价实施精英教育的高校，必然从根本上误导这些学校。

二是以就业率为标准设置专业，是否剥夺高校自主设置专业的权利。《中华人民共和国高等教育法》第三十三条明确规定："高等学校依法自主设置和调整学科、专业。"很显然，如果高校依法自主办学，设置什么专业应该由高校说了算,而政府管理部门只能监督其依法办学,评估其办学资质,并为受教育者提供充分的信息。因此,寄希望以"立法"方式,让就业率低的专业停招,不但涉嫌干涉高等学校的办学自主权,而且也会使高等学校的专业设置问题简单化,因为不同类型的学校、不同学科专业的设置有不同的办学定位与办学方向。关于人才培养与社会需求脱节的问题,已经有在校大学生产生对这种职业化倾向的困惑与迷茫。如江西农业大学一名学生在其大三学期写信给《中国青年报》时感叹"为什么我的大学越上越迷茫"。① 这名学生曾经是忙忙碌碌的社会活动积极分子,但觉得失去了自我,又不愿意为了就业而加入考证大军,但在忙碌的考证大氛围下又常常担心自己将来找不到工作,想简单生活可又不知道走向何方,没有奋斗目标。其实,这名学生的焦虑和迷茫状态并非孤例,这就需要引起更多大学生和教师的关注,大家一起来思考该如何走出迷茫,不再焦虑。作为高等教育机构——大学应该关注学生的就业,但是如果以此作为教学改革的准绳,则会失去高等教育引领社会变革、促进社会进步等更高层次的功能,对于高等教育乃至国家的未来发展都是不利的。理想的教学改革不能过于注重"职业化"取向,而是培养完整的人,不仅仅是职业工作者。

2. 就业管理的路径依赖

大学生就业市场中,国家不负有学生就业的责任,为引导人才流向,国家与个人均为平等的交易主体。如今,就高等教育的招生和就业两个环节而言,招生实行的是计划体制,而微观领域的就业却又遵循以市场配置为主的机制,依靠供求关系进行市场调节。国家虽释放了社会组织的活力,但对于高校仍有极强的控制力。通过就业率制度,国家本意虽在促使高校改变只重招生、不重就业的办学观念。从高等教育扩张、高校毕业生就业制度的市场化变革后大学生就业问题的初步考察中,笔者发现,高校仍具有较典型的单位特征(通过"国家-高校-个人"的单位体制来保证"理想"就业率任务的完成,将就业问题尽量在学生毕业离校前解决),比较明显地具有"社会控制"根源。大学生就读的高校

---

① 《一名大三学生致信本报:为什么我的大学越上越迷茫》,《中国青年报》2012年1月7日,第8版。

依然是典型的单位组织，仍然处于一种完全的行政隶属关系之中。国家对单位组织领导人的任免权是国家在社会转型中依然保持对单位组织强有力控制的基本统治手段。这样，"一把手工程"在实现社会控制中成为新时期的有力工具。这样一来，虽然避免了国家与个人的直接冲突，但不管主观动机和初衷如何，国家却在客观上起了用制度化和结构化的方式将冲突和矛盾转移到单位之中的作用。

制度学派的组织社会学认为，考察一种行为的运作必须看到技术环境和制度环境的作用。李汉林（2008）曾指出，在中国，国家和政府的社会控制主要是通过单位来实现的。从前面各章的经验资料及其分析中我们可知，虽经几十年的市场化改革，但高校作为国家单位的组织属性依然未变。而高校的这种组织属性非常有利于国家和政府通过高校来维护涉及大学生问题的社会稳定，也十分有利于就业管理工作的开展。玛丽·道格拉斯（Douglas，1986）认为，某一种行为运作之所以更容易被经常、普遍地运用，是因为有一个共享的思维或共享的观念。以往存在的制度导致现在人们的行为，以往的共享观念、共享思维约束着我们今天的行为。这也正是我国在社会转型时期经常出现制度变革之后，很长一段时间内还在使用旧的制度办事的真实写照（戚务念，2011）。

改革开放以来，中国社会的运行逻辑或理念可以概括为"发展是硬道理""稳定压倒一切"。改革开放的策略主要是在经济领域推行，表现在教育领域也是如此，市场规律和行为不断进入教育领域，但管理体制改革难入深水区。高校仍然是国家行政体系中的组织，政府对高校仍有强大的行政能力，这也不利于高校办学自主权的落实。一般地说，改革机制的设计者是超越具体的人之上的，在国家层面这个角色常常由政府来扮演，需要注意的是，政府一方面可以对市场制度起到增进和补充作用，另一方面也可能会由于自身的职能错位和部门利益而阻碍市场的发展。所以，合理界定政府与市场、政府与社会的治理边界就显得非常重要，而厘清治理边界最关键的又是政府准确的定位。

参考文献

〔德〕埃利亚斯，2009，《文明的进程：文明的社会起源和心理起源的研究》，王佩莉、袁志英译，上海：上海译文出版社。

毕全忠，1983，《实行供需见面 力争学以致用 十所院校部分专业将试行新的毕业分配办法》，《人民日报》5 月 17 日，第 3 版。

边燕杰，1998，《找回强关系：中国的间接关系、网络桥梁和求职》，《国外社会学》第 2 期。

边燕杰、张文宏，2001，《经济体制、社会网络与职业流动》，《中国社会科学》第 2 期。

别敦荣，1998，《我国高等学校管理权力结构及其改革》，《辽宁高等教育研究》第 5 期。

薄一波，1991，《若干重大决策与事件的回顾》上卷，北京：中共中央党校出版社。

〔法〕布尔迪厄，1997，《文化资本与社会炼金术：布尔迪厄访谈录》，包亚明译，上海：上海人民出版社。

〔波兰〕布鲁斯，1989，《社会主义的所有制和政治体制》，北京：华夏出版社。

〔法〕布罗代尔，1988，《历史和社会科学：长时段》，载蔡少卿主编《再现过去：社会史的理论视野》，杭州：浙江人民出版社。

蔡恩泽，2001，《毕业生就业率：高校竞争力的新标尺》，《北京人才市场报》7 月 19 日。

蔡克勇，2009，《建立和完善高等教育的新体制》，载中国高等教育学会组编《蔡克勇教育文选》，北京：高等教育出版社。

曹刍，1931，《从群众潜隐的形态中寻找中国教育之出路》，《中华教育界》第 3 期。

曹锦清、陈中亚，1997，《走出"理想城堡"——中国"单位"现象研究》，深圳：海天出版社。

曹之菲，2009，《三代大学生饭碗变迁：从国家包养到自谋出路》，《南都周刊》第4期。

陈成文、胡桂英，2008，《择业观念对大学毕业生就业的影响——基于2007届大学毕业生的实证研究》，《高等教育研究》第1期。

陈成文、谭日辉，2004，《社会资本与大学生就业关系研究》，《高等教育研究》第4期。

陈光明、张苏，2001，《大学生就业警惕"人才黑市"》，《人民日报》8月7日，第6版。

陈果夫，1976，《改革教育是消除国难的根本办法》，载军事新闻社编《当代党国名人讲演集》，台北：台湾文海出版社。

陈海平，2005，《人力资本、社会资本与高校毕业生就业——对高校毕业生就业影响因素的研究》，《青年研究》第11期。

陈计房，2010，《民国时期文官考试立法研究》，硕士学位论文，华南理工大学。

陈杰等，2011，《高校越来越功利化》，《人民日报》12月6日，第13版。

陈良焜，1994，《中国高等教育经费来源分析》，《教育研究》第4期。

陈明远，2006，《大学学费：六十年间涨了多少?》，《青海统计》第2期。

陈述、张传能，1984，《中共中央关于经济体制改革的决定》，http://news. china. com. cn/2013－11/05/content_30506030. htm。

陈述、张传能，2008，《中共中央关于建立社会主义市场经济体制若干问题的决定》，http://guoqing. china. com. cn/zhuanti/2008－11/11/content_16746691. htm。

陈晓宇，2003，《中国高等教育成本分担的理论与实践》，《北大教育经济研究》第1期。

陈永发，2001，《中国共产革命七十年》修订版，台北：联经出版事业公司。

仇立平，2001，《职业地位：社会分层的指示器——上海社会结构与社会分层研究》，《社会学研究》第3期。

崔月琴，2010，《后单位时代社会管理组织基础的重构——以"中间社会"的构建为视角》,《学习与探索》第 7 期。

〔日〕大塚丰,1998,《现代中国高等教育的形成》,黄福寿译,北京:北京师范大学出版社。

邓希泉、安国君,2003,《试析 2003 年高校毕业生就业难的形成原因》,《中国青年研究》第 11 期。

邓小平,1994,《邓小平文选》第二卷,北京:人民出版社。

邓旭初,1984,《按照"三个面向"改革高等教育》5 月 6 日,第 5 版。

〔美〕迪克·威尔逊,2011,《周恩来传》,封长虹译,北京:国际文化出版公司。

丁小浩,2004a,《我国专科与本科毕业生在劳动力市场上的相对位置和比较优势分析》,《北京大学教育评论》第 2 期。

丁小浩,2004b,《社会关系对高校毕业生就业的影响》,《中国教育报》9 月 24 日,第 5 版。

东北教育社,1950,《苏联的高等教育》,长春:新华书店东北总分点。

东北人民政府文化教育部,1949,《苏联高等教育法令选辑》第 12 辑。

东北师范大学教学研究处,1951,《苏联高等教育参考资料》第 4 辑。

董洪亮,2006,《大学生就业难 破解有三招》,《人民日报》7 月 24 日,第 5 版。

樊钉,2004,《变革中的中国大学生就业制度》,载曾湘泉等著《变革中的就业环境与中国大学生就业》,北京:中国人民大学出版社。

樊国生,2004,《从"包分配"到"双向选择"》,http://www.xinhua023.com,最后访问日期:2012 年 10 月 12 日。

范皑皑,2013,《文凭膨胀:高校扩招与毕业生就业的困境与选择》,《教育学术刊》第 4 期。

范明,2003,《社会经济转型期大学生就业问题探讨》,《扬州大学学报》(高教研究版)第 2 期。

方奕晗,2005,《教育部制订目标:今年高校毕业生就业率要达 73%以上》,《中国青年报》5 月 29 日,第 5 版。

〔瑞士〕费尔迪南·德·索绪尔,1980,《普通语言学教程》,上海:商务印书馆。

〔美〕费正清等，2000，《伟大的中国革命》，刘尊棋译，北京：世界知识出版社。

风笑天，2014，《我国大学生就业研究的现状与问题——以 30 项重点经验研究为例》，《南京大学学报：哲学·人文科学·社会科学》第 1 期。

冯军旗，2010，《中县干部》，博士学位论文，北京大学。

冯兰瑞，1982，《要研究社会主义社会的就业理论》，《人民日报》2 月 26 日，第 5 版。

冯仕政，2012，《国家政权建设与新中国信访制度的形成及演变》，《社会学研究》第 4 期。

冯仲平，1994，《一九五〇年中英建交失败内幕》，《党史文汇》第 9 期。

甘民重，1985，《对多种经济成份并存的几点认识》，《中国经济问题》第 4 期。

高飞，2000，《维新运动的青年学意义》，《浙江师大学报》（社会科学版）第 7 期。

高奇，1992，《中国高等教育思想史》，北京：人民教育出版社。

高尚全，1993，《中国经济制度的创新》，北京：人民出版社。

耿国阶、庄会虎，2014，《中国国家治理体系现代化的脉络、逻辑与进路》，《青海社会科学》第 4 期。

龚征桃，1937，《专科以上学校毕业生失业问题》，《教育杂志》第 1 期。

辜胜阻、王敏、李睿，2013，《就业结构性矛盾下的教育改革与调整》，《教育研究》第 5 期。

顾明远，2010，《学习和解读〈国家中长期教育改革和发展规划纲要（2010－2020）〉》，《高等教育研究》第 7 期。

桂勇，2008，《邻里空间：城市基层的行动、组织与互动》，上海：上海书店出版社。

桂勇、黄荣贵、李洁瑾、袁静，2003，《直选：是社会资本开发还是行政推销民主?》，《上海城市管理》第 6 期。

郭海，2004，《20 世纪 90 年代中国高等教育经费的来源构成变化》，《清华大学教育研究》第 5 期。

郭礼华、平辉，1995，《首家全国高校毕业生就业市场开张》，《人民日报》1月9日，第5版。

郭友琪，2011，《社会问题与教育转型——试论民国时期的学生就业困难（1912—1937）》，《学理论》第4期。

郭于华，2006，《社会学的心智品质与洞察能力》，《社会学家茶座》第14期。

国家统计局社会统计司，1987，《中国劳动工资统计资料（1949－1985）》，北京：中国统计出版社。

韩相河，2010，《我的教师人生：山东省实验中学胡洪智》，http://mingshi. qlteacher. com/studio/hanxianghe/Article/8326，最后访问日期：2012年10月12日。

韩竹林，1989，《小政府 大社会——关于政府机构改革目标模式的探讨》，《社会科学》第3期。

郝大海，2010，《流动的不平等——中国城市居民地位获得研究（1949—2003）》，北京：中国人民大学出版社。

何长工，1981，《艰苦的抗大岁月》，《光明日报》6月25日，第5期。

何薇，2010，《新中国成立初期对私人资本主义的利用和限制》，《党的文献》第1期。

何宪，1999，《历史的选择：从计划统包统配到市场双向选择——人才资源配置五十年回顾》，《中国人才》第8期。

贺东航，2005，《现代化进程中国家与社会关系的重新定位——对晋江模式的一个尝试性解答》，《经济社会体制比较》第4期。

胡德平，2011，《胡耀邦思想年谱》，北京：人民出版社。

胡建华，2001，《现代中国大学制度的原点：50年代初期的大学改革》，南京：南京师范大学出版社。

胡建华，2005，《中国高等教育管理体制改革分析》，《南京师大学报》（社会科学版）第7期。

胡启立，2008，《〈中共中央关于教育体制改革的决定〉出台前后》，《炎黄春秋》第12期。

胡适，1932，《赠与今年的大学毕业生》，《独立评论》第7期。

胡守律，1986，《供需见面是向社会输送毕业生的好办法》，《中国高等教育》第 5 期。

胡守律，1993，《高等学校毕业生面向市场的重要一步——"供需见面"十年回顾与思考》，《中国高等教育》第 7～8 期。

胡守律，1996，《浅议大学生就业难及其对策》，《中国高等教育》第 3 期。

胡旭，2009，《从大学生就业报道审视媒体的"话语失真"》，《今传媒》第 6 期。

〔美〕华尔德，1996，《共产党社会的新传统主义：中国工业中的工作环境和权力结构》，龚小夏译，香港：牛津大学出版社。

华中师范大学教育系八四级，1988，《大学生谈高等学校毕业生的"有偿分配"问题》，《教育与经济》第 1 期。

黄道炫，2011，《张力与限界：中央苏区的革命（1933－1934）》，北京：社会科学文献出版社。

黄孟复主编，2010，《中国民营经济史·纪事本末》，北京：中华工商联合出版社。

黄炎培，1991，《黄炎培调查美国教育报告》，载中华民国史档案资料汇编《中国第二历史档案馆》，南京：江苏古籍出版社。

黄佑志，2007，《简论抗战前国民政府救济大学生失业的措施》，《辽宁行政学院学报》第 3 期。

季啸风、沈有益，1997，《中华民国史资料外编》，桂林：广西师范大学出版社。

江涛，1997，《大学生缘何分配难?》，《人民日报》12 月 30 日，第 5 版。

《江西省教育志》编纂委员会，1996，《江西省教育志》，北京：方志出版社。

江西省人事志编纂委员会，1993，《江西省人事志》，内部版。

江西师范大学校史编写组，2000，《江西师范大学校史》，南昌：江西高校出版社。

《江西师范大学校史》编写组，2010，《江西师范大学校史》，北京：人民出版社。

江泽民，2006，《江泽民文选》第 3 卷，北京：人民出版社。

江忠天，1934，《国内大学及专门学校毕业生就业状况的一个调查》，《中华教育界》第 22 期。

姜海花，2010，《高校大学毕业生就业指导问题研究》，南昌：江西人民出版社。

蒋妮，2006，《中国大学学费：今日与民国比较》，《法制与社会》第 6 期。

教育部高校学生司，2005，《升学与就业——2005 年高考填报志愿指南》，北京：高等教育出版社。

教育部教育年鉴编纂委员会，1948，《第二次中国教育年鉴》，北京：商务印书馆。

金兵，2012a，《20 世纪 30 年代高校毕业生求职请愿的政治考察》，《武陵学刊》第 1 期。

金兵，2012b，《20 世纪 30 年代国民政府扶助高校毕业生创业的尝试——论全国学术工作咨询处小工业贷款计划》，《东华理工大学学报》（社会科学版）第 1 期。

金铁宽，1995，《中华人民共和国教育大事记》1～3 卷，济南：山东教育出版社。

荆德刚，2008，《中美高校毕业生就业的比较分析》，《中国教育报》7 月 11 日，第 5 版。

景杰敏，1981，《主管毕业生分配的干部的苦恼》，《人民日报》12 月 13 日，第 3 版。

〔英〕凯恩斯，1997，《就业、利息和货币通论》，徐毓枏译，北京：商务印书馆。

恺生，1934，《呜呼！中国教育事业的封建化和商业化》，《文化与教育旬刊》第 12 期。

康小明，2006，《社会资本对高等教育毕业生职业发展成就的影响与作用——基于北京大学经济管理类毕业生的实证研究》，《清华大学教育研究》第 6 期。

〔美〕科斯、〔美〕阿尔钦、〔美〕诺斯，1994，《财产权利与制度变迁：产权学派与新制度学派译文集》，刘守英等译，上海：上海人民出版社。

〔美〕孔飞力，1999，《叫魂：1768 年的中国妖术大恐慌》，陈兼、刘昶译，上海：上海三联书店。

匡君杰、寿伟峰，1985，《浅议有偿分配》，《中国高等教育》第 3 期。

赖德胜，2001，《劳动力市场分割与大学毕业生失业》，《北京师范大学学报》第 4 期。

赖德胜等，2011，《中国就业政策评价：1998－2008》，《北京师范大学学报》（社会科学版）第 3 期。

赖德胜、李长安、张琪，2010，《中国就业 60 年（1949－2009）》，北京：中国劳动社会保障出版社。

赖德胜、孟大虎、苏丽锋，2012，《替代还是互补——大学生就业中的人力资本和社会资本联合作用机制研究》，《北京大学教育评论》第 1 期。

赖德胜、田永坡，2005，《对中国"知识失业"成因的一个解释》，《经济研究》第 11 期。

蓝欣，2008，《从学校到职场：大学生职业社会化研究》，博士学位论文，南开大学。

郎咸平，2013，《大学生就业难是伪命题》，http://bbs1. people. com. cn/post/11/1/2/135632188. html，最后访问日期：2019 年 12 月 30 日。

李朝军，2007，《大学毕业生统一分配制度研究（1950－1965 年）——以上海为中心的历史考察》，博士学位论文，复旦大学。

李汉城，1984，《"有偿分配"质疑》，《人民日报》7 月 22 日，第 5 版。

李汉林，2004，《中国单位社会：议论、思考与研究》，上海：上海人民出版社。

李汉林，2008，《变迁中的中国单位制度：回顾中的思考》，《社会》第 3 期。

李华兴，1997，《民国教育史》，上海：上海教育出版社。

李岚清，2003，《李岚清教育访谈录》，北京：人民教育出版社。

李林祥，1980，《大学生分配专业不对口人才浪费现象应予重视》，《人民日报》8 月 16 日，第 6 版。

李路路、苗大雷、王修晓，2009，《市场转型与"单位"变迁：再论"单位"研究》，《社会》第 4 期。

李猛、周飞舟、李康，1996，《单位：制度化组织的内部机制》，《中国社会科学季刊（香港）》，秋季卷。

李敏谊，2012，《顾明远教育口述史》，北京：北京师范大学出版社。

李培林，2010，《改革和发展的"中国经验"》，《甘肃社会科学》第4期。

李强，2007，《政策变量与中国社会分层结构的调整》，《河北学刊》第5期。

李强，2008，《试分析国家政策影响社会分层结构的具体机制》，《社会》第3期。

李心媚、沈林、谢鹏鹭，2010，《江西环境工程职业学院：学生有了"就业经纪人"》，《江西日报》3月8日，第9版。

〔美〕李毅，2005，《中国社会分层的结构与演变》，陈蕾、李毅译，合肥：安徽大学出版社。

李友梅，2008，《自主性的增长：制度与生活视野下的中国社会生活变迁》，载于上海市社会科学界联合会编《2008年度上海市社会科学界第六届学术年会文集（年度主题卷)》，上海：上海人民出版社。

李友梅等，2008，《中国社会生活的变迁》，北京：中国大百科全书出版社。

李煜，2007，《家庭背景在初职地位获得中的作用及变迁》，《江苏社会科学》第5期。

厉以宁，1998，《西方就业理论的演变》，北京：华夏出版社。

廉思，2009，《蚁族：大学毕业生聚居村实录》，桂林：广西师范大学出版社。

梁启超，1989，《南海康先生传》，载梁启超著《饮冰室合集（文集之6）》，北京：中华书局。

廖逊，1986，《马恩"小政府"思想与当代经济体制改革》，《自学》第5期。

林金忠，2012，《社会主义市场经济再认识》，《学术研究》第2期。

林南、边燕杰，2002，《中国城市中的就业与地位获得过程》，载边燕杰编著《市场转型与社会分层：美国社会学者分析中国》，北京：生活·读书·新知三联书店。

林尚立主编，2003，《社区民主与治理：案例研究》，北京：社会科学文献出版社。

林毅夫、蔡昉、李周，1994，《中国的奇迹：发展战略与经济改革》，上海：上海人民出版社。

刘春燕，2012，《再分配经济中的市场弹性（中国城市住房政策与制度 1949 – 2010）》，桂林：广西师范大学出版社。

刘建军，2004，《"跨单位组织"与社会整合：对单位社会的一种解释》，《文史哲》第 2 期。

刘杰，2008，《改革开放 30 年大学生就业：从毕业分配到自主选择》，《京华时报》12 月 5 日，第 5 版。

刘启生，2008，《马克思主义就业理论与社会主义就业实践》，博士学位论文，天津师范大学。

刘溶沧、马珺，2000，《中国财税体制改革：基本经验与重要启示》，《财政研究》第 11 期。

刘少杰，2006，《制度研究在社会学中的兴衰与重建》，《江苏社会科学》第 3 期。

刘欣，2003，《市场转型与社会分层：理论争辩的焦点和有待研究的问题》，《中国社会科学》第 5 期。

刘欣，2005，《当前中国社会阶层分化的多元动力基础———一种权力衍生论的解释》，《中国社会科学》第 4 期。

卢现祥，2000，《论制度变迁中的制度供给过剩问题》，《经济问题》第 10 期。

卢现祥，2002，《我国制度经济学研究中的四大问题》，《中南财经政法大学学报》第 1 期。

鲁哲，2016，《沪发布〈2016 届高校毕业生就业状况报告〉》，《新民晚报》10 月 14 日。

路风，1993，《中国单位体制的起源和形式》，《中国社会科学季刊（香港）》第 5 期。

吕静娥，2005，《大学毕业生就业中的几对矛盾及其化解》，《化工高等教育》第 1 期。

〔英〕罗伯特·斯基德尔斯基，2006，《凯恩斯传》，相蓝欣、储英译，北京：生活·读书·新知三联书店。

罗敦伟，1934，《教育统制的检讨》，《教育杂志》第 12 期。

罗珊，2010，《〈人民日报〉大学生就业报道研究》，硕士学位论文，西北大学。

马俊起，2019，《私营金融业的整顿改造》，《中国金融》第 19 期。

〔德〕马克思，1975，《资本论》第 1 卷，北京：人民出版社。

〔德〕马克思、〔德〕恩格斯，1979，《马克思恩格斯选集》第 2 卷，北京：人民出版社。

马莉萍、丁小浩，2010，《高校毕业生求职中人力资本与社会关系作用感知的研究》，《清华大学教育研究》第 1 期。

马立诚、凌志军，1998，《交锋》，北京：今日中国出版社。

马晓艳，2005，《近代化理念下教育体系的转型——以清末新政时期的教育改革为例》，硕士学位论文，安徽大学。

马叙伦，1993，《第一次全国高等教育会议开幕词》，载上海市高等教育局研究室等合编《中华人民共和国建国以来高等教育重要文献选编》上，杭州：浙江教育出版社。

马艳芬、曲铁华，2009，《从边缘到中心——大学生就业指导的演进历程及重要转变》，《高等教育研究》第 6 期。

麦可思（MyCOS）-中国大学生就业研究课题组，2009，《2009 年中国大学生就业报告》（就业蓝皮书），北京：社会科学文献出版社。

毛泽东，1949，《论人民民主专政》，冀南：新华书店。

毛泽东，1991，《毛泽东选集》第四卷，北京：人民出版社。

毛泽东，1996，《毛泽东文集》第 5 卷，北京：人民出版社。

蒙利，2003，《解析高学历失业现象》，《社会》第 2 期。

〔美〕米格代，2012，《强社会与弱国家：第三世界的国家社会关系及国家能力》，张长东、朱海雷、隋春波、陈玲译，苏州：江苏人民出版社。

闵维方、陈晓宇，1994，《中国高等教育经费需求与投资体制改革》，《教育研究》第 12 期。

闵维方等，2006，《2005 年高校毕业生就业状况的调查分析》，《高等教育研究》第 1 期。

〔美〕诺斯，2014，《制度、制度变迁与经济绩效》，杭行译，上海：上海人民出版社。

潘阳、胡守律，1992，《从"供需见面"到"双向选择"》，《中国高教研究》第 12 期。

庞守兴，2012，《20 世纪 50 年代初我国高校院系调整的几点辩证》，《河北师范大学学报》（教育科学版）第 1 期。

逄先知，1993，《毛泽东年谱 1893－1949》下，北京：人民出版社、中共中央文献出版社。

戚务念，2011，《高校行政化归因与出路借鉴：组织社会学的分析》，《教育学术月刊》第 2 期。

戚务念，2015a，《新中国大学生择业行为变迁》，《重庆高教研究》第 5 期 。

戚务念，2015b，《就业率统计制度执行与高校单位制延续》，《四川师范大学学报》（社会科学版）第 3 期。

乔新生，2011，《机会平等是公民社会的基础》，《武汉晚报》1 月 2 日，第 5 版。

邱业，1936，《现阶段的大学生失业救济问题》，《全国学术工作咨询处月刊》第 7 期。

曲士培，1993，《中国大学教育发展史》，太原：山西教育出版社。

渠敬东、周飞舟、应星，2009，《从总体支配到技术治理——基于中国 30 年改革经验的社会学分析》，《中国社会科学》第 6 期。

全国高等学校学生信息咨询与就业指导中心、北京大学教育学院，2009，《全国高校毕业生就业状况（2004－2008）》，北京：北京大学出版社。

〔英〕R. 麦克法夸尔、〔美〕费正清，1990，《剑桥中华人民共和国史：革命的中国的兴起（1949－1965 年）》，谢亮生等译，北京：中国社会科学出版社。

阮毅成，1932，《青年出路的责任者》，《时代公论》第 10 期。

〔法〕萨伊，1803/1963，《政治经济学概论》，陈福生等译，北京：商务印书馆。

桑兵，1989，《清末兴学热潮与社会变迁》，《历史研究》第 12 期。

桑兵，2007，《晚清学堂学生与社会变迁》，桂林：广西师范大学出版社。

上海市人力资源和社会保障局，2016，《上海60年就业工作：从"统包统配"到"市场就业"》。

沈云龙，1934，《近代中国史料从编》第三编第五辑，台北：台湾文海出版社。

沈云龙，1985，《近代中国史料从编》第三编第五辑，台北：台湾文海出版社。

沈志华，2006，《1956年初中共知识分子政策的调整》，《社会科学》第8期。

盛翔，2005，《向教育部建一言，要"就业率"更要"就业力"》，http://www.zjol.com.cn，最后访问日期：2012年10月12日。

十年砍柴，2011，《无法告别的体制》，《南都周刊》第6期。

〔波兰〕什托姆普卡，2011，《社会变迁的社会学》，林聚任等译，北京：北京大学出版社。

石海娥，2019，《民营经济70年》，《光彩》第10期。

石破，2010，《刘道玉："理想主义教育家"》，《人民日报》（海外版）第11版。

石婷婷，2009，《高等教育制度变迁60年》，《当代社科视野》第10期。

石秀印，2010，《就业岗位生产：内外生长，数量增加，层次提高》，载陆学艺编《当代中国社会结构》，北京：社会科学文献出版社。

舒新城，1925，《愿全国教育家反省》，《教育杂志》第4期。

〔英〕斯基德尔斯基，2006，《凯恩斯传》，相蓝欣、储英译，北京：生活·读书·新知三联书店。

〔美〕斯诺，1984，《斯诺文集》第2卷，宋久等译，北京：新华出版社。

宋斌、江钱峰，1989，《"双向选择"必须"双向了解"——大学生毕业分配改革中的新问题》，《人民日报》2月16日，第3版。

宋玉忠，2019，《中国共产党进京赶考前夕的自我革命》，《光明日报》5月29日，第11版。

苏丽、王建中，1989，《大学生择业的三个热点》，《人民日报》3 月 3 日，第 5 版。

孙红日、刘丹，2014，《大学生一般就业能力与自我效能的关系——自尊的中介效应检验》，《教育学术月刊》第 10 期。

孙立平，1994，《改革前后中国大陆国家、民间统治精英及民众间互动关系的演变》，《中国社会科学季刊》第 6 期。

孙立平，2000，《"过程——事件分析"与当代中国国家——农民关系的实践形态》，《清华社会学评论》特辑，厦门：鹭江出版社。

孙立平，2002，《总体性资本与转型期精英形成》，《浙江学刊》第 3 期。

孙立平等，1994，《改革以来中国社会结构的变迁》，《中国社会科学》第 2 期。

孙立平等，1998，《中国社会结构转型的中近期趋势与隐患》，《战略与管理》第 5 期。

孙培青，1992，《中国教育史》，上海：华东师范大学出版社。

谭玉秀、范立军，2008，《抗战前大学生失业问题探悉》，《教育评论》第 6 期。

汤敏、左小蕾，2004，《关于启动中国经济有效途径的思考》，http://finance. sina. com. cn，最后访问日期：2019 年 12 月 30 日。

田国强，2010，《破解中国改革之谜》，《同舟共进》第 12 期。

田国强，2012，《中国下一步的改革与政府职能转变》，《人民论坛·学术前沿》第 3 期。

田毅鹏、吕方，2009，《单位社会的终结及其社会风险》，《吉林大学社会科学学报》第 11 期。

〔法〕涂尔干，2006，《教育思想的演进》，李康译，上海：上海人民出版社。

〔法〕托克维尔，1992，《旧制度与大革命》，冯棠译，上海：商务印书馆。

汪怿，2005，《就业能力：促进高校毕业生就业的重要方面》，《教育发展研究》第 7 期。

王保义，2000，《回顾与展望：建国 50 年我国高校毕业生就业工作》，《黑龙江高教研究》第 1 期。

王长纯，2005，《文化自觉、理论自觉和实践自觉（论纲）——比较教育和而不同发展的途径》，《比较教育研究》第 3 期。

王达阳，2018，《"摸着石头过河"的来历》，《党史文苑》第 5 期。

王海军，2005，《当代大学毕业生的就业心理探析》，《中国大学生就业》第 13 期。

王晖、戚务念，2016，《民国高校毕业生之就业特征及政府反应（1927－1937）》，《教育学术月刊》第 11 期。

王婕，2012，《民国时期大学生就业研究（1912－1937）》，硕士学位论文，郑州大学。

王蓉等，2003，《努力建设中国公共教育财政体制》，载中国教育与人力资源问题报告课题组编《从人口大国迈向人力资强国》，北京：高等教育出版社。

王世杰，1990，《王世杰日记手稿本》，台北："中央"研究院近代史研究所。

王霆、曾湘泉，2009，《高校毕业生结构性失业原因及对策研究》，《教育与经济》第 1 期。

王小章，2000，《社会状态的社会学和历史进程的社会学——一个社会学史的考察》，《浙江社会科学》第 7 期。

王玉辉、涂杜思，2004，《高校毕业生择业期望、心态与实际就业的分析》，《现代大学教育》第 4 期。

王治河，1999，《福柯》，长沙：湖南教育出版社。

〔英〕威尔逊，2011，《周恩来传》，封长虹译，北京：国际文化出版公司。

〔德〕韦伯，2004，《经济与社会（上卷）》，林荣远译，北京：商务印书馆。

文东茅，2005a，《家庭背景对我国高等教育机会及毕业生就业的影响》，《北京大学教育评论》第 2 期。

文东茅，2005b，《我国高等教育机会、学业及就业的性别比较》，《清华大学教育研究》第 5 期。

文东茅、王友航，2010，《高校毕业生就业政策的理论分析》，《中国大学生就业》第 9 期。

文锦，2008，《1982 年人物：勇于献身的优秀大学生张华》，《三秦都市报》6 月 24 日。

吴继金，2014，《延安时期高校的思想政治教育及其作用》，《邓小平理论研究》第 4 期。

吴晓刚，2006，《"下海"：中国城乡劳动力市场转型中的自雇活动与社会分层（1978 – 1996）》，《社会学研究》第 6 期。

武力，2003，《中国计划经济的重新审视与评价》，《当代中国史研究》第 4 期。

武力，2010，《中华人民共和国经济史》上卷，北京：中国时代经济出版社。

武力，2010，《中华人民共和国经济史》下卷，北京：中国时代经济出版社。

武力、李光田，1994，《论建国初期的劳动力市场及国家的调控措施》，《中国经济史研究》第 4 期。

武毅英，2009，《转型期的大学生就业问题与对策》，广州：广东高等教育出版社。

武增峰，2003，《20 世纪 30 年代大学生失业问题的教育反动》，《南京社会科学》第 10 期。

习近平，2013，《毫不动摇坚持和发展中国特色社会主义在实践中不断有所发现有所创造有所前进》，《人民日报》1 月 6 日，第 1 版。

萧功秦，1993，《市民社会与中国现代化的三重障碍》，《中国社会科学季刊》第 5 期。

萧功秦，2000，《后全能体制与 21 世纪中国的政治发展》，《战略与管理》第 6 期。

肖如平，2014，《论南京国民政府的高等文官考试制度 1927 – 1937》，《历史教学》第 12 期。

肖瑛，2014，《社会学研究的历史转向》，《中国社会科学报》6 月 27 日，第 6 版。

谢安邦等，2004，《中国高等教育研究新进展·2002》，上海：华东师范大学出版社。

谢立中，2010，《多元话语分析：社会分析模式的新尝试》，《社会》第 2 期。

谢作诗、杨克瑞，2007，《大学生就业难问题探析》，《教育研究》第 4 期。

新华社，1959，《加强对应届高等学校毕业生的思想教育工作　讲明国家需要　自觉服从分配》，《人民日报》6 月 16 日，第 6 版。

新京报社，2008，《回望改革开放 30 年（1978－2008）（第 3 卷）：日志中国》，北京：中国民主法制出版社。

邢丽鹃、苗禾鸣，1997，《论清末新政与资产阶级革命派的壮大和成熟》，《山东师大学报》（社会科学版）第 11 期。

熊明安，1983，《中国高等教育史》，重庆：重庆出版社。

熊月之，1994，《西学东渐与晚清社会》，上海：上海人民出版社。

徐光明、沈林，2011，《江西环境工程职业学院抓就业出实招　校长教师当起"就业经纪人"》，《中国教育报》6 月 20 日，第 1 版。

徐敏，2009，《"被就业"成网络流行语　应遏制"注水"就业率》，《解放日报》7 月 26 日，第 8 版。

徐小群，2007，《民国时期的国家与社会：自由职业团体在上海的兴起（1912－1937）》，北京：新星出版社。

徐晓军，2003，《论社会资本的运作空间》，《华中师范大学学报》（人文社会科学版）第 2 期。

徐晓艳，2007，《建国以来大学毕业生就业政策的历史演进与现状分析》，硕士学位论文，苏州大学。

〔加〕许美德（Ruth Hayhoe），1999，《中国大学 1895－1995：一个文化冲突的世纪》，许洁英译，北京：教育科学出版社。

〔美〕亚历山大，2011，《社会生活的意义——一种文化社会学的视角》，周怡译，北京：北京大学出版社。

阎云翔，2003/2009，《私人生活的变革：一个中国村庄里的爱情、家庭与亲密关系（1949－1999）》，龚小夏译，上海：上海书店出版社。

阎云翔，2012，《中国社会的个体化》，上海：上海译文出版社。

晏扬，2002，《取消大学生就业户口限制的重要意义》，《中国青年报》11 月 27 日，第 5 版。

杨斌、薛国兰，2008，《"统包统配"到"自主择业"：回望学生就业的演变之路》，《山东大学报》12 月 18 日，第 3 版。

杨春茂，1997，《五六十年代大学毕业生分配工作纪实》，《人才开发》第 10 期。

杨桂香，2004，《高校择业毕业生的心理问题及其对策》，《辽宁教育研究》第 1 期。

杨人楩，1930，《从知识阶级的剩余来分析现代中国教育》，《教育杂志》第 1 期。

杨伟国，2007a，《短期紧张、结构缺口与大学生就业》，《中国图书评论》第 5 期。

杨伟国，2007b，《转型中的中国就业政策》，北京：中国劳动社会保障出版社。

杨晓明等，1999，《中国单位制度》，北京：中国经济出版社。

杨学坤、吴树勤，2004，《高校毕业生就业率统计的科学方法研究——从区别"就业率统计"和"就业状况估计"两个不同概念出发》，《甘肃社会科学》第 6 期。

杨宜勇，2002，《中国转轨时期的就业问题》，北京：中国劳动社会保障出版社。

姚裕群，2004，《论我国的就业形势与大学生就业问题》，《中国大学生就业》第 22 期。

姚裕群，2005，《走向市场的中国就业》，北京：中国人民大学出版社。

〔日〕野尻武敏、百百和，1990，《经济政策学》，郝云宏等译，西安：陕西人民出版社。

易艳，2009，《20 世纪 30 年代中国大学生就业问题研究》，硕士学位论文，湖南师范大学。

易艳、沈卫华，2008，《20 世纪 30 年代大学生就业难问题及原因探析》，《湖南第一师范学报》第 12 期。

余菁，2019，《新中国 70 年企业制度的演变历程与发展取向》，《经济体制改革》第 6 期。

余立，1994，《中国高等教育史》下册，上海：华东师范大学出版社。

俞可平，2008，《中国治理变迁 30 年》，《吉林大学社会科学学报》

第 3 期。

〔日〕园田茂人，2011，《流动性的增加是否会影响社会稳定？—依据天津市民的调查数据而开展的考察》，2011 年中国社会学年会"当代中国社会分层与流动研究"论坛论文，南昌。

袁方等，1998，《中国社会结构转型》，北京：中国社会出版社。

苑书义、孙华峰、李秉新，1998，《张之洞全集》第 11 册，石家庄：河北人民出版社。

岳昌君，2012，《高校毕业生就业状况分析：2003～2011》，《北京大学教育评论》第 1 期。

曾湘泉，2004a，《变革中的就业环境与中国大学生就业》，北京：中国人民大学出版社。

曾湘泉，2004b，《变革中的就业环境与中国大学生就业》，《经济研究》第 6 期。

张欢华，2007，《国家社会主义市场转型：问题与争议》，《社会》第 6 期。

张进，2007，《提升就业能力：缓解大学生就业难的重要选择》，《高等教育研究》第 12 期 。

张静，1997，《旧传统与新取向——从法团主义看国家与社会的分析模式》，载刘军宁等编《自由与社群》，北京：生活·读书·新知三联书店。

张静，1998，《法团主义》，北京：中国社会科学出版社。

张静，2010，《社会身份的结构性失位问题》，《社会学研究》第 6 期。

张蕾，2007，《上世纪五十年代初清华学子供销社里当会计》，《河北青年报》4 月 29 日，第 5 版。

张明龙，2000，《新中国 50 年劳动就业制度变迁纵览》，《天府新论》第 1 期。

张曙光，1996，《中国制度变迁的案例研究》第一集，上海：上海人民出版社。

张曙光，1999，《中国制度变迁的案例研究》第二集，北京：中国财经经济出版社。

张索玲，2007，《文化、性别与教育：1900－1930 年代的中国女大学生》，北京：教育科学出版社。

张小建，2010，《中国积极的就业政策及其实施效果——人社部副部长张小建在第十届中国人文社会科学论坛上的演讲（摘要）》，《中国就业》第 8 期。

张翼，2004，《中国人社会地位的获得——阶级继承和代内流动》，《社会学研究》第 4 期。

张翼，2008，《中国未来劳动力人口的供给与需求》，载汝信、陆学艺、李培林主编《2009 年中国社会形势分析与预测》，北京：社会科学文献出版社。

张有义，2008，《"三定规定"精确推进中国行政体制改革》，《法制日报》8 月 17 日，第 3 版。

张远达，1980，《改革高校毕业生分配制度的一些设想》，《解放日报》5 月 28 日，第 5 版。

张卓元，2018，《中国经济改革的两条主线》，《中国社会科学》第 11 期。

赵建华，2011，《高校学生就业道德素养弱化成因分析及对策探索》，《教育研究》第 3 期。

赵晔琴，2016，《从毕业分配到自主择业：就业关系中的个人与国家——以 1951－1999 年〈人民日报〉对高校毕业分配的报道为例》，《社会科学》第 4 期。

郑刚、孔晓东，2006，《建国以来我国高等学校内部领导体制的回顾及反思》，《现代教育科学》第 2 期。

郑杭生、刘精明，2004，《社会转型加速期我国城市居民的工作转换》，《江西师范大学学报》（哲学社会科学版）第 3 期。

郑洁，2004，《家庭社会经济地位与大学生就业——社会资本的视角》，《北京师范大学学报》（社会科学版）第 3 期。

郑美群、于卓、刘大维，2005，《大学生就业社会资本的开发与利用》，《东北师大学报》（哲学社会科学版）第 3 期。

郑谦、伍国友，2010，《中华人民共和国史（1977－1991）》，北京：人民出版社。

郑晓涛、李旭旦、相正求，2006，《社会资本和人力资本对大学生就业的影响》,《高等教育研究》第 8 期。

中共中央文献研究室,1993,《建国以来重要文献选编》第 4 册,北京:中央文献出版社。

中共中央文献研究室,1999,《毛泽东文集》第 7 卷,北京:中央文献出版社。

中共中央文献研究室编,1988,《十二大以来重要文献选编》下,北京:人民出版社。

中共中央整党工作指导委员会编,1983,《十一届三中全会以来重要文献简编》,北京:人民出版社。

中国第二历史档案馆,1998,《中华民国史档案资料汇编》,南京:江苏人民出版社。

《中国教育年鉴》编辑部,1984,《中国教育年鉴(1949－1981)》,北京:中国大百科全书出版社。

《中国教育年鉴》编辑部,1989,《中国教育年鉴(1988)》,北京:人民教育出版社。

中国就业促进会课题组,2011,《"十二五",就业优先,势在必行——关于"就业优先发展战略"的若干思考》,《人才资源开发》第 2 期。

中华人民共和国教育部办公厅,1959,《教育文献法令汇编(1958 年)》,内部版。

中央教育科学研究所,1944,《老解放区教育资料—抗日战争时期》上册,北京:教育科学出版社。

中央教育科学研究所,1984,《中华人民共和国教育大事记 1949－1982》,北京:教育科学出版社。

钟瑜婷、张雄,2011,《毕业班的选择》,《南都周刊》第 7 期。

钟瑜婷、张雄,2011,《大部分大学毕业生削尖脑袋投奔体制》,《南都周刊》第 7 期。

周恩来,1980,《周恩来选集》下卷,北京:人民出版社。

周恩来,1993,《周恩来经济文选》,北京:中央文献出版社。

周辉,2011,《高等教育质量与本科教学改革的职业化倾向探析》,《黑龙江高教研究》第 10 期。

周庆，1987，《用人之秋话分配——1987 年大学生毕业分配面面观》，《人民日报》11 月 9 日，第 3 版。

周鑫、王军、胡柄林，2007，《国家公务员报考大热背后》，《法治与社会》第 12 期。

周雪光，2003，《组织社会学十讲》，北京：社会科学文献出版社。

朱剑红，1998，《社会主义市场经济体制初步形成（辉煌的 20 年之六）》，《人民日报》10 月 5 日，第 1 版。

朱进良，2007，《和谐社会建设中执政党社会整合的理论及方式探究》，《理论研究》第 12 期。

朱伟珏，2006，《超越社会决定论——布迪厄"文化资本"概念再考》，《南京社会科学》第 3 期。

朱有瓛，1989，《中国近代学制史料》第 2 辑上册，上海：华东师范大学出版社。

竹前，2009，《温总理：我最关心的还是应届毕业生》，《中国大学生就业》第 12 期。

祝雨人，1936，《我国中小学师资训练制度》，《教育杂志》第 11 期。

邹光剑，2007，《社会资本——大学生就业的另类思考》，http://blog. sina. com. cn/s/blog_496e3921010007zo. html，最后访问日期：2019 年 10 月 12 日。

Alexander, Jeffrey C. 2003. *Meanings of Social Life：A Cultural Sociology.* New York：Oxford University Press.

Beck, U. 1992. *Risk Society：Towards a New Modernity.* London：Sage.

Bian, Yanjie & John R. Logan. 1996. "Market Transition and the Persistence of Power The Changing Stratification System in Urban China." *American Sociological Review* 61.

Blau, P. M. , & O. D. Duncan. 1967. *The American occupation structure.* New York：Wiley.

Bowles, Samuel & Herbert Gintis. 1976. *School in Capitalist America.* New York：Basic Books.

Cheng, Yinghong, 2009. *Creating the "New Man" —From the Enlightenment Ideals to Socialist Realities.* University of Hawai' i Press.

Crozier, M. 1982. *Strategies for Change: The Future of French Society*, The MIF Press, London.

Davis, Deborah S. 2000. "Social Class Transformation in Urban China: Training, Hiring, and Promoting Urban Professionals and Managers after 1949." *Modern China* 26.

Davisd, Harrells. 1993. *Introduction*. Berkeley: University of California Press.

Emerson, J. P. 1983. "Urban School-leavers and Unemployment in China." *The China Quarterly* 93.

Granovetter, Mark. 1973. "The Strength of Weak Ties." *American Journal of Sociology*78.

Granovetter, Mark. 1974. *Getting a Job: A Study of Contacts and Careers*. Cambridge, MA: Harvard University Press.

Granovetter, Mark. 1985. "Economic Action and Social Structure: The Problem of Embeddedness". *American Journal of Sociology* 91.

Hillage, J. & Pollard, E. 1998. *Employability: Developing a Framework for Policy Analysis*. DFEEResearch Report RR85.

Hoigard, Cecilie & Liv Finstad. 1992. *Backstreets: Prostitution, Money, and Love*. Pennsylvania State University Press.

Huang, Youqin. 2003. "A Room of One's Own: Housing Consumption and Residential Crowding in Transitional Urban China." *Environment and Planning* A 35.

Huang, Youqin. 2004. "Housing Markets, Government Behaviors and Housing Choice: A Case Study of Three Cities in China." *Environment and Planning A* 36.

Lee, C. K. 1999. "From organized dependence to disorganized despotism: Changing labour regimes in Chinese factories." *The China Quarterly* 157.

Lin, Nan & Bian Yanjie. 1991. Getting Ahead in Urban China. *American Journal of Sociology* (3): 657 – 688.

Lin, Nan. 1982. "Social Resources and Instrumental Action." pp. 131 – 145 in *Social Structure and Network Analysis*, edited by Peter V. Marsden and Nan Lin. Beverly Hills, CA: Sage.

Lin, Nan. 1990, "Social Resources and Social Mobility: A Structural" pp. 247 - 271 in Ronald Breiger, editor, Social Theory of Status Attainment. *Mobility and Social Structure.* New York: Cambridge University Press.

Liu, Chunron. 2005. *The Emerging Community Regime: A Case Study of Neighborhood Governance Formation in Shanghai* (1996 - 2003). Unpublished Dissertation, Depart. of Applied Social Studies, City University of Hong Kong.

Luhmann, Niklas. 1982. *The Differentiation of Society.* New York: Columbia University Press.

Mary Douglas. 1986. *How Institutions Think.* Syracuse, NY: Syracuse University Press.

Migdal, Joel S. , Atul Kohli, & Vivienne Shue. 1994. *State Power and Social Forces: Domination and Transformation in the Third World.* Cambridge & New York: Cambridge University Press.

Mills, C. W. 1959/2000. *The Sociological Imagination.* New York: Oxford University Press.

Nee, V. A. & Peng Lian. 1994. "Sleeping with the Enemy: A Dynamic Model of Declining Political Commitment in State Socialism. " *Theory and Society* 23.

Nee, V. A. 1989. "Theory of Market Transition: From Redistribution to Markets in State Socialism. " *American Sociological Review* 54.

Nishizaki, Yoshinori. 2011, *Modern Asian Studies,* Cambridge University Press.

Ophiggins, Niall. 2003. "*Trends in the Youth Labor Markets in Developing and Transition Countries.* " paper prepared for the Youth Employment Workshop, World Bank, Washington D. C. .

Parish, William L. & Ethan Michelson. 1996. "Politics and Markets : Dual Transformations. " *American Journal of Sociology* 101.

Parsons, T. 1959. "The School Class as a Social System: Some of Its Functions in American Society. " *Harvard Educational Review* 29.

Polanyi, Karl. 1944. *The Great Transformation: the Political and Economic Origins of Our Time.* New York: Holt, Rinehart & Winston.

Rona-Tas, Akos. 1994. "The First Shall Be Last? Entrepreneurship and Communist Cadres in the Transition from Socialism. " *American Journal of Sociology* 100.

Rosen, Stanley. 2004. "The Victory of Materialism: Aspirations to Join China's Urban Moneyed Classes and the Commercialization of Education. " *The China Journal* 51.

Sabin, Lora. 1994. "New Bosses in the Workers' State: The Growth of Non-State Sector Employment in China. " *The China Quarterly*140.

Shue, V. 1988. T*he Reach of the State: Sketches of the Chinese Body Politics.* Stanford: Stanford University Press.

Skocpol, T. 1979. *States and Social Revolutions.* Cambridge University Press, UK.

Skocpol, T. 1985. *Bring the State Back In.* Cambridge: Cambridge University Press.

Solinger, Dorothy. 1999. *Contesting Citizenship in Urban China.* Berkeley: Uni. of California Press.

Spring, Joel. 1976. *The Sorting Machine: National Educational Policy since* 1945. New York: McKay.

Stark, David. 1996. "Recombinant Property in East European Capitalism. " *American Journal of Sociology* 101.

Wachtel, P. 1975. "*The Returns to Investment in Higher Education*; *Another view.* " T. Juster. Education Income and Human Behavior. New York McCraw-Hill.

Walder, Andrew G. 1995a, "Local Governments as Industrial Firms: An Organizational Analysis of China's Transitional Economy. " *American Journal of Sociology* 101.

Walder, Andrew G. 1995b. Career Mobility and the Communist Political Order. *American Scoiology Review*61.

Walder, Andrew G. 1996. "Markets and Inequality in Transitional Economics: Toward Testable Theories. " *American Journal of Sociology* 101.

Wang, Fei Ling. 1998, *From Family to Market: Labour Allocation in Contemperary China.* New York: Rowan & Littlefield Publishers.

Watanabe, Shin. 1987. *Job-searching: a Comparative Study of Male Employment Relations in the United States & Japan.* Doctoral Dissertation, University of California, Los Angeles.

Williamson, Oliver E. 1975, *Market and Hierarchies*, New York: Free Press.

Wu, Xiaogang & Yu Xie. 2003. "Does the Market Pay Off? Earnings Inequality and Returns to Education in Urban China. " *American Sociological Review* 68.

Zhao, Dingxin. 2001. *The Power of Tiananmen: State-Society Relations and the 1989 Beijing Student Movement.* Chicago, IL: The University of Chicago Press.

Zhou, Xueguang, Nancy Brandon Tuma & Phyllis Moen. 1997. "Institutional Change and Job2Shift Patterns in Urban China, 1949 to 1994. " *American Sociological Review* 62.

Zhou, Xueguang. 2000. "Economic Transformation and Income Inequality in Urban China : Evidence from a Panel Data. " *American Journal of Sociology* 105.

图书在版编目（CIP）数据

近代以来大学生就业制度探索 / 戚务念著. -- 北京：
社会科学文献出版社，2020.11
国家社科基金后期资助项目
ISBN 978 - 7 - 5201 - 7255 - 4

Ⅰ.①近… Ⅱ.①戚… Ⅲ.①大学生 – 就业 – 研究
Ⅳ.①G647.38

中国版本图书馆 CIP 数据核字（2020）第 170437 号

国家社科基金后期资助项目
近代以来大学生就业制度探索

著　　者 / 戚务念

出 版 人 / 谢寿光
组稿编辑 / 杨桂凤
责任编辑 / 张小菲

出　　版 / 社会科学文献出版社·群学出版分社（010）59366453
　　　　　地址：北京市北三环中路甲 29 号院华龙大厦　邮编：100029
　　　　　网址：www.ssap.com.cn
发　　行 / 市场营销中心（010）59367081　59367083
印　　装 / 三河市龙林印务有限公司

规　　格 / 开　本：787mm×1092mm　1/16
　　　　　印　张：15.5　字　数：244 千字
版　　次 / 2020 年 11 月第 1 版　2020 年 11 月第 1 次印刷
书　　号 / ISBN 978 - 7 - 5201 - 7255 - 4
定　　价 / 108.00 元

本书如有印装质量问题，请与读者服务中心（010 - 59367028）联系